― 미래와 통하는 책 ―

동양북스 외국어
베스트 도서

700만 독자의 선택!

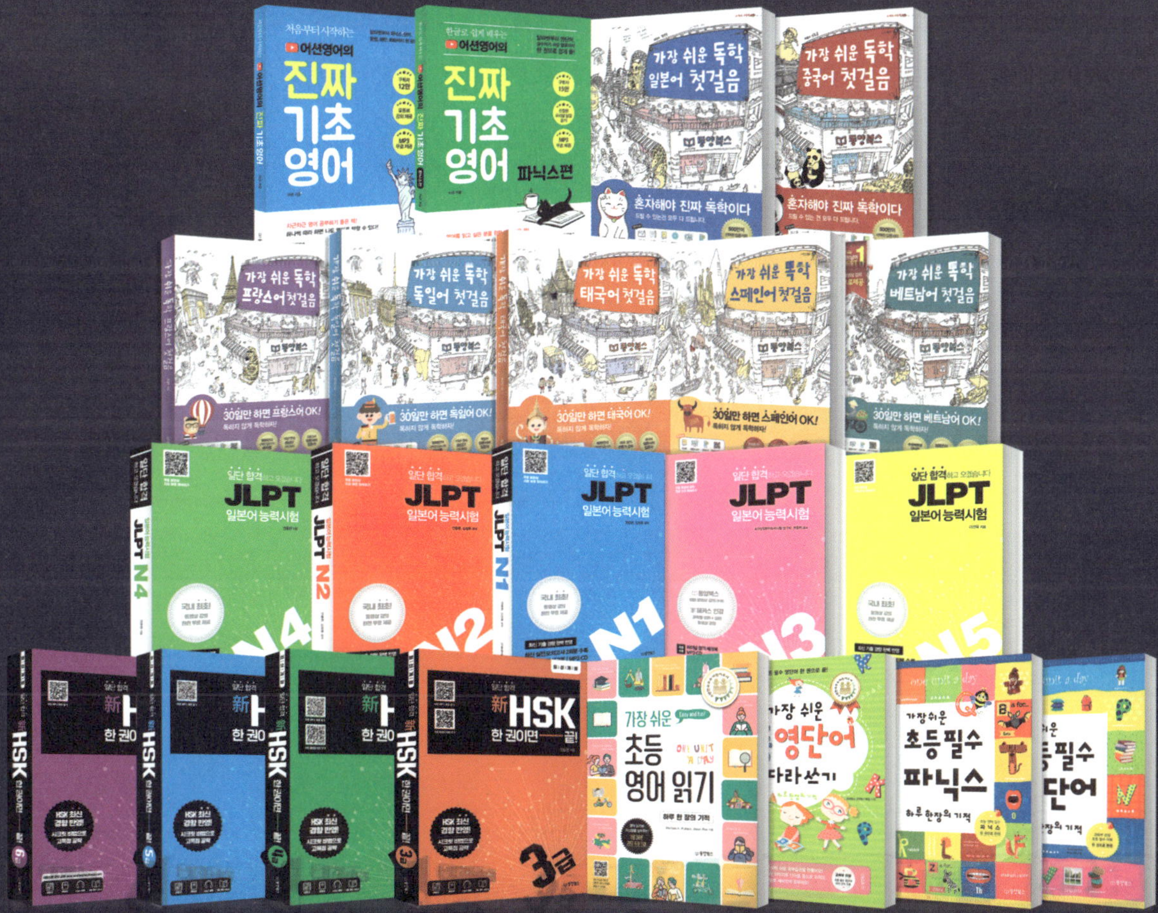

새로운 도서,
다양한 자료
동양북스
홈페이지에서
만나보세요!

www.dongyangbooks.com
m.dongyangbooks.com

※ 학습자료 및 MP3 제공 여부는 도서마다 상이하므로 확인 후 이용 바랍니다.

홈페이지 도서 자료실에서 학습자료 및 MP3 무료 다운로드

PC

❶ 홈페이지 접속 후 도서 자료실 클릭
❷ 하단 검색 창에 검색어 입력
❸ MP3, 정답과 해설, 부가자료 등 첨부파일 다운로드
　* 원하는 자료가 없는 경우 '요청하기' 클릭!

MOBILE

* 반드시 '인터넷, Safari, Chrome' App을 이용하여 홈페이지에 접속해주세요. (네이버, 다음 App 이용 시 첨부파일의 확장자명이 변경되어 저장되는 오류가 발생할 수 있습니다.)

❶ 홈페이지 접속 후 ≡ 터치

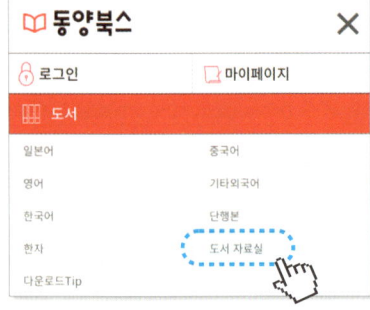

❷ 도서 자료실 터치

❸ 하단 검색창에 검색어 입력
❹ MP3, 정답과 해설, 부가자료 등 첨부파일 다운로드
　* 압축 해제 방법은 '다운로드 Tip' 참고

가장 쉬운

이탈리아어 첫걸음의 모든 것

김태영 지음

동양북스

개정 6쇄 발행 | 2024년 5월 10일

지 은 이 | 김태영
발 행 인 | 김태웅
마케팅 총괄 | 김철영
제   작 | 현대순
기획 편집 | 김현아
디 자 인 | 남은혜, 김지혜

발 행 처 | (주)동양북스
등   록 | 제2014-000055호
주   소 | 서울시 마포구 동교로 22길 14 (04030)
구입문의 | 전화 (02)337-1737   팩스 (02)334-6624
내용문의 | 전화 (02)337-1762   dybooks2@gmail.com

ISBN 978-89-8300-922-7 13780

ⓒ김태영, 2012

▶ 본 책은 저작권법에 의해 보호를 받는 저작물이므로 무단 전재와 복제를 금합니다.
▶ 잘못된 책은 구입처에서 교환해드립니다.
▶ 도서출판 동양북스에서는 소중한 원고, 새로운 기획을 기다리고 있습니다.
　 http://www.dongyangbooks.com

개정판을 내며...

그동안 '이탈리아어 첫걸음의 모든 것'을 선택해 주신 독자 여러분들께 감사드립니다. 2012년도 초판 발행 이후, 이메일과 동양북스 개인과외 어플을 통해 다양한 질문과 요청을 받기도 하고, 이 책으로 이탈리아어를 가르치기도 하면서 느낀 점이 참 많았습니다. 이탈리아어를 배우게 된 동기를 들을 수 있었던 것도 행운이었고 이탈리아어가 아니었다면 저의 인생에서는 만날 수 없었던 다양한 직업군에 속한 분들과 소통할 수 있었던 것도 축복이었습니다.

그 동안 오류를 수정하고 내용을 부분적으로 보충하는 작업을 꾸준히 진행해 왔습니다. 그러다 보니 발음, 문법, 회화, 연습문제에서 전면적으로 수정해야 할 내용들이 드러나기도 하고 기존에 없던 새로운 내용을 추가해야 할 필요성도 나타나기 시작했습니다. 이번 개정판에서 많은 부분들이 새롭게 바뀌었지만 굵은 틀에서 설명하자면 아래와 같습니다.

발음편에서 강세부호의 용법을 첨가하였고, s, z, ch, gh, gl, gn, sce/sci의 발음 설명을 좀 더 명쾌하게 기술했습니다.

문법편에서는 '문법은 이탈리아 사람들의 사고의 틀'이라는 초판에서의 문법 설명 접근 방식을 그대로 유지하면서 문법적인 용어를 조금 더 추가했고, 문법을 대주제, 소주제로 나누고 번호로 배치하여 가독성을 높이는 작업을 했습니다. 이는 이 책으로 학습한 후 더 수준 높은 문법책을 공부하는 분들에게 문법적 용어의 생소함을 없애려는 의도 때문이기도 합니다.

회화편에서는 각 단어의 뜻을 좀 더 명쾌하게 하려고 했고, 본문 설명에서 예문을 더 추가하였습니다.

연습문제에서는 생소한 단어 설명을 추가하였고, 일부 문제들을 수정하였습니다.

책 마지막에는 동사 변화표를 만들어서 본문에 나오는 동사들의 변화를 언제든지 쉽게 찾아 볼 수 있게 하였습니다.

개정판을 준비하며 자신의 저서에 만족하기는 어렵다는 것을 새삼 깨달았습니다. 그러나 이 개정판을 통해 이탈리아어를 처음 접하는 독자분들이 조금이라도 이탈리아 사람들의 사고 방식과 문화를 이해할 수 있다면 가슴이 시원해지는 기쁨이 될 것 같습니다.

지은이 김태영

차례

머리말 · 3
차례 · 4
일러두기 · 6
발음편 · 7

Capitolo 01   Io sono italiano, e tu? · 14
나, 너, 그, 그녀 / essere 동사와 인칭 변화 / 명사의 성, 성의 일치

Capitolo 02   Di che nazionalità siete voi? · 28
명사와 형용사의 수 / 수의 일치 / 의문대명사

Capitolo 03   Come è l'italia? · 42
부정관사 붙여 말하기 / 정관사 붙여 말하기

Capitolo 04   Queste sono le pizze napoletane. · 56
정관사 복수형 / 지시대명사 단수 / 복수형

Capitolo 05   Io prendo un caffè. · 70
지시 형용사 QUESTO / 동사로 표현하기 / 동사의 현재변화

Capitolo 06   Tu quanti anni hai? · 84
지시형용사 QUELLO / 불규칙 동사 / avere, stare, fare 동사

Capitolo 07   Vado in farmacia. · 98
전치사 + 정관사 형태 / ANDARE 동사 / VENIRE 동사

Capitolo 08   Posso fare una domanda? · 112
조동사로 말하기 / 할 수 있다 / 하고 싶다 / 해야만 한다

Capitolo 09   Io ti conosco! · 126
나를, 너를, 그를, 우리를 / 직접 인칭대명사의 용법

Capitolo 10   Vuoi venire con me? · 140
나에게, 너에게, 그에게, 우리에게 / 간접 인칭대명사의 용법

Capitolo 11   Dove sei andato ieri? · 154
과거 표현 / 동사의 과거분사형 / 직접목적격+근과거

Capitolo 12 Quando siete andati in Italia? · 168
불규칙 과거분사 / C'è stato~, Ci sono stati~ / Ti è piaciuto~

Capitolo 13 Questi sono i miei guanti. · 182
조동사를 포함한 근과거 / 소유형용사 / 소유대명사

Capitolo 14 Mentre guardavo la TV, tu sei entrata. · 196
과거의 지속성 표현 / 반과거 형태 / 반과거 용법

Capitolo 15 Il treno era già partito. · 210
오래 전 얘기 구사하기 / 대과거의 형태 / 대과거의 용법

Capitolo 16 A che ora ti alzi la mattina? · 224
재귀동사 / 재귀동사의 근과거 / 재귀동사와 조동사

Capitolo 17 Andrò in italia con Mario. · 238
미래 표현 / 동사의 미래형 / 선립미래

Capitolo 18 Io conosco quel ragazzo che lavora con te. · 252
관계대명사 / cui, quale / 전치사+cui / 전치사+정관사 ㅣ quale

Capitolo 19 Cosa vorresti fare dopo la laurea? · 266
조건법으로 소망 표현하기 / avere, essere, fare의 조건법 형태 / 과거에 대한 조건법

Capitolo 20 Spero che arrivi mio fratello. · 280
접속법으로 세련되게 말하기 / 접속법 현재 / 접속법 과거

Capitolo 21 Lei è la più bella della nostra classe. · 296
비교급 / 최상급 / ~보다 더 ~이다 / ~만큼 ~하다 / 가장 ~한

Capitolo 22 Andiamo a visitare l'italia. · 310
명령법으로 말하기 / 동명사 용법

부록 | 연습문제 정답 · 326
동사변화표 · 332

일러두기

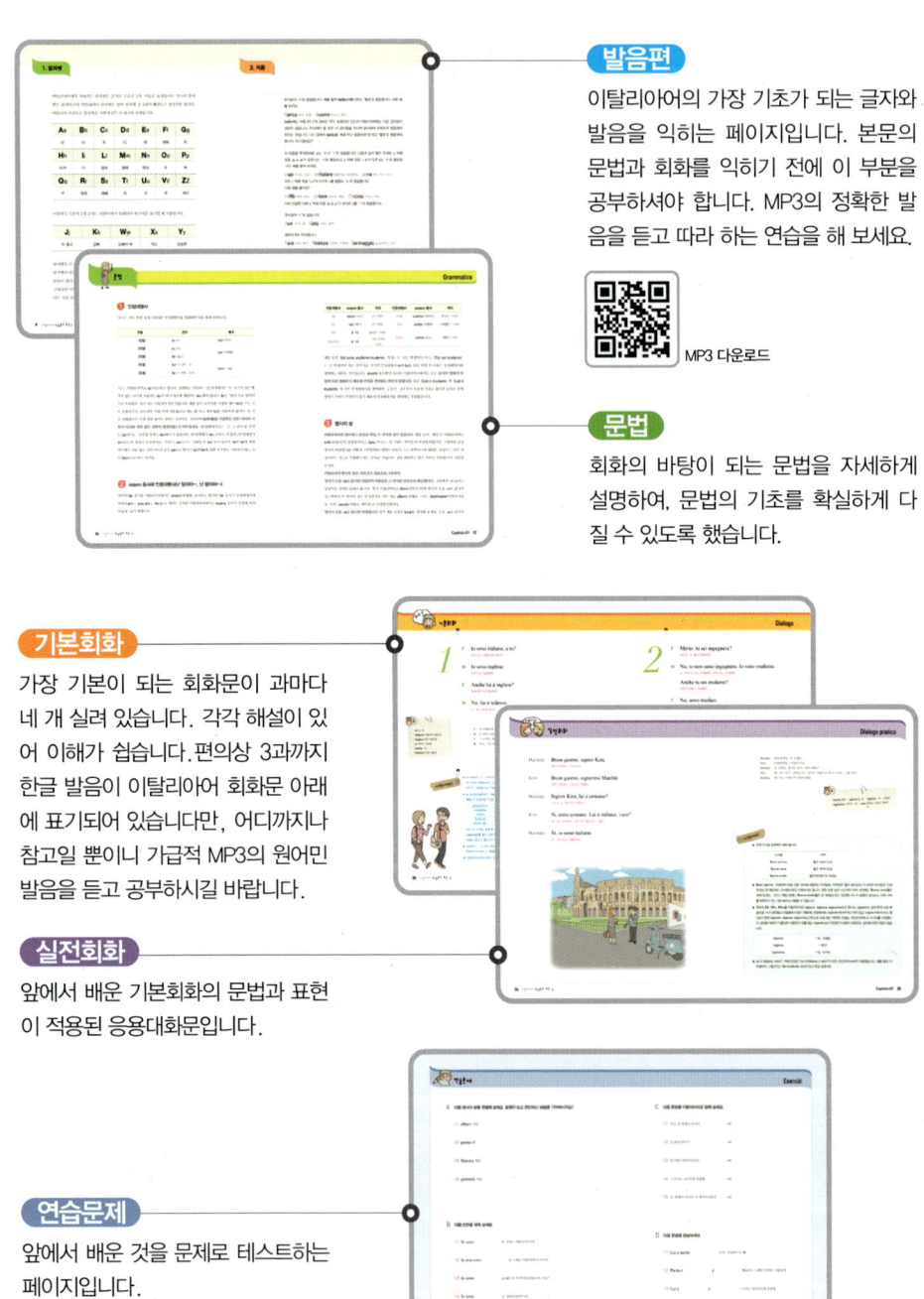

발음편
이탈리아어의 가장 기초가 되는 글자와 발음을 익히는 페이지입니다. 본문의 문법과 회화를 익히기 전에 이 부분을 공부하셔야 합니다. MP3의 정확한 발음을 듣고 따라 하는 연습을 해 보세요.

MP3 다운로드

문법
회화의 바탕이 되는 문법을 자세하게 설명하여, 문법의 기초를 확실하게 다질 수 있도록 했습니다.

기본회화
가장 기본이 되는 회화문이 과마다 네 개 실려 있습니다. 각각 해설이 있어 이해가 쉽습니다. 편의상 3과까지 한글 발음이 이탈리아어 회화문 아래에 표기되어 있습니다만, 어디까지나 참고일 뿐이니 가급적 MP3의 원어민 발음을 듣고 공부하시길 바랍니다.

실전회화
앞에서 배운 기본회화의 문법과 표현이 적용된 응용대화문입니다.

연습문제
앞에서 배운 것을 문제로 테스트하는 페이지입니다.

발음편

이탈리아어의 알파벳을 익힙시다

1 알파벳
2 자음
3 모음
4 강세부호
5 주의해야 할 발음

1. 알파벳(Alfabeto)

이탈리아어에서 사용하는 알파벳은 21개로 모음은 5개, 자음은 16개입니다. 영어의 알파벳은 26개이니까 이탈리아어 알파벳은 영어 알파벳 중 5개가 빠졌다고 생각하면 됩니다. 이탈리아 사람들은 알파벳을 어떻게 읽는지 하나씩 살펴봅시다.

Aa	Bb	Cc	Dd	Ee	Ff	Gg
아	비	치	디	에	에페	지
Hh	Ii	Ll	Mm	Nn	Oo	Pp
아까	이	엘레	엠메	엔네	오	삐
Qq	Rr	Ss	Tt	Uu	Vv	Zz
꾸	에레	에쎄	띠	우	부	제따

이외에도 다음의 5개 글자는 라틴어에서 유래되어 외국어, 외래어나 고전어를 표기할 때 사용합니다.

Jj	Kk	Ww	Xx	Yy
이 룽가 (또는 이 룽고)	깝빠	도삐아 부	익스	입실론

알파벳을 큰 소리로 읽으면서 자신의 발음을 들어 보세요. 영어 알파벳에 비해 이탈리아의 알파벳의 발음이 좀 딱딱하다는 느낌을 받을 겁니다. 이 알파벳이 어우러져 그들의 언어를 만들어 낸다고 생각하면 재미있지 않나요?

그렇다면 이탈리아어로 쓰인 글은 어떻게 읽을까요? 의외로 이탈리아어는 읽기가 아주 쉽다는 것을 먼저 알려 드리지요. 이제 알파벳을 하나씩 살펴보겠습니다.

2. 자음

B

우리말의 'ㅂ'와 동일합니다. 예를 들면 bello(아름다운)는 '벨로'로 발음합니다. 다른 예를 보지요.

banca(방까, 은행)   **b**uono(부오노, 좋은)

bello에는 자음 l이 2개 겹쳐진 'll'이 포함되어 있는데 이탈리아어에는 이런 겹자음이 상당히 많습니다. 주의해야 할 점은 이 겹자음을 하나씩 분리해서 또박또박 발음해야 한다는 것입니다. 다시 말해서 bello를 '베로'라고 발음하면 안 되고 '벨로'로 발음해야 합니다. 아시겠지요?

C

이 자음을 주의하세요. c는 'ㅊ'나 'ㄲ'로 발음합니다. 다음과 같이 알아 두세요. c 뒤에 모음 'a, o, u'가 오면 c는 'ㄲ'로 발음하고, c 뒤에 모음 'i, e'가 오면 c는 'ㅊ'로 발음합니다. 예를 들어 보지요.

ciao(치아오, 안녕)   **ce**llulare(첼룰라레, 휴대전화)   **ce**na(체나, 저녁 식사)

모두 c 뒤에 모음 'i, e'가 오므로 c를 'ㅊ'로 발음합니다.
다음 예를 볼까요?

caffè(깟페, 커피)   **co**lore(꼴로레, 색깔)   **cu**cina(꾸치나, 부엌)

이미 언급한 대로 c 뒤에 모음 'a, o, u'가 오므로 c를 'ㄲ'로 발음합니다.

D

우리말의 'ㄷ'와 같습니다.

due(두에, 둘)   **d**ata(다따, 날짜)

F

영어의 f와 유사합니다.

fare(파레, 하다)   **f**irenze(피렌체, 피렌체)   **f**ormaggio(포르맛찌오, 치즈)

G

이 발음도 주의하세요. g는 c를 발음할 때와 규칙이 비슷합니다. 즉, g 뒤에 모음 'a, o, u'가 오면 g는 'ㄱ'로 발음하고, g 뒤에 모음 'i, e'가 오면 g는 'ㅈ'로 발음합니다. 예를 들어 보지요.

gelato(젤라또, 아이스크림)   **gi**orno(지오르노, 날)

g 뒤에 모음 'i, e'가 오므로 g가 'ㅈ'로 발음됩니다.

gatto(갓또, 고양이)   **g**onna(곤나, 치마)   **g**usto(구스또, 맛)

g 뒤에 모음 'a, o, u'가 오므로 g가 'ㄱ'로 발음됩니다.

H h는 발음할 때 소리가 나지 않는 무음입니다. 따라서
ho(오, 가지다) hanno(안노, 가지다) 가 됩니다.

J 외래어 표기에 사용하며 보통 외래어에서 나는 발음대로 발음합니다.
jeans(진스, 청바지) jazz(자즈, 재즈)

K 외래어 표기에 쓰이므로 발음도 외래어와 비슷합니다.
kilo(낄로, 킬로그램) karaoke(까라오께, 가라오케) kiwi(끼위, 키위)

L 우리말의 'ㄹ'과 같습니다.
lo(로, 그) latte(랏떼, 우유) letto(렛또, 침대)

M 우리말의 'ㅁ'와 같습니다.
musica(무지까, 음악) medico(메디꼬, 의사) mare(마레, 바다)

N 우리말의 'ㄴ'와 같습니다.
naso(나소, 코) notte(놋떼, 밤) neve(네베, 눈)

P 우리말의 'ㅃ'입니다.
padre(빠드레, 아버지) piccolo(삑꼴로, 작은) pizza(삣짜, 피자)

Q 우리말의 'ㄲ'입니다.
quadro(꾸아드로, 그림) quantità(꾸안띠따, 양)

R 먼저 우리말의 'ㄹ'을 발음할 때 혀의 위치를 살펴봅시다. 혀의 끝 부분이 입천장 혹은 윗니 안쪽을 스치면서 소리가 납니다. 이탈리아어의 r을 발음하려면 혀의 끝을 윗니 안쪽에 살짝 대고 '르'를 발음하려고 해 보세요.
혀의 끝이 붙은 데서 약간 떨어지면서 소리가 나는데 그 소리가 바로 r이 됩니다. 원어민의 소리를 듣고 단어를 몇 번 따라 하다 보면 익혀집니다.
ragazzo(라가쪼, 소년) bravo(브라보, 훌륭한, 멋진)
romanzo(로만쪼, 소설)

S s는 'ㅅ' 혹은 'ㅈ'로 발음합니다. 여기서 'ㅈ'는 우리말의 'ㅈ'와 약간 다른데 'ㅅ'와 'ㅈ'의 중간음 정도로 생각하면 됩니다. 입 모양과 혀의 위치는 'ㅅ'와 같은데 그 상태에서 'ㅈ'를 발음할 때 나는 소리라고 할 수 있습니다.

이것을 문법적으로 따지자면 꽤 복잡합니다. 굳이 규칙을 만들어보면 다음과 같습니다. s가 ① 단어 처음에 위치하고 그 뒤에 바로 모음이 있을 때 ② 자음과 모음 사이에 끼어 있을 때 ③ -ss-일 때 ④ 무성자음(즉, 성대가 울리지 않는 자음 c, f, p, q, t) 앞에 위치할 때는 'ㅅ'으로 발음합니다. 다음 예를 보세요.

sale(살레, 소금)　borsa(보르사, 가방)
rosso(롯쏘, 빨간색의)　scuola(스꾸올라, 학교)

s가 ① 유성자음(즉, 성대가 울리는 자음으로 앞의 무성자음을 제외한 모든 자음) 앞에 위치할 때 ② 두 모음 사이에 끼어 있을 때는 'ㅈ'로 발음한다고 알아 두면 도움이 될 것입니다. 다음 예를 보세요.

snello(즈넬로, 마른)　analisi(아날리지, 해석)　battesimo(밧떼지모, 세례)

T

우리말의 'ㄸ'처럼 발음하면 됩니다.

telefono(뗄레포노, 전화기)　torta(또르따, 케이크)
televisore(뗄레비소레, TV)

영어의 v와 발음이 같습니다.

vino(비노, 포도주)　vacanza(바깐짜, 휴가)　vita(비따, 인생)

주로 외래어 표기나 라틴어에서 유래된 말에 사용하는데 'ㅈ'로 발음합니다.

xilofono(실로포노, 실로폰)

Z

z는 청음 'ㅉ' 혹은 탁음 'ㅈ'로 발음합니다. 'ㅉ'는 'ㅉ'와 'ㅊ'의 중간음에 가깝습니다. 'ㅊ'를 발음할 때의 입 모양과 혀의 위치를 유지한 채 'ㅉ'를 발음할 때 나는 소리라고 할 수 있습니다. 다음의 예를 보세요.

Venezia(베네찌아, 베네치아)　grazie(그라찌에, 감사)　calze(깔쩨, 양말)

다음으로 'ㅈ'의 발음은 'ㅈ'와 'ㅅ'의 중간음에 가깝습니다. 'ㅅ'를 발음할 때의 입 모양과 혀의 위치를 유지하면서 'ㅈ'를 발음할 때 나는 소리입니다. 다음의 예를 보세요.

zona(조나, 지역)　romanzo(로만조, 소설)

z는 발음 규칙을 체계적으로 설명하는 것이 좀 복잡하므로 다음과 같이 정리하겠습니다. ① z로 시작하는 단어 ② -zz-인 경우는 거의 모두 'ㅈ'로 발음하고, 나머지는 'ㅉ'로 발음한다고 알아 두면 도움이 될 것입니다.

3. 모음

A
우리말의 '아'입니다.
acqua(아꾸아, 물)   americano(아메리까노, 미국인)
arancia(아란치아, 오렌지)

O
우리말의 '오'와 같지만 입 모양이 약간 다릅니다. 이탈리아 사람이 Ok(오케이)라고 말할 때 소리를 들어 보면 우리가 오케이라고 말할 때와는 차이가 있습니다. 그러나 미세한 차이이고 시간이 좀 흐르면 자연스럽게 따라 하게 되므로 우리말의 '오'로 발음해도 소통에는 전혀 지장이 없습니다.
opera(오뻬라, 오페라)   canto(깐또, 노래)
ordine(오르디네, 질서)   sole(솔레, 태양)

U
우리말의 '우'와 같습니다.
uomo(우오모, 남자)   ufficio(웃피치오, 사무실)

E
우리말의 '에'와 발음이 동일합니다.
erba(에르바, 풀)   edicola(에디꼴라, 신문 판매대)   effetto(엣펫또, 효과)

I
우리말의 '이'와 같습니다.
indirizzo(인디릿쪼, 주소)   impossibile(임뽓씨비레, 불가능한)

4. 강세부호

이탈리아어 단어에는 모음(a, e, i, o, u) 위에 강세(이탈리아어로 accento(앗첸또)라고 합니다) 기호가 붙은 단어들이 있습니다. 강세 기호의 종류와 발음은 다음과 같습니다.

(1) 개음 기호 (accento grave 앗첸토 그라베)

10시에서 4시 방향으로 그은 강세기호입니다. 이 강세기호가 붙은 모음은 강세를 주면서 길게 발음해 줍니다.

università(우니베르시따, 대학)   caffè(깟페, 커피)

(2) 폐음 기호 (accento acuto 앗첸또 아꾸또)

8시에서 2시 방향으로 그은 강세기호입니다. 이 강세기호가 붙은 모음은 강세를 주면서 짧게 발음해 줍니다.

perché(뻬르께, 왜) benché(벤께, 비록~일지라도)

5. 주의해야 할 발음

ch
c는 'e, i' 앞에서 'ㅊ'로 발음된다고 했지요. 그 사이에 h가 삽입된 ch는 'ㄲ'로 발음됩니다. 아래의 예를 보세요.
che(께, 무엇) chiamare(끼아마레, 부르다)

gh
g는 'e, i' 앞에서 'ㅈ'로 발음되지만 그 사이에 h가 삽입된 gh는 'ㄱ'로 발음합니다.
ghiaccio(기아쵸, 얼음)

gl
gl이 모음 앞에 위치할 때 독특한 소리가 납니다. 먼저 발음을 들어 보세요.
meglio(멜료, 더 나은) conslglio(꼰실료, 충고)
발음하는 방법을 제 나름대로 설명해 보겠습니다. 먼저 gli에서 g를 생략하고 발음하면 '리'가 됩니다. '리'를 발음할 때는 혀의 끝이 입천장에 살짝 붙었다가 떨어지지요?
이제는 '리'를 발음할 때 혀끝을 입천장에 붙이는 대신 의식적으로 혀의 앞부분을 모두 입천장에 대고 앞으로 밀어내는 느낌으로 '리'를 발음해 보세요. 이때 나는 소리가 바로 gli입니다. 처음엔 좀 어렵지만 원어민의 발음을 반복하면 어렵지 않게 흉내 낼 수 있을 것입니다.

gn
gn도 모음 앞에 위치할 때는 gl과 같은 방식으로 발음 됩니다. 먼저 예를 보세요.
signora(씨뇨라, 부인) bagno(바뇨, 욕조)
즉, gno에서 g를 빼고 발음하면 '노'가 되는데, 혀의 끝을 입천장에 붙이는 대신 혀의 앞부분을 입천장에 대고 밀어내는 기분으로 '노'를 발음하려고 할 때 나는 소리가 gno입니다.

sce sci
s가 ce, ci와 함께 쓰이면 영어 발음기호 'ʃ'로 발음합니다.
scena(쉐나, 장면) scimmia(쉼미아, 원숭이)

Capitolo

1

Io sono italiano, e tu?

학습 목표

- 나, 너, 그, 그녀
- essere 동사와 인칭 변화
- 명사의 성, 성의 일치

문법

1. 인칭대명사

'나, 너, 그녀, 우리, 너희들' 등의 대명사를 인칭대명사라고 합니다. 이탈리아의 인칭대명사를 다음 표에 정리했습니다.

구분	단수	복수
1인칭	Io (나)	Noi (우리)
2인칭	Tu (너)	Voi (너희들)
2인칭	Lei (당신)	
3인칭	Lui (그 남자, 그)	Loro (그들)
3인칭	Lei (그 여자, 그녀)	

'나'는 이탈리아어로 io(이오)라고 합니다. 상대방을 지칭하는 2인칭대명사는 두 가지가 있는데, 격의 없는 사이에 사용하는 tu(뚜)와 존칭어에 해당하는 Lei(레이)입니다. Lei는 '당신'으로 번역하지만 우리말의 '당신'과는 쓰임새가 약간 다릅니다. 예를 들어 교수님을 지칭할 때는 Lei를 쓰는 것이 보통이지만, 교수님이 '이봐, 이제 나를 tu라고 해도 돼.'라고 하면 tu를 사용하게 됩니다. 즉, 서로 친해졌으니 이젠 말을 놓아도 된다는 것이지요. 그러니까 tu와 Lei를 구분하는 것은 나이와 지위가 아니라 격의 없는 친분이 형성되었는지 여부입니다. 3인칭대명사로는 '그, 그 남자'를 뜻하는 lui(루이), '그녀'를 뜻하는 lei(레이)가 있습니다. 3인칭대명사 lei(그녀)는 존칭의 2인칭대명사 Lei(당신)와 형태가 동일하지요? '우리'는 noi(노이), '너희들'은 voi(보이)입니다. tu와 존칭 Lei에 대한 복수형은 따로 있는 것이 아니라 모두 voi라고 합니다. lui와 lei에 대한 복수형도 성을 구분하지 않고 모두 loro(로로)라고 하지요.

인칭대명사가 문장 앞에 놓일 때는 첫 글자를 항상 대문자로 표기하고, 문장 중간이나 끝에 놓일 때는 소문자로 표기합니다. 단, 존칭 Lei는 항상 첫 글자를 대문자로 표기하는 것이 원칙입니다.

2. essere 동사와 인칭대명사 (난 말이야~, 넌 말이야~)

영어의 be 동사를 이탈리아어에서는 essere(엣쎄레) 동사라고 합니다. be 동사가 인칭대명사에 따라 I am~, you are~, he is~로 변하는 것처럼 이탈리아어에서도 essere 동사가 인칭에 따라 다음과 같이 변합니다.

Grammatica

인칭대명사	essere 동사	의미	인칭대명사	essere 동사	의미
Io	sono (쏘노)	난 ~이다.	Noi	siamo (씨아모)	우리는 ~이다.
Tu	sei (쎄이)	넌 ~이다.	Voi	siete (씨에떼)	너희들은 ~이다.
Lei	è (에)	당신은 ~이다.	Loro	sono (쏘노)	그들은 ~이다.
Lui/Lei	è (에)	그는/그녀는 ~이다.			

이제 간단한 문장을 만들 수 있겠네요. 예를 들어 Io sono가 '난 ~이다'이므로 'Io sono studente (studente 스뚜덴떼, 학생).'는 '난 학생이다.'입니다. 마찬가지로 Tu sei가 '넌 ~이다'이므로 'Tu sei studente.'는 '넌 학생이다.'라는 의미가 되는 것입니다. 여기서 '난 학생이다.'를 주어 Io를 생략해서 'Sono studente.'라고 표현해도 됩니다. essere의 형태가 인칭에 따라 변하므로 주어를 생략해도 뜻이 통하기 때문입니다. 마찬가지로 '넌 학생이다.'는 'Sei studente.'라고 할 수 있겠죠? 물론 '(Lei) è studente.'와 '(Lui) è studente.'의 경우 인칭대명사를 생략하면 주어가 '그'인지 '그녀'인지 혼동될 우려도 있지만 이것은 대부분 문맥과 상황으로 파악할 수 있으므로 상관없습니다. 앞으로 배우겠지만 이탈리아어에서는 모든 동사가 인칭에 따라 변합니다. 따라서 문장에서 인칭대명사는 보통 생략된다는 점을 기억하시기 바랍니다.

❸ 명사의 성

사람, 사물의 이름을 나타내는 품사를 명사라고 하지요? 이탈리아어의 명사에는 남성과 여성, 두 가지의 성이 있습니다. 예를 들어, '태양'은 이탈리아어로 sole(솔레)인데 남성명사이고, luna(루나)는 '달'이라는 의미인데 여성명사입니다. 그렇다면 남성명사와 여성명사를 어떻게 구분할까요? 태양이 달보다 크고 반짝이니까 태양은 남성이고 달은 여성이라는 식으로 이해해야 하는 걸까요? 아닙니다. 성을 판단하는 법은 의외로 간단합니다. 다음을 보세요.

이탈리아어 명사의 성은 대부분 발음으로 구분한다.

명사가 모음 –o로 끝나면 이탈리아 사람들은 그 명사를 남성으로 취급합니다. 그들에게 –o 소리는 남성적인 것처럼 들리나 봅니다. '책'은 이탈리아어로 libro(리브로)인데 명사가 모음 –o로 끝나지요? 따라서 이 명사의 성은 남성입니다. 다른 예로 albero(알베로, 나무), dizionario(디찌오나리오, 사전), tavolo(타볼로, 테이블)은 남성명사입니다.

명사가 모음 –a로 끝나면 여성입니다. 앞서 예를 들었던 luna를 생각해 보세요. 모음 –a로 끝나지

문법

요? 따라서 luna의 성은 여성입니다. finestra(피네스트라, 창문), porta(뽀르따, 문), matita(마띠따, 연필)은 모두 여성명사이지요.

이제 명사가 모음 –e로 끝나는 경우를 봅시다. sole는 모음 –e로 끝나는데 남성이고, '열쇠'라는 뜻의 chiave(끼아베)는 –e로 끝나지만 여성입니다. 그러니까 모음 –e로 끝나는 경우는 남성이 되기도 하고 여성이 되기도 해서 발음만 보고 성을 예측할 수 있는 확률이 50% 정도라고 할 수 있습니다. 예를 들면, giornale(지오르날레, 신문, 남성), sale(살레, 소금, 남성), nazione(나찌오네, 국민, 여성) 등이 있습니다. 명사의 성을 구분하는 법을 다음과 같이 정리해 드리지요.

1. 명사가 모음 –o로 끝나면 대부분 남성
2. 명사가 모음 –a로 끝나면 대부분 여성
3. 명사가 모음 –e로 끝나면 남성 또는 여성

'대부분'이라고 한 이유는 예외가 있기 때문입니다. 언어는 수학이 아니므로 항상 예외가 있지요. 예를 들어 radio(라디오, 라디오), foto(포또, 사진), mano(마노, 손)은 –o로 끝났지만 모두 여성명사이고, problema(프로블레마, 문제), clima(클리마, 날씨)는 –a로 끝났지만 모두 남성명사입니다. 그러나 예외적인 것들을 지금 전부 알 필요는 없고 차차 익히는 것이 좋습니다. 또한 -o, -a, -e 이외의 모음으로 끝나는 명사도 있는데 이런 명사들의 성을 구분하는 방법도 나중에 배울 것입니다. 지금은 문법이라는 이탈리아 사람의 사고 줄기를 잡는 것이 중요하니까요.

4 형용사와 성의 일치

사물의 성질, 특성, 상태를 표현해 주는 품사를 형용사라고 하지요? 이탈리아어에서는 명사와 마찬가지로 형용사에도 두 가지 성이 존재합니다. 형용사 성은 다음과 같이 구분합니다.

1. 형용사가 모음 –o로 끝나면 남성
2. 형용사가 모음 –a로 끝나면 여성
3. 형용사가 모음 –e로 끝나면 남성 또는 여성

명사의 성을 구분하는 방식과 비슷하지요? 예를 들어 bello(벨로, 아름다운, 멋진)는 남성, cattiva(깟띠바, 나쁜)는 여성, facile(파칠레, 쉬운)는 남성 또는 여성입니다. 그러나 형용사의 성

Grammatica

은 형용사가 꾸며 주거나 표현해 주는 명사의 성에 일치된다는 점을 이해하셔야 합니다. 이를 설명하기 위해 문장을 하나 만들어 보겠습니다.

Lui è bello. 그 남자는 멋있어.

Lui è(그는 ~이다)에 형용사 bello를 써서 '그 사람 멋있어'라고 표현했습니다. 여기서 bello는 남성형용사지요? 이것은 주어가 Lui(그 남자)이므로 적절하다고 할 수 있습니다.
그런데 여기서 이 문장의 주어를 Lei(그녀)로 바꾸고 싶을 때,

Lei è bello. 그 여자는 멋져.

라고 하면 틀린 문장이 됩니다. 왜냐하면 주어가 여성(Lei)이기 때문에 형용사도 여성형으로 바꿔 주어야 합니다. 즉 bello는 모음 –o로 끝나서 남성형이므로 이를 여성형 bella로 바꿔서

Lei è bella.

라고 해야 맞는 문장이 되는 것입니다. 이처럼 형용사의 성을 형용사가 꾸며 주는 명사의 성에 일치시키는 것을 문법적으로 '성의 일치'라고 합니다.

형용사의 성의 일치 : 형용사에도 성을 반영한다.

몇 가지 예를 살펴봅시다.

Io sono italiano. 난 이탈리아 사람이야.

위 문장에서 italiano(이탈리아노, 이탈리아 사람의)는 모음 –o로 끝나는 형용사이고 남성입니다. 이탈리아 여자가 '난 이탈리아 사람이야'라고 말할 때는

Io sono italiana. 난 (여자) 이탈리아 사람이야.

가 됩니다. italiana는 모음 –a로 끝나니 이탈리아 여자라는 뜻이 되는 것입니다. 만약 어떤 여자가 '난 미국인입니다.'라고 말하려면 'Sono americana.'가 되겠지요. 다음을 보세요.

Sono giapponese. 난, (남자/여자) 일본 사람입니다.

giapponese는 –e로 끝나기 때문에 여성/남성 모두 사용할 수 있습니다. 즉, 이 문장의 주어는 여성일 수도 있고 남성일 수도 있습니다.

# 기본회화

1

F Io sono italiana, e tu?
이오 쏘노 이딸리아나 에 뚜?

M Io sono inglese.
이오 쏘노 잉글레제

F Anche lui è inglese?
앙께 루이 에 잉글레제?

M No, lui è tedesco.
노, 루이 에 떼데스꼬

- io 나, 저
- italiano 이탈리아 사람(의)
- inglese 영국 사람(의)
- e 그리고, 그런데
- anche ~도
- tedesco 독일 사람의

F 난 이탈리아 사람이야, 그런데 넌?
M 난 영국 사람이야.
F 그 남자도 영국 사람이야?
M 아니, 그는 독일 사람이야.

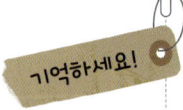

★ io sono는 '난 ~이야'라는 뜻이었지요? italiano는 '이탈리아 사람' 혹은 '이탈리아 사람의'이 므로 'Io sono italiano.'는 '난 이탈리아 사람이야.'입니다. e는 '그리고, 그런데'이고 tu는 '너' 이므로 'e tu?'는 '그런데 너는?'이라는 표현입니다.

★ Io sono inglese? : inglese는 형용사로 '영국 사람의'이니 '난 영국 사람이야.'라는 뜻임을 쉽게 이해할 수 있겠지요? 다음 표에 몇몇 나라 사람을 정리했습니다.

giapponese	일본 사람의	tedesco	독일 사람의
canadese	캐나다 사람의	spagnolo	스페인 사람의
cinese	중국 사람의	russo	러시아 사람의
francese	프랑스 사람의	inglese	영국 사람의
americano	미국 사람의	svizzero	스위스 사람의

자신의 국적을 표현해 보세요. 예를 들어 '난 스페인 사람이야.'라고 하고 싶으면 io sono에 spagnolo를 붙이기만 하면 됩니다. 즉, 'Io sono spagnolo.'라고 하면 되겠네요. 앞서 주어를 생략해도 된다고 했지요? 따라서 'Sono spagnolo.'라고 말해도 됩니다.

★ anche는 '~도'라는 뜻입니다. 그래서 anche lui는 '그 남자도'라는 뜻이 됩니다. 예를 들어 'Anche Paolo è russo.'는 '빠올로도 러시아 사람이야.'이지요.

★ 이탈리아어에서 '예'는 'sì', '아니요'는 'no'입니다.

Dialogo

F Mario, tu sei ingegnere?
마리오, 뚜 쎄이 인제녜레?

M No, io non sono ingegnere. Io sono studente.
노, 이오 논 쏘노 인제녜레. 이오 쏘노 스뚜덴떼.

Anche tu sei studente?
앙께 뚜 쎄이 스뚜덴떼?

F No, sono medico.
노, 쏘노 메디꼬.

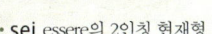

- sei essere의 2인칭 현재형
- ingegnere 엔지니어, 공학도
- studente 학생
- medico 의사

F 마리오, 넌 엔지니어니?
M 아니, 난 엔지니어가 아니야. 난 학생이야. 너도 학생이지?
F 아니, 난 의사야.

★ Mario, tu sei ingegnere? : 이 문장은 의문문입니다. 이탈리아어에서는 의문문 형태가 따로 존재하지 않습니다. 평서문을 그대로 쓰고 문장 끝의 억양만 올리면 됩니다.

★ non은 뒤에 나오는 문장을 부정합니다. 이탈리아어에서는 동사 앞에 non만 붙이면 간단히 부정문을 만들 수 있습니다. 예를 들어 '난 한국인이야.'는 'Io sono coreano.'인데 '난 한국인이 아니야.' 라고 말하려면 'Io non sono coreano.'라고 하면 되지요. 물론 주어를 생략하여 'Non sono coreano.'라고 해도 됩니다.

★ 직업을 나타내는 명사를 몇 개 알려드리겠습니다.
남성과 여성의 형태가 다른 것도 있고, 같은 것도 있습니다. 응용해 보세요.

남성	여성	의미
pittore	pittrice	화가
scrittore	scrittrice	작가
indossatore	indossatrice	패션모델
professore	professoressa	교수
dottore	dottressa	의사
ingegnere	ingegnere	엔지니어
commesso	commessa	점원
impiegato	impiegata	직원, 사원
programmatore	programmatrice	프로그래머
disegnatore	disegnatrice	도안가, 디자이너
avvocato	avvocatessa	변호사
cantante	cantante	가수

# 기본회화

3

M Claudia, tu sei molto gentile. Grazie mille.
끌라우디아, 뚜 쎄이 몰또 젠띨레. 그라찌에 밀레.

F Prego.
프레고

M 끌라우디아, 넌 정말 친절하구나. 정말 고마워.
F 천만에.

- gentile 친절한
- grazie 고맙다
- mille 1000(천)의, 다수의
- prego 천만에, 별 말씀

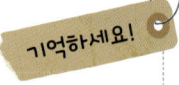

★ molto는 꾸며 주는 형용사 앞에 놓여 '아주, 대단히, 정말'이라는 뜻을 갖는 부사입니다.
예 Maria è molto bella. 마리아는 아주 아름답습니다.

★ grazie는 우리말의 '감사합니다, 고맙습니다'에 해당하는 표현입니다. mille는 원래 숫자 '천(1000)'이라는 의미로, 여기서는 직역하면 '천 번 감사합니다.' 즉 '대단히 감사합니다.'라는 뜻이 됩니다.

★ prego는 '천만에요'라는 표현입니다. 이 표현 외에도 di niente를 쓰기도 합니다. prego는 동사 pregare(프레가레, 요구하다, 바라다)에서 나온 표현인데 동사에 대해서는 5과에서 자세히 다루겠습니다.

Dialogo

F La signorina Lee è svizzera e insegnante di storia.
라 씨뇨리나 리 에 즈비쩨라 에 인쎄난떼 디 스또리아.

M Lei è molto generosa e brava.
레이 에 몰또 제네로사 에 브라바.

F 이 양은 스위스 사람인데 역사 선생님이야.
M 그녀는 아주 관대하고 능력 있던데.

- **signorina** 아가씨, ~양
- **insegnante** 선생님
- **di** (전치사) ~의
- **storia** 역사
- **generoso** 관대한, 너그러운
- **bravo** 능력있는

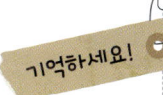

★ signorina는 '~양'의 의미로 미혼 여성의 성에 붙입니다. 본문에서는 Lee 앞에 놓여 '이 양'이라는 뜻이지요. signorina는 모음이 -a로 끝났으니 여성명사이지요? 따라서 형용사 sviezzero는 여성형 svizzera가 되었습니다.

★ insegnante di storia : di는 전치사로 '~의'입니다. 따라서 '역사신생님'이라는 의미이지요.

★ Lei è molto generosa e brava. : 여기서도 성의 일치에 따라 generoso, bravo가 모두 여성 generosa, brava로 바뀌었습니다.

실전회화

Matilde	Buon giorno, signor Kim.
	부온 지오르노, 신뇨르 김.
Kim	Buon giorno, signorina Matilde.
	부온 지오르노, 신뇨리나 마띨데.
Matilde	Signor Kim, Lei è coreano?
	신뇨르 김, 레이 에 꼬레아노?
Kim	Sì, sono coreano. Lei è italiana, vero?
	씨, 쏘노 꼬레아노. 레이 에 이딸리아나, 베로?
Matilde	Sì, io sono italiana.
	씨, 이오 쏘노 이딸리아나.

Dialogo pratico

Matilde	안녕하세요, 김 선생님.
Kim	안녕하세요, 마띨데 양.
Matilde	김 선생님, 당신은 한국 사람이세요?
Kim	예, 저는 한국 사람입니다. 당신은 이탈리아 분이시지요, 그렇지요?
Matilde	예, 저는 이탈리아 사람이에요.

- buono 좋은 · giorno 날, 일 · signore ~씨, ~선생님, 아저씨
- signorina 아가씨, ~양 · vero 정말의, 사실의, 진짜의

★ 먼저 인사말 표현부터 배워 봅시다.

인사말	직역
Buon giorno.	좋은 아침이군요.
Buona sera.	좋은 저녁이군요.
Buona notte.	좋은(편안한) 밤 되세요.

★ Buon giorno. : 아침부터 이른 오후 사이에 사용하는 인사말로, 직역하면 '좋은 날이군요.'가 되지만 우리말의 '안녕하세요.'에 해당하는 인사말이라고 이해하시면 됩니다. 한편 오후 늦은 시간부터 저녁 시간에는 'Buona sera(좋은 저녁이군요.)', 그리고 취침 전에는 'Buona notte(좋은 밤 되세요.)'라고 인사합니다. 이 표현은 남녀노소, 지위 고하를 막론하고 어느 장소에서나 사용할 수 있습니다.

★ 영어의 Mr., Mrs., Miss를 이탈리아어로 signore, signora, signorina라고 합니다. signore는 성과 함께 쓰일 때 끝모음 -e가 생략됩니다(발음하기 쉽기 때문에). 본문에서도 signore Kim이라고 하지 않고 signor Kim이라고 했지요? 한편 signore, signora, signorina 단독으로 쓰일 때는 막연히 아저씨, 부인(아주머니), 아가씨를 지칭합니다. 상대방 여자가 기혼인지 미혼인지 모를 때는 signorina가 안전한(?) 표현이 되겠지요. 정리해 보면 다음과 같습니다.

signore	~씨, 선생님
signora	~부인
signorina	~양, 아가씨

★ Lei è italiana, vero? : 원래 문장은 'Lei è italiana, è vero?'이지만 간단하게 vero만 사용했습니다. 예를 들어 '너 학생이지, 그렇지?'는 'Sei studente, vero?'라고 하면 되겠지요.

Capitolo 01

# 연습문제

A 다음 명사의 성을 판별해 보세요. 발음만 보고 판단하는 방법을 기억하시지요?

01 albero 나무

02 penna 펜

03 finestra 창문

04 giornale 저널

B 다음 빈칸을 채워 보세요.

01 Io sono _____ 난, 프랑스 사람(남자)이야.

02 Io non sono _____ 난 스페인 사람(여자)이 아니야.

03 Io sono _____, e tu? 난 러시아인(남자)이야, 너는?

04 Io sono _____ 난, 영국인(남자)이야.

Esercizi

C 다음 문장을 이탈리아어로 말해 보세요.

01 아니, 난 학생이 아니야.   → _____

02 넌 중국인이니?   → _____

03 넌 프랑스인이 아니니?   → _____

04 그 남자는 교수인데 친절해.   → _____

05 난, 학생이 아니야. 난 엔지니어라고.   → _____

D 다음 문장을 완성하세요.

01 Lei è anche _____ 그녀는 친절하기도 해.

02 Paola è _____ e _____ 빠올라는 스페인 여자이고 아름답지.

03 Lei è _____ e _____ 그 여자는 독일인인데 친절해.

Capitolo

2

Di che nazionalità siete voi?

학습 목표

- 명사와 형용사의 수
- 수의 일치
- 의문대명사

문법

1 명사의 수

1과에서 이탈리아어의 명사와 형용사는 성이 있다는 것을 배웠습니다. 이제 명사의 수에 대해 알아 봅시다. 우리말에도 수의 개념이 존재합니다. 쟁반 위에 놓여 있는 여러 개의 사과를 지칭하여 '사과들'이라고 말하듯이 접미사 '들'을 명사 뒤에 붙여 수의 개념을 표현하지요. 이탈리아어에서는 명사의 형태를 바꾸어 수를 표현합니다. 예를 들어, '책'은 libro(리브로)인데 '책들'은 모음 o를 i로 바꾸어서

libro ➡ libri 리브리

라고 합니다. 우리말처럼 명사 끝에 '들'을 붙이는 것이 아니라 명사 끝의 모음을 바꿔 주는 겁니다. 다음은 복수를 만드는 첫 번째 규칙입니다.

-o ➡ -i

<u>모음 o로 끝나는 명사(대부분 남성명사지요)의 복수형은 o를 i로 바꾸어 준다.</u>
한 가지 예를 더 보면

albero 알베로(나무) ➡ alberi 알베리(나무들)

와 같습니다.
예외적인 경우도 있습니다. tedesco(떼데스꼬, 독일 남자)의 복수형은 위의 공식대로라면 tedesci(떼데시)가 되어야 하지만,

tedesco ➡ tedeschi 떼데스끼

가 됩니다. 복수형에서도 발음 '-끄'를 유지하기 위해 c와 i 사이에 h를 삽입하는 것이지요.
이제 복수형의 두 번째 형태를 살펴보지요. '펜'은 penna(뻰나)인데, 모음 a로 끝났으니 여성명사이지요? 복수형 '펜들'은 끝의 모음 a를 e로 바꾸어서

penna ➡ penne 뻰네

Grammatica

가 됩니다. 즉, 다음과 같이 정리됩니다.

-a ➜ -e

모음 a로 끝나는 명사(대부분 여성명사)의 복수형은 a를 e로 바꾸어 준다.

다른 예를 들어 보지요.

finestra 피네스트라(창문) ➜ finestre 피네스트레(창문들)

이 경우도 예외가 있습니다. greca(그레까, 그리스 여자)의 복수형은 grece(그레체)가 아니라 조금전 언급한 tedesco의 복수 변환 경우처럼 발음의 문제 때문에 c와 e 사이에 h를 삽입합니다. 즉,

greca ➜ greche 그레께

가 되지요. 마지막 예를 봅시다. '신문'은 giornale(지오르날레)인데 '신문들'은 모음 e를 i로 바꾸어 giornali(지오르날리)가 됩니다. 모음 e로 끝나는 경우는 남성명사 혹은 여성명사가 될 수 있으므로 다음과 같이 정리하겠습니다.

-e ➜ -i

모음 e로 끝나는 명사(남성/여성)의 복수형은 e를 i로 바꾸어 준다.

chiave 끼아베(열쇠) ➜ chiavi 끼아비(열쇠들)

대부분의 명사는 그 복수 형태가 지금까지 설명한 규칙대로 변하지만 그렇지 않은 것도 있습니다. 예외적인 경우를 몇 개만 알려 드리겠습니다. 이런 것들은 한꺼번에 외우려 들지 마시고 시간을 두고 천천히 익히시기 바랍니다.

ufficio 우핏치오(사무실) ➜ uffici (ufficii가 아닙니다!)

greco 그레꼬(그리스사람의) ➜ greci (grechi가 아닙니다!)

amico 아미꼬(친구) ➜ amici (amichi가 아닙니다!)

문법

arancia 아란치아(오렌지) → arance (arancie가 아닙니다!)
problema 프로블레마(문제) → problemi (probleme가 아닙니다!)
uomo 우오모(남자) → uomini (uomi가 아닙니다!)
città 칫따(도시) → città (단수와 복수 형태가 같습니다)

2 수의 일치

수의 개념은 형용사에도 그대로 적용됩니다. 우리말에는 형용사의 복수가 존재하지 않지만 이탈리아 사람들은 형용사에도 수의 개념을 적용합니다. 어떻게 형용사의 복수를 표현할까요? 형용사도 명사의 경우와 마찬가지로 끝의 모음을 바꿉니다. 즉, -o를 -i로, -a를 -e로, -e를 -i로 바꾸는 것이지요. 예를 들어 보겠습니다. '그 남자는 키가 커.'는 'Lui è alto.'이지만 '그 남자들은 키가 커.'라고 말할 때는

Loro sono alti.

가 됩니다. 형용사 alto의 끝 모음 -o가 명사의 경우처럼 -i로 바뀌었지요? 또한 '그 여자는 키가 커.'는 'Lei è alta.'입니다. 이 문장을 복수로 고치면

Loro sono alte.

가 됩니다. 마찬가지로 '마리아는 예뻐.'는 'Maria è bella.'이고 '그 여자들은 예뻐.'는 'Loro sono belle.'입니다. bella의 끝 모음 -a가 명사의 경우처럼 -e로 바뀌었군요. 이제 이해할 수 있겠지요? 이처럼 이탈리아에서는 형용사에도 수의 개념을 적용하는데 이것을 문법적인 용어로 '수의 일치'라고 합니다.
잘 이해했는지 확인하기 위해 문제를 내 보겠습니다.

Io sono italiano. 난 이탈리아 사람이야.

를 '우리는 이탈리아 사람들이야.'로 바꿔 보세요.

Grammatica

Noi siamo italiani.

그렇지요. italiano의 -o를 -i로 바꿔 주기만 하면 됩니다.
좀 더 어려운 문장을 시도해 볼까요?

Giuseppe non è tedesca. 쥬세뻬는 독일 여자가 아니야.

이 문장을 '그들은 독일 여자들이 아니야.'로 고쳐 보세요.

Loro non sono tedesche.

맞습니다! tedesca의 복수형은 tedesce가 아니라 복수형에서도 발음 '-끄'를 유지하기 위해 h를 삽입하여 tedesche(떼데스께)가 되는 것입니다. 이제 이렇게 정리하지요.

형용사의 복수형은 명사의 복수형을 만드는 규칙을 따른다.

 **기본회화**

1

F Dove è Jun?
도베 에 준?

M Lui adesso è in Italia.
루이 아뎃쏘 에 인 이딸리아.

F Dove sono papà e mamma?
도베 쏘노 빠빠 에 맘마?

M Sono a Milano.
쏘노 아 밀라노.

- dove 어디
- adesso 지금
- in (전치사) ~에, ~안에
- papà 아빠
- e (접속사) 그리고
- mamma 엄마
- a (전치사) ~에

F 준은 어디 있지?
M 그는 지금 이탈리아에 있잖아.
F 엄마하고 아빠는 어디 있는데?
M 밀라노에 있어.

 기억하세요!

★ dove는 '어디(where)'에 해당하는 의문대명사입니다. 의문대명사가 포함된 문장의 어순은 의문대명사(dove) + 동사(sei) + 대명사(tu)로, 의문대명사가 가장 앞에 오고 그 뒤에 동사, 대명사가 오는 것이 보통입니다. 예를 들면 '너 어디 있니?'는 'Dove sei tu?'라고 하지요(대명사는 생략된다고 했으니 'Dove sei?'라고 말해도 됩니다).

★ adesso는 시간을 나타내는 부사입니다. 부사는 형용사, 동사, 다른 부사 또는 문장 전체를 수식해 주는 품사이지요. 시간을 나타내는 부사는 문장 처음, 중간, 끝 어디에나 놓일 수 있습니다. 즉, 본문은 Adesso lui è in Italina 혹은 Lui è in Italia adesso로 고칠 수도 있습니다.

★ 엄마와 아빠는 3인칭 복수이므로 essere 동사가 sono로 바뀌었습니다.

★ in과 a는 모두 전치사인데 '어느 나라에 (있다)'라고 표현할 때는 'in + 나라 이름', '어느 도시에 (있다)'라고 말할 때는 'a + 도시 이름'의 순서를 따릅니다. 몇 가지 예를 들면 in Corea(한국에), in Giappone(일본에), in Italia(이탈리아에), in Francia(프랑스에), in America(미국에), a Roma(로마에), a Seul(서울에), a Venezia(베네치아에)이지요.

Dialogo

2

F Mi scusi, direttore, di dove è Lei?
미 스꾸지, 디렛또레, 디 도베 에 레이?

M Sono di Boston. Di che nazionalità siete voi?
쏘노 디 보스톤. 디 께 나찌오날리따 씨에떼 보이?

F Noi siamo coreane di Seul.
노이 씨아모 꼬레아네 디 세울

F 실례합니다만, 사장님, 당신은 어디서 오셨어요?
M 보스턴에서 왔어요. 여러분은 어느 나라 사람이세요?
F 저희는 서울에서 온 한국 사람들입니다.

- **mi scusi** 실례합니다(영어의 excuse me에 해당하는 표현)
- **direttore** 사장, 지휘자, 지도자
- **di** (전치사) ~의(영어의 of)
- **che** 무엇(영어의 what), (의문형용사) 무슨~
- **nazionalità** 국적

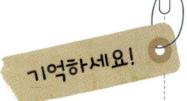

★ **mi scusi** : '실례합니다, 죄송합니다'로 일상생활에서 빈번하게 사용하는 표현입니다. 단, 친구처럼 허물없는 사이에서는 **scusami**(스꾸자미, 미안해)를 사용합니다. 이렇게 표현이 바뀌는 이유는 나중에 설명하기로 하고, 지금은 두 가지 표현을 외워서 활용하는 것이 중요합니다.

★ **di dove**는 '어디에서, 어느 도시로부터'입니다. **di**는 영어의 of, 즉 '~의'에 해당하는 전치사이지요. 이것을 우리말의 '~의'라고 해석해서 이해하기보다는 본질적인 뜻을 아는 것이 도움이 될 것 같군요. **di**는 그 뒤에 오는 명사에 소속되어 있다, 혹은 그 명사와 일체이다라는 뜻을 내포하고 있습니다. 예를 들어 'Sono di Seul.'이라고 하면 서울에 소속되어 서울과 한 몸이다. 즉 내 생활 터전은 서울로 거기서 살고 거기서 일한다는 의미이니 '난 서울에서 왔어.'라고 해석이 되는 것입니다. 따라서 'Di dove è Lei?'는 당신은 어디에 소속되어 있느냐, 즉 어느 도시에서 왔냐는 뜻입니다. 대답도 **di**를 써서 'Sono di Boston.', 즉 보스턴에서 왔다고 했군요.

★ **che**는 '무슨', **nazionalità**는 국적이므로 'Di che nazionalità~?'는 어느 나라에서 왔는지를 묻는 데 사용하는 표현입니다. 이 표현을 이해했는지 확인해 봅시다. '넌 어느 나라 사람이야?'는 어떻게 말할까요? 그래요. 'Di che nazionalità sei tu?'이지요.

★ **nazionalità**와 같이 –à로 끝나는 명사는 모두 여성명사입니다. 다른 예로 **città**(치따, 도시), **metà**(메따, 반(1/2))이 있습니다.

★ 'Io sono coreana di Seul.'은 '난 서울 출신의 한국 사람(여자)이야.'이고, 이를 복수형으로 고치면 'Noi siamo coreane di Seul.'이 됩니다.

기본회화

3

M Mamma, chi sono loro? Sono veramente carine!
맘마, 끼 쏘노 로로? 쏘노 베라멘떼 까리네!

F Loro sono inglesi di Londra.
로로 쏘노 잉글레지 디 론드라.

M Perché sono qua a Seul? Sono in vacanza?
뻬르께 쏘노 꽈 아 세울? 쏘노 인 바깐짜?

F Forse sì.
포르세 씨.

- mamma 엄마
- chi (의문대명사) 누구
- veramente (부사) 정말, 진짜로
- carino 귀여운
- Londra 런던
- perché (의문대명사) 왜
- in vacanza 휴가 중
- forse 아마

M 엄마, 저 사람들은 누구예요? 정말 귀여워요.
F 그들은 런던에서 온 영국 사람들이야.
M 왜 여기 서울에 있는 거죠? 휴가 중인가 봐요.
F 아마 그럴지도 모르지.

★ chi는 '누구'에 해당하는 의문대명사입니다. 의문대명사가 포함된 문장의 어순은 앞서 설명한 것처럼 'chi + essere + (대명사)'입니다. 여기서 대명사는 생략할 수도 있고 문장 맨 앞에 올 수도 있습니다. 예를 들어 '넌 누구니?'는 'Chi sei (tu)?'이고, 'Chi è lui?'는 '그 남자 누구야?'라는 뜻이 됩니다.

★ veramente(정말)는 형용사 vero(진짜의, 참의, 진실의)에서 파생된 부사입니다. 여기처럼 부사가 형용사를 꾸며 줄 때는 형용사 바로 앞에 놓이게 됩니다. 영어에서는 형용사의 끝에 -ly를 붙여서 부사를 만들지요? 이와 마찬가지로 이탈리아어에서는 형용사의 끝에 -mente를 붙여서 부사를 만듭니다.

★ carine는 carina의 여성 복수형이고, inglesi는 inglese의 복수형입니다.

★ perché는 '왜'에 해당하는 의문대명사입니다. 우리말 '왜'에 비해 음절 수가 3개나 되어 좀 어색한 느낌이지요? 그렇지만 일단 익숙해지면 감정을 담을 수 있어서 유용한 표현이 될 겁니다. perché는 끝모음 é를 높여서 읽습니다. perché가 포함된 어순은 다른 의문대명사와 마찬가지입니다. 예를 들어 '너는 왜 밀라노에 있니?'는 'Perché sei a Milano?'가 되겠군요.

★ qua는 '여기'라는 뜻인데 qui가 쓰이기도 합니다.

★ forse는 '아마'라는 뜻을 가진 부사입니다.

Dialogo

F Ciao, ragazzi. Quando siete liberi oggi?
치아오, 라갓찌. 꽌도 씨에떼 리베리 옷찌?

M Purtroppo, non siamo liberi oggi. Perché?
뿌르뜨롭뽀, 논 씨아모 리베리 옷찌, 뻬르께?

F Niente, ciao.
니엔떼, 치아오.

F 안녕, 얘들아. 너희들 오늘 언제 한가하니?
M 유감스럽게도 오늘은 한가하지 않아, 왜?
F 아무것도 아니야, 안녕.

- **ciao** 안녕
- **ragazzo** 소년, 젊은 남자
- **quando** 언제
- **libero** 자유로운, 한가한
- **oggi** 오늘
- **purtroppo** 불행하게도, 유감스럽게도
- **niente** 아무것(영어의 nothing)

★ ciao는 가장 많이 사용하는 인사말인데 만날 때뿐만 아니라 헤어질 때도 쓰입니다. 단, 이 표현은 허물없는 사이에만 사용합니다.

★ ragazzo는 '소년'이고 ragazza는 '소녀'입니다. ragazzi는 우리말로 '야, 얘들아'의 '얘들아'에 해당하는 표현입니다.

★ 의문대명사 quando(언제)의 어순도 앞서 설명한 다른 의문대명사의 경우와 동일합니다.

★ oggi(오늘)은 시간을 나타내는 부사입니다. 앞의 대화 1에서 본 부사 adesso(지금)처럼 문장 처음에 올 수도 있습니다. 부사 oggi(오늘)의 경우도 예외는 아닙니다. 즉, 'Oggi quando siete liberi?'라고 해도 되지요.

★ purtroppo도 많이 사용하는 표현입니다. '유감스럽게도'라는 뜻으로, 어떤 말을 하기가 미안하고 유감스러울 때 사용하는 표현입니다.

★ niente는 영어의 nothing에 해당하는데, 우리말의 '아무것도 아니야'에 해당하는 표현이라고 생각하면 됩니다.

실전회화

M Claudia, è bella questa festa, vero?
끌라우디아, 에 벨라 꿰스따 페스따, 베로?

F Sì, Marco. È anche divertente.
씨, 마르꼬. 에 앙께 디베르뗀떼.

M Claudia, chi sono quelli là? Sono molto alti e biondi!
끌라우디아, 끼 쏘노 꿸리 라? 쏘노 몰또 알띠 에 비온디.

F Sì, è vero. Sono olandesi di Amsterdam. Sono molto simpatici.
씨 에 베로. 쏘노 올란데지 디 암스떼르담. 쏘노 몰또 씸빠띠치.

M Perché sono qui in Italia?
뻬르께 쏘노 뀌 인 이딸리아?

F Sono solo turisti e sono qui da tanto tempo.
쏘노 쏠로 뚜리스띠 에 쏘노 뀌 다 딴또 뗌뽀.

Dialogo pratico

M 끌라우디아, 이 파티 근사하다, 그렇지?
F 응, 마르꼬. 흥겹기도 해.
M 끌라우디아, 저기 저 사람들은 누구야? 키가 굉장히 크고 금발인걸!
F 응, 맞아. 암스테르담에서 온 네덜란드인들이야. 참 호감이 가던데.
M 왜 여기 이탈리아에 있는 거야?
F 단지 여행객이야. 여기 온 지 꽤 되었어.

- questo 이~ · bello 아름다운, 멋진 · festa 파티
- divertente 재미있는, 흥겨운 · là 저기(= lì) · biondo 금발의
- alto 키가 큰 · olandese 네덜란드인, 네덜란드인의
- simpatico 호감이 가는 · solo 다만, 단지 ~뿐인
- da (전치사) ~로부터 · tanto 많은 · tempo 시간

★ questa는 지시형용사로 questo(이~)의 여성형입니다. 뒤에 꾸며 주는 명사 festa가 여성이므로 여성이 된 것입니다. (5과에서 자세히 다룹니다)

★ vero는 형용사로 '진실의, 참의'라는 뜻인데 이 문장에서는 '그렇지?, 정말이지?'라는 뜻으로 쓰였습니다. 완전한 문장은 è vero인데 è가 생략되었습니다.

★ divertente는 '재미있는, 즐거운', anche는 '~도'이므로 'È anche divertente.'는 '재미있기도 해.'라고 해석됩니다.

★ alti와 biondi는 각각 alto와 biondo의 복수형입니다.

★ 'Sì, è vero.'는 '그래, 맞아.'라는 뜻이지요. 자주 사용하는 표현이므로 익혀 두세요.

★ olandesi는 olandese의 복수형입니다.

★ simpatici는 simpatico(호감이 가는)의 복수형입니다. 그 앞에 부사 molto(매우)가 있어서 '아주 호감이 가는'이라는 의미가 됩니다.

★ qui(여기)와 같은 뜻인데 동의어로 qua가 있습니다.

★ solo는 영어의 only(오직, 단지)에 해당하는 부사입니다.

★ da는 영어의 전치사 from에 해당하므로 da tanto tempo (직역 : 많은 시간으로부터)'는 '오래 전부터' 라는 의미입니다.

연습문제

A 다음 문장을 완성하세요.

01 Tu _____ _____ Pusan. 넌 부산에 있구나.

02 _____ _____ Cinzia? 친찌아는 어디에 있는 거야?

03 Lei non _____ _____ Milano. 그녀는 밀라노에 없어.

B 다음 문장을 복수형으로 고치세요.

01 Io sono italiano. → Noi _____ _____

02 Tu sei spagnola. → Voi _____ _____ (여성)

03 Giuseppe non è tedesco. → Loro non _____ _____ (남성)

04 Io non sono greco, sono americano.

→ Noi non _____ _____, siamo _____

C 다음 문장을 완성하세요.

01 Voi _____ dove _____? 너희들은 어디서 왔니?

02 Noi _____ _____ Monaco. 우린 모나코에서 왔어.

Esercizi

03 Tu, _____ che nazionalità _____? 넌 어느 나라에서 왔니?

04 Loro _____ _____ e _____ di Francoforte.
그들은 독일인인데 프랑크푸르트에서 왔어.

D 다음 문장을 완성하세요.

01 Chi _____ lui? 저 남자는 누구지?

02 Sono qui in Italia _____ tanto _____. 난 오래 전부터 여기 이탈리아에 있어.

03 Siete italiani, _____? 너희들 이탈리아인이지, 그치?

04 Loro _____ di Seul. 그들은 서울에서 왔어.

E 다음 문장을 이탈리아어로 표현해 보세요.

01 저 여자는 누구지? → _____

02 마리오는 왜 한국에 있지? → _____

03 나는 여기 서울에 있어. → _____

04 넌 왜 여기 프랑스에 있는 거니? → _____

Capitolo

3

Come è l'italia?

학습 목표

- 부정관사 붙여 말하기
- 정관사 붙여 말하기

문법

1 부정관사

이 과에서는 영어의 a, an과 the에 해당하는 부정관사와 정관사를 학습하겠습니다. 영어의 경우와 마찬가지로 부정관사는 정해지지 않은(不定) 명사 하나를 지칭할 때 사용하고, 명사 앞에 놓입니다. 한 가지 다른 점은, 영어의 부정관사는 형태가 변하지 않지만 이탈리아어의 부정관사는 뒤에 오는 명사의 성에 따라 형태가 달라집니다.

남성명사 앞에 사용하는 부정관사는 두 가지인데 하나는 un(운) 이고 다른 하나는 uno(우노)입니다. un은 대부분의 남성명사 앞에서 사용합니다. 다음 예를 보세요.

      un libro 책   un giorno 날
      un amico 남자친구   un albero 나무

uno는 어느 경우에 사용할까요? 남성 명사 중 s+자음-, z-, ps-, (gn-, pn-)로 시작하는 명사 앞에서는 uno를 사용합니다. 여기서 gn, pn으로 시작하는 명사는 극히 드물어서 거의 사용하실 일이 없을 것 같아 괄호 안에 묶어 두었습니다.

      uno studente 한 학생   uno specchio 거울
      uno zaino 배낭   uno psicologo 심리학자

studente는 2개의 자음으로 시작되기 때문에 un studente가 아니라 uno studente입니다. 그 이유는 단지 발음하기가 쉽기 때문입니다. un studente라고 하면 자음 3개가 연달아 나오니 아무래도 발음하기가 쉽지 않지요. 그리고 zaino는 z로 시작되는 명사이지만 un zaino가 아니라 uno zaino입니다. 이탈리아 사람은 이렇게 발음하는 것이 쉬운가 봅니다.

여성명사 앞에서 사용하는 부정관사는 una(우나)뿐입니다. 다만 명사가 모음으로 시작하면 축약형 un'을 사용합니다. 예를 들면,

      una finestra 창문 한 짝
      un'amica ← una amica 여자 친구 한 명

결국 부정관사는 un과 una 두 가지 형태만 있고 발음상의 문제 때문에 조금씩 변한다고 이해하면 됩니다. 지금까지 설명한 것을 표로 정리하면 다음과 같습니다.

Grammatica

구분	부정관사	용법	예
남성	un	대부분의 남성명사 앞	un libro (책)
	uno	s+자음, z, ps, gn, pn으로 시작하는 남성명사 앞	uno studente (학생) uno zaino (배낭)
여성	una	자음으로 시작하는 여성명사 앞	una finestra (창문)
	un'	모음으로 시작하는 여성명사 앞	un'amica (여자친구)

이탈리아 사람들은 왜 부정관사를 사용할까요? 부정관사는 '정해지지 않은 한 개(하나)의'라는 뜻의 가진 형용사로 이해할 수 있습니다. 예를 들어 un libro라고 하면 이미 정해진 책이 아니라 임의의 책 한 권을 가리키는 것입니다. 그 책이 소설책이든 잡지든 백과사전이든 상관없이 말이지요. 마찬가지로 un albero는 막연한 나무 한 그루라는 의미이지요.

2 정관사

이젠 영어의 the에 해당하는 정관사를 배워 봅시다. 남성정관사는 크게 나누어 il(일)과 lo(로)가 있습니다. il은 자음으로 시작되는 명사, lo는 모음으로 시작되는 명사 앞에 쓰이는 것이 일반적인 원칙입니다. 예를 들어 보지요.

　　　　il libro 그 책
　　　　l'albero 그 나무　←　lo albero

단, lo는 모음으로 시작되는 명사 앞에서 축약되어 l'의 형태가 됩니다. 이 원칙에도 예외가 있는데, 남성 명사 중 s+자음-, z-, ps-, (gn-, pn-)로 시작하는 명사 앞에서는 lo를 사용합니다. 예를 들면,

　　　　lo studente 학생　　　lo specchio 거울
　　　　lo zaino 배낭　　　　lo psicologo 심리학자

문법

형태가 부정관사의 경우와 비슷해서 이해하기 어렵지 않지요? 여성정관사는 la(라)인데 모음 앞에서는 축약형 l'가 된다는 점만 기억하면 됩니다. 예를 들면,

la finestra 창문
l'amica 여자 친구

정관사도 부정관사처럼 명사의 성에 따라 아래 표와 같이 두 가지로 구분됩니다.

구분	정관사	용법	예
남성	il	자음으로 시작되는 명사 앞	il libro (책)
	lo	s+자음-, z-, ps-, (gn-, pn-)로 시작하는 남성명사 앞	lo zaino (배낭) lo studente (학생)
	l'	모음으로 시작되는 명사 앞	l'albero (나무)
여성	la	자음으로 시작되는 명사 앞	la finestra (창문)
	l'	모음으로 시작되는 명사 앞	l'amica (여자 친구)

왜 이탈리아 사람들은 명사 앞에 정관사를 붙일까요? 부정관사는 막연한, 정해지지 않은 명사를 지칭한다고 했지요? 반대로 정관사는 이미 정해진 명사를 지칭할 때 쓰입니다. 예를 들면 '책 한 권 있니?'라고 말할 때는 un libro를 사용하지만 '그 책 있니?'라고 할 때는 il libro를 씁니다. 따라서 여러분도 의식적으로 이탈리아 사람들처럼 사고하도록 노력해야 합니다. 어떤 명사를 말할 때 그 명사가 이미 정해진 것이면 적절한 정관사를 붙이도록 훈련하세요.

보충학습

우리나라에도 많은 이탈리아의 caffè 이름

카페에 가면 이탈리아어로 된 메뉴가 많습니다. 몇 가지만 살펴보기로 할까요?

- **카페 에스프레소(caffè espresso)** : 아기 손바닥 크기의 잔에 진한 커피 원액을 담은 이탈리아 정통 카페입니다. 몇 년 전 이탈리아 로마의 기업인과 한국에 약 2주 정도 머문 적이 있습니다. 식사 후 제일 그들이 제일 먼저 찾은 것이 카페 에스프레소였습니다. 수소문 끝에 정통 이탈리안 커피 전문점에 데려가 카페 에스프레소를 대접했지요. 전 그 잔을 들이켰을 때의 그들의 표정이 잊혀지지 않습니다. 어린아이처럼 활짝 웃으며 'buonissimo(아주 좋은데)'라고 했던 그분들의 모습에서 이탈리아 사람과 카페 에스프레소는 하나라는 생각을 해 보았습니다.

- **카페 마끼아또(caffè macchiato)** : macchiato의 원형은 동사 macchiare인데, 그 뜻은 '얼룩지게 하다'입니다. 그러니까 '얼룩이 진 카페'라는 의미가 되지요. 카페 에스프레소의 맛이 강하기 때문에 이탈리아 사람들은 카페 에스프레소에 따뜻한 우유를 넣어 마시기도 합니다. 즉, 우유로 그 '신선한' 카페에 얼룩이 생기게 하는 것이죠. (우리나라의 카페 마끼아또는 이탈리아의 그것과는 좀 다릅니다.)

- **라떼 마끼아또(latte macchiato)** : 우유를 이탈리아어로 '라떼'라고 합니다. 이탈리아 사람들은 보통 우유를 길쭉하고 투명한 잔에 마시는데 우유만 마시기가 좀 허전해서 카페 에스프레소를 섞어 마시기도 합니다. 순수한 우유에 카페 에스프레소로 얼룩지었으니 이렇게 부르는 것이지요.

- **아포가또 알 카페(affogato al caffè)** : affogato의 원형은 affogare인데 이는 '익사시키다'의 뜻입니다. 그러니까 이 메뉴를 직역하면 '카페에 익사한'이 됩니다. 뭐가 익사했느냐고요? 아이스크림입니다. 재미있는 발상이지요? 달콤하고 부드러운 아이스크림을 쓰고 진한 향의 카페 에스프레소에 익사시켜서 드실 때의 그 맛, 드셔 봐야 안다니까요.

기본회화

1

F Mario, che cosa è quella?
마리오, 께 꼬사 에 꿸라?

M È una macchina fotografica.
에 우나 마끼나 포토그라피까.

F È veramente moderna e anche molto bella!
에 베라멘떼 모데르나 에 앙께 몰또 벨라!

F 마리오, 그게 뭐야?
M 사진기야.
F 정말 최신형이네, 게다가 아주 멋진걸.

- che cosa (= cosa) (의문대명사) 무엇
- macchina 기계, 자동차
- fotografico 사진의
- moderno 최신의, 현대적인

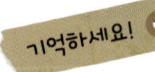

★ che cosa는 '무엇'이라는 뜻으로 영어의 what에 해당하는 의문대명사입니다. 2과에서 배운 것처럼 의문대명사는 문장 앞에 위치하고 'che cosa + 동사 + 대명사'의 어순이 일반적입니다.

★ quella는 일단 영어의 that(저것)이라고 이해하세요. 4과에서 배울 겁니다.

★ macchina는 '기계' 혹은 '자동차'라는 뜻의 여성명사이므로 부정관사 una를 사용했군요. 뒤에 오는 형용사 fotografico는 '사진의'라는 의미인데 macchina가 여성명사이므로 성을 일치시켜 fotografica가 되었습니다. 주로 형용사는 꾸며 주는 명사 뒤에 온다고 했지요? 이 문장에서도 그 점을 확인할 수 있군요. 마리오가 부정관사 una를 사용한 이유는 '(수많은 사진기가 존재하지만 그중) 하나의 사진기야.'라는 의미이기 때문입니다. 두 사람 모두 알고 있는 사진기였다면 la macchina가 되었을 겁니다.

★ moderno와 bello는 문장의 주어가 여성명사인 macchina이므로 여성형 moderna와 bella로 바뀌었습니다. 그렇다고 molta bella라고 해서는 안 됩니다. molto는 부사이고 부사는 성과 수의 일치를 따르지 않습니다. 아시겠지요?

Dialogo

2

M Papà, dove è il libro?
빠빠 도베 에 일 리브로?

M Il libro è qua.
일 리브로 에 꽈.

M Papà, dove è la borsa?
빠빠, 도베 에 라 보르사?

M La borsa è là.
라 보르사 에 라.

- papà 아빠
- dove 어디에
- libro 책
- qua 여기
- borsa 가방
- là 저기

M 아빠, 그 책 어디 있어요?
M 그 책 여기 있잖아.
M 아빠, 그 가방 어디 있어요?
M 그 가방 저기 있어.

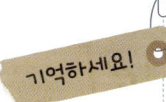

★ il libro(그 책)라고 말한 이유는 아버지와 아들이 이미 그 책이 어떤 책인지 알고 있기 때문입니다. 만약 'Dove è un libro?'라고 물었다면 '(무슨 책이든) 책 한 권 어디 있어요?'라는 의미가 됩니다. 이제 정관사와 부정관사의 차이를 아시겠지요?

★ 이미 알고 있는 책을 가리키므로 아빠는 정관사를 사용해 대답했군요. 이 문장은 'Il libro è qui.'라고 해도 됩니다.

★ 아빠가 이미 알고 있는 가방이기 때문에 정관사를 사용하여 la borsa라고 말했네요.

★ 여기서 là의 뜻은 '저기'인데 동의어로 lì가 있습니다. 그렇다면 지금까지 배운 '여기', '저기'에 대한 표현을 다음과 같이 정리할 수 있겠군요.
여기 : qua = qui
저기 : là = lì

Capitolo 03 **49**

기본회화

3

F Jun, come è Seul?
준, 꼬메 에 세울?

M È una città moderna e molto popolosa.
에 우나 칫따 모데르나 에 몰또 뽀뽈로사.

F Quindi è come Milano.
뀐디 에 꼬메 밀라노.

M Sì e no…. È un po' più popolosa!
씨 에 노…. 에 운 뽀 삐우 뽀뽈로사.

- **come** 어떻게(영어의 how), ~로서(영어의 as)
- **città** (여성명사) 도시
- **moderno** 현대적인
- **popoloso** 인구가 많은
- **quindi** 그러므로, 그러니까
- **po'** 조금(poco의 줄임말)
- **più** 더(영어의 more)

F 준, 서울은 어때?
M 현대적이고 아주 인구가 밀집한 도시야.
F 그럼 밀라노 같겠네.
M 그렇기도 하고 아니기도 하고…. 좀 더 인구가 많지.

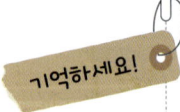

★ **come**(어떻게)는 의문대명사입니다. 사람에게 쓰이면 그 사람의 성격이나 생김새가 어떤지를 물어보는 표현이 됩니다.
　예 **Come è lui?** 그 남자 어때?

★ **moderna**와 **popolosa**는 **città**가 여성명사이므로 모두 여성으로 수를 일치시켰습니다.

★ **quindi**는 우리말의 '그러니까, 그러므로'에 해당하는 접속사입니다. 잘 익혀 두면 유용하게 사용할 수 있을 겁니다.

★ **come Milano**(밀라노와 같은, 밀라노처럼)에서 **come**는 의문대명사가 아니라 전치사 '~처럼'으로 쓰였습니다. '서울이 마치 밀라노와 같구나.'라고 말한 것이지요.

★ **sì e no**는 어떤 물음에 대한 대답이 긍정적·부정적 측면을 모두 가지고 있을 때 얼버무려 표현하는 말입니다. 밀라노가 현대적이고 이탈리아의 다른 도시에 비해 인구밀도가 높은 것은 맞지만(sì), 서울과 같은 규모는 아니라는(no) 뜻으로 한 말입니다.

★ **po'**(조금)는 항상 부정관사 **un**과 함께 **un po'**로 부사적으로 쓰입니다. 우리말로 '나도 좀 주세요.', '나도 좀 피곤해요.' 할 때의 '좀'에 해당하는 표현이지요. 정말 많이 사용하는 표현이니 잘 익혀 두세요.
　예 **Lui è un po' carino.** 그 남자 좀 잘생겼네

★ **più**는 영어의 비교급 **more**인데 나중에 자세히 다루겠습니다.

Dialogo

M Maria, il frigorifero è in disordine!
마리아, 일 프리고리페로 에 인 디스오르디네!

Dove è il latte?
도베 에 일 랏떼?

F Il latte è sotto l'acqua.
일 랏떼 에 쏫또 라꾸아.

M Ma, dove è l'acqua?
마, 도베 에 라꾸아?

F L'acqua è dentro il frigorifero.
라꾸아 에 덴뜨로 일 프리고리페로.

M Mamma mia….
맘미미아.

M 마리아, 냉장고가 엉망이야. 우유는 어디 있는 거야?
F 우유는 물 밑에 있잖아요.
M 그럼 물은 어디 있는데?
F 물은 냉장고 안에 있고요.
M 아이구야.

- frigorifero 냉장고
- disordine 혼란, 무질서
- in disordine 혼란한, 무질서의, 어지러운
- latte 우유
- sotto (전치사) 밑에
- acqua 물
- dentro (전치사) ~안에

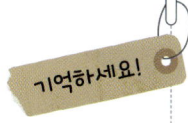

★ in disordine는 직역하면 '(어떤 상태가) 무질서 안에'이므로 '엉망인, 어지러운'이라는 뜻이 됩니다.

★ sotto는 '~밑에'라는 의미인데 'sotto + 정관사 + 명사'의 형태로 사용합니다.
  예 Il libro è sotto il tavolo. 그 책은 그 테이블 밑에 있어.

★ l'acqua의 원래 형태는 la acqua(그 물)인데 정관사의 모음 a가 생략되어 축약형 l'acqua가 되었습니다.

★ dentro(~안[쪽]에)는 'dentro + 정관사 + 명사'의 형태로 사용합니다.
  예 La chiave è dentro la borsa. (그) 열쇠는 (그) 가방 안에 있습니다.

★ mamma mia는 직역하면 '나의 엄마'인데 어처구니 없고 당황스러운 일을 당했을 때 내뱉는 감탄사입니다. '아이구야, 어머나' 정도로 해석이 가능합니다.

실전회화

M Maria, come è l'italia?
마리아, 꼬메 에 리딸리아?

F L'italia è un paese molto bello e storico.
리딸리아 에 운 빠에제 몰또 벨로 에 스또리꼬

M Come è la gente? È simpatica?
꼬메 에 라 젠떼? 에 씸빠띠까?

F Sì, è anche gentile e generosa.
씨, 에 앙께 젠띨레 에 제네로사.

M Come è la vita? Per esempio, è cara la vita a Roma?
꼬메 에 라 비따? 뻬르 에셈피오, 에 까라 라 비따 아 로마?

F Secondo me, è come qua a Seul. Anche là l'affitto è molto caro.
세꼰도 메, 에 꼬메 꽈 아 세울. 앙께 라 랏핏또 에 몰또 까로.

Dialogo pratico

M 마리아, 이탈리아는 어때?
F 이탈리아는 정말 아름답고 역사적인 나라야.
M 사람들은 어때? 호감이 가?
F 그럼, 게다가 친절하고 관대하지.
M 사는 것은 어때? 예를 들어 로마에서 사는 게 (물가가) 비싸니?
F 내 생각에는 여기 서울 같아. 거기도 집세가 아주 비싸거든.

- **come** (의문대사) 어떻게 · **italia** 이탈리아 · **paese** 나라, 국가
- **bello** 아름다운, 멋진 · **storico** 역사의, 역사적인 · **gente** 사람
- **simpatico** 호감이 가는, 매력적인 · **gentile** 친절한
- **generoso** 관대한, 너그러운 · **vita** 삶, 인생
- **per** (전치사)~을 위한 · **esempio** 예, 실례 · **caro** 비싼
- **secondo** (전치사)~에 의하면 · **come** (접속사)~처럼, ~와 같은
- **qua** 여기 · **là** 거기 · **affitto** 집세, 임대료

★ paese는 -e로 끝난 명사로 남성입니다. 따라서 뒤의 형용사의 성도 bello, storico입니다.

★ Sì, (la gente) è anche gentile e generosa. 주어가 la gente로 여성명사이므로 generoso가 generosa가 되었군요.

★ Per esempio는 숙어로 '예를 들면'입니다.
  예 Per esempio, Pusan é la città coreana. 예를 들면 부산은 한국의 도시야.

★ è cara la vita a Roma? 주어 la vita가 여성명사이므로 caro가 cara로 바뀌었습니다.

★ Secondo me는 숙어로 '내 생각에는'이라는 뜻입니다. 여기서 secondo는 전치사로 '~에 의하면'이고 me는 '나에게'를 뜻하는 목적격 인칭대명사라는 것인데 10과에서 학습하게 될 것입니다.
  예 Secondo me, anche lui è ingegnere. 내 생각에는 그 남자도 기술자야.

★ è come qua a Seul = (La vita) è (cara a Roma) come qua a Seul (로마에서 사는 것이) 여기 서울처럼 비싸.

★ l'affitto = lo affitto의 축약형입니다.

연습문제

A 다음 명사 앞에 알맞은 부정관사를 써 넣으세요.

01 _____ libro 책

02 _____ porta 문

03 _____ dizionario 사전

04 _____ finestra 창

05 _____ giornale 저널

06 _____ quaderno 공책

07 _____ studente 학생

08 _____ penna 펜

B 다음 문장을 완성해 보세요.

01 Mario, dove è _____ dizionario italiano? 마리오, (그) 이탈리아어 사전 어디 있어?

02 Mi scusi, dove è _____ modello 77. 죄송한데 (그) 77 모델이 어디 있어요?

03 Giuseppe, _____ regalo è qua. 쥬세뻬, (그) 선물 여기 있잖아.

04 Adesso dove è _____ gente. 지금 (그) 사람이 어디 있지?

05 _____ televisore è qua e _____ tavolo è là. TV는 여기 있고, 테이블은 저기 있어.

Esercizi

C 다음 명사 앞에 알맞은 정관사를 써 넣으세요.

01 _____ occhio 눈   02 _____ chiave 열쇠

03 _____ matita 연필   04 _____ foglio 종이

05 _____ telefono 전화기   06 _____ amico 친구

07 _____ sole 태양   08 _____ luna 달

D 다음 문장을 완성해 보세요.

01 La casa è _____ disordine. 집이 엉망이야.

02 _____ libro è _____ _____ tavolo. 책은 테이블 위에 있어.

03 _____ zaino è _____ _____ finestra. 가방은 창문 밑에 있어.

04 _____ cielo è _____ _____ terra. 하늘은 땅 위에 있는 거야.

05 _____ foglio è _____ _____ dizionario. 그 종이가 그 사전 안에 있는데.

Capitolo

4

Queste sono le pizze napoletane.

학습 목표

- 정관사 복수형 배우기
- 지시대명사 단수/복수형 배우기

문법

1. 정관사의 복수형

앞서 정관사 il, lo, la에 대해 배웠습니다. 다시 복습해 보면

il libro 그 책   lo ziano 그 가방   la penna 그 펜

와 같이 정관사는 정해진 명사를 지칭하는 데 사용한다고 했지요. 4과에서는 정관사의 복수형을 학습할 것입니다. 위의 예에서 '그 책들', '그 가방들', '그 펜들'이라고 말하고 싶을 때는 정관사의 형태가 어떻게 바뀔까요? 아래 표에 정관사의 복수형을 정리했습니다.

남성		여성	
단수	복수	단수	복수
il libro	i libri	la penna	le penne
lo studente	gli studenti		

il → i, lo → gli, la → le로 바뀌고 정관사 뒤의 명사도 모두 복수형으로 바뀌었다는 것을 알 수 있지요? 이처럼 이탈리아어에서는 정관사의 형태가 성과 수에 따라 바뀌고 뒤에 오는 명사의 성과 수도 같이 변화합니다. 이것은 우리말에는 없는 문법이므로 처음엔 좀 어렵게 느껴지겠지만 이탈리아 사람처럼 생각하고 말하는 연습을 하다 보면 자연스럽게 익혀집니다. 어느 정도 시간이 지나면 i(이) 소리를 듣자마자 많다는 느낌이 들면서 복수의 감각이 몸에 밸 거예요. 약간 복잡하게 보이는 변화는 lo → gli인데 반복을 통해 익히시기 바랍니다. 예를 들어 lo zaino(그 가방)의 복수형은 무엇일까요?

lo zaino → gli zaini

이제 문장을 한번 만들어 볼까요? 다음 문장을 보세요.

La ragazza è tedesca. 그 여자는 독일 여자야.

이 문장을 복수로 고쳐서 '그 여자들은 독일 여자들이야.'라는 뜻의 문장을 만들어 보세요. 답을 보지 말고 편안 마음으로 해 보세요.

Le ragazze sono tedesche.

Grammatica

그렇습니다. la → le로 고치고 명사도 ragazza → ragazze로 바꾸면 주어가 복수형 3인칭이 되니 동사도 è → sono가 되고 tedesca → tedesche가 됩니다. 아시겠지요? 하나만 더 해 볼까요? 다음 문장을 복수로 고쳐 보세요. 조금 생각해 보셔야 할 겁니다.

     L'albero è molto alto. 그 나무는 정말 크구나.

albero 앞의 l'는 lo의 생략형이니 lo의 복수형을 쓰면 되겠군요. 따라서 복수형 문장은 다음과 같지요.

     Gli alberi sono molto alti.

② 지시대명사의 단수형/복수형

정관사를 배웠으니 이제 지시대명사를 학습할 차례가 된 것 같습니다. 지시대명사는 '이것, 저것'을 지칭하는 말로 영어의 this, that에 해당합니다. 일단 다음과 같이 알아 두세요.

    이것 → questo 꿰스또   **저것** → quello 꿸로

발음이 재미있지요? 자기 주위의 사물을 가리키면서 직접 발음을 해 보세요. 그런데 우리말의 '이것'에 해당한다고 무조건 questo라고 말하면 안 됩니다. 지칭하는 사물이 여성명사이면 questo도 여성형을 써야 하고, 사물이 복수이면 questo를 복수형에 맞게 고쳐야 하거든요. 그렇다고 걱정할 필요는 없습니다. 지시대명사의 성과 수 변화는 명사의 변화와 동일하니까요.

예를 들어 보지요.

     Questo è il libro. 이거 그 책이네.

이 문장에서 questo라고 한 것은 지칭하는 명사 libro가 남성이기 때문입니다. 만약 사물이 여성이라면

     Questa è la macchina. 이건 그 자동차군.

문법

처럼 questo의 o가 a로 바뀌어 questa가 됩니다. 이제 위의 문장들을 모두 복수로 고쳐 보면

> Questi sono i libri.
> Queste sono le macchine.

모음이 각각 o → i, a → e가 되어 questi, queste가 되는 것입니다. 이해되지요?
'저것'에 해당하는 quello도 마찬가지입니다. 성과 수에 따른 변화는 모두 명사와 같이 하면 되지요. 몇 가지 예를 봅시다.

> Quello è il ragazzo americano. 쟤가 그 미국 소년이야.
> Quella è la pizza napoletana. 저게 그 나폴리 피자야.
> Quelli sono i ragazzi americani. 쟤들이 그 미국 소년들이야.
> Quelle sono le pizze napoletane. 저것들이 그 나폴리 피자들이야.

어때요? 모두 이해되나요? 명사를 꾸며 주는 형용사도 모두 성과 수의 일치에 따라 변하고 동사도 수에 따라 변했습니다.
지시대명사를 아래의 표에 총정리했으니 참고하세요. 다시 한 번 강조하지만 지시대명사의 변화는 명사의 변화와 같다는 점을 기억하세요.

	questo (이것, 이분)
구분	남성	여성
단수	questo	questa
복수	questi	queste

	quello (저것, 저분)
구분	남성	여성
단수	quello	quella
복수	quelli	quelle

Grammatica

③ 부분관사 = di + 정관사

부정관사와 정관사를 배웠으니 이번에는 부분관사를 공부하겠습니다. di + 정관사 형태로 '약간의', '얼마의', '몇몇의'와 같은 복수의 의미를 갖게 되는 형태를 부분관사라고 합니다. di + 정관사는 그 형태가 다음과 같이 변합니다.

	단수	복수
남성명사 앞	del (= di + il)	dei (= di + i)
	dello (= di + lo)	degli (= di + gli)
	dell' (= di + l')	
여성명사 앞	della (= di + la)	delle (= di + le)
	dell' (= di + l')	

단수/복수 남성명사 앞에서 부분관사 형태가 del, dello, dell', dei 등 여러 형태가 존재하는 이유가 무엇일까요? 앞서 배웠듯이 단수/복수 남성명사의 형태에 따라 앞에 붙는 정관사의 종류가 달라지기 때문입니다. 여성명사의 경우도 마찬가지고요.

예를 들어 un ragazzo는 '한 소년'이지만 del ragazzo는 '소년 몇 명'이라는 뜻이 되고, un libro(책 한권) → dei libri(책 몇 권)이 되는 것입니다. 부분관사는 셀 수 없는 명사 앞에서도 사용할 수 있습니다. 즉, del burro(약간의 버터), dello zucchero(약간의 설탕)처럼 말입니다.

형태가 다소 복잡하니 지금은 이런 것도 있구나 하면서 가볍게 넘어가시면 됩니다. 기회 있을 때마다 반복해서 설명하겠습니다.

 기본회화

1

M   Che cos'è di origine italiana?

F   Le opere liriche sono di origine italiana.

M   Esatto. Anche le pizze sono di origine italiana.

F   È vero, anche i fratelli di Mark sono di origine italiana.

M   Sì, è vero anche questo.

M   이탈리아에서 난 것은 무엇이 있을까?
F   오페라는 이탈리아에 기원을 두고 있지.
M   맞아. 피자도 그 기원이 이탈리아야.
F   맞아. 마르크의 형제들도 이탈리아 사람들이래.
M   그래, 이것도 그러네.

- **origine** 기원, 근원
- **opera** 가극, 오페라
- **lirico** 서정의, 오페라의
- **esatto** 정확한
- **pizza** 피자
- **fratello** 형제

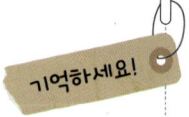

★ **di origine**의 origine는 앞서 배운 '~출신의'의 뜻을 가진 전치사 di와 함께 쓰여 '~에 기원을 둔, ~가 원산지인'을 의미합니다. 따라서 di origine italiana는 '이탈리아산의, 이탈리아가 기원인'입니다. 그렇다면 '한국산의'는 di origine coreana가 되겠지요. 예를 들어 '김치는 한국에서 난 것이다.'라는 표현은 'I ghimci sono di origne coreana.'입니다. di origine는 모음이 축약되어 d'origine의 형태로 많이 쓰입니다.

★ **esatto**는 이탈리아 사람들이 대화 중에 빈번하게 사용하는 표현입니다. 우리말의 '맞아, 그렇지'처럼 상대방의 말에 동의하거나 확신을 주는 맞장구식 표현입니다.

★ **i fratelli**는 il fratello의 복수형입니다.

★ '사람이 어느 나라 출신이다'라는 표현에도 di origine를 사용할 수 있습니다. origine와 같은 의미인 **provenienza**를 사용할 수도 있습니다. 예를 들어 '순희는 한국 태생이야.'를 이탈리아어로 나타내면 'Sunhee è di origine(provenienza) coreana.'이지요.

★ **è vero anche questo**에서 지시대명사 questo가 가리키는 내용은 마르크의 형제들이 이탈리아 사람들이라는 문장 전체라는 것을 문맥을 통해 알 수 있습니다.

Dialogo

2

M Scusi, dove sono i guanti bianchi?

F I guanti sono qua. Sono in lana.

M Ah, grazie. Ma, dove sono le casse?

F Le casse sono qua…, ma, chi è Lei?

M Sono un ladro.

M 실례합니다만, 흰 장갑이 어디 있나요?
F 장갑은 여기 있습니다. 모직으로 만든 거예요.
M 아, 감사합니다. 그런데 금고는 어디 있지요?
F 금고는 여기에 있습니다만, 누구시죠?
M 도둑입니다.

- guanto 장갑
- bianco 흰, 흰색의
- lana 모, 양털
- cassa 금고
- ladro 도둑

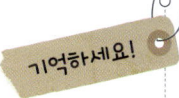

★ guanto(장갑)는 두 짝이므로 복수형 guanti로 쓰입니다. 형용사 bianco도 성과 수를 일치시켜 bianchi가 되었습니다. bianci가 아니라 bianchi입니다. tedesco의 복수형이 tedesci가 아니라 tedeschi인 것처럼 말이지요.

★ 'in + 재질'은 '~으로 만든'으로, 여기서는 '(I guanti) sono in lana(장갑은 모직으로 만든 것이다).'라는 의미입니다. 예를 들어 나일론으로 만들었다면 'Sono in nylon.'이 될 것입니다.

★ cassa는 '금고'입니다. 손님이 금고가 어디 있냐고 묻다니 이상한 일이네요. 참고로 casa라고 쓰면 안 됩니다. casa는 '집'이거든요.

★ un ladro는 여러 도둑들 중의 하나라는 뜻입니다. 만약 'Sono ladro.'라고 했다면 '(내 직업이) 도둑이다.'라는 의미이고, 'Sono il ladro.'는 가게 주인도 알고 있는 그 도둑을 나타냅니다. 이렇게 부정관사의 유무는 다른 의미를 부여합니다.

 **기본회화**

3

F   Mario, che cosa è questo?
M   Questo è un computer portatile.
F   È molto leggero e sottile! Ma, cosa è quella?
M   Quella è una memoria USB.
F   Mammamia, questa è veramente piccola.

F   마리오, 이게 뭐야?
M   이거 노트북이잖아.
F   진짜 가볍고 얇은데! 근데 저건 뭐야?
M   그건 USB 메모리잖아.
F   어머나, 이거 정말 작다.

- **computer** 컴퓨터
- **portatile** 들고 다닐 수 있는, 휴대용의
- **computer portatile** 노트북
- **leggero** 가벼운
- **sottile** 얇은
- **memoria** 메모리, 추억
- **piccolo** 작은

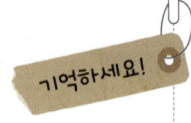

★ 사물을 가리킬 때 그 사물이 여성인지 남성인지 모르는 경우는 그냥 questo 혹은 quello라고 하면 됩니다. 사물이 여성명사라면 대답하는 사람이 정정해 주겠지요.

★ 컴퓨터는 이탈리아 사람들도 computer라고 합니다. 남성명사여서 지시대명사도 questo를 사용했군요. 여기서 portatile는 영어의 portable로 '휴대용의, 들고 다닐 수 있는'이라는 뜻의 형용사입니다. 따라서 합성어 computer portatile는 휴대용 컴퓨터(노트북)를 말합니다.

★ leggero(가벼운), sottile(얇은)라고 하는 걸 보니 마리오의 컴퓨터가 최신형인가 봅니다. sottile는 용도가 아주 다양합니다. 예를 들어 foglio sottile는 '얇은 종이'이고 formaggio sottile는 '얇은 치즈', 즉 슬라이스 치즈를 말합니다.

★ ma는 원래 접속사 '그러나'이지만 여기서는 화제를 바꾸기 위해 사용한 경우입니다. 우리말의 '그런데 말이야' 정도에 해당하는 표현이지요.

★ memoria는 원래 '기억, 추억'이라는 뜻인데 본문에서는 저장 장치인 '메모리'를 의미합니다.

★ piccolo(작은)의 반대말로 grande(큰)도 함께 기억하세요.

Dialogo

M Maria, dove sono i siti web per la musica italiana?

F Qua, questi sono i siti internet per la musica popolare italiana, papà.

M Sono incredibili. I file sono scaricabili?

F Sì, certo, papà. Anche gratis!

M 마리아, 이탈리아 음악 웹 사이트가 어디 있지?
F 여기요. 이것들이 이탈리아 대중음악 인터넷 사이트들이에요, 아빠.
M 이거 대단한데. 파일은 다운로드 할 수 있는 거야?
F 그럼요, 아빠. 게다가 공짜라고요.

- **sito web** 웹 사이트
- **per** (전치사) ~를 위하여(영어의 for)
- **musica** 음악
- **sito internet** 인터넷 사이트
- **popolare** 인기의, 대중의
- **musica popolare italiana** 이탈리아 대중음악
- **incredibile** 믿을 수 없는, 대단한
- **file** 파일
- **scaricabile** 다운로드 가능한
- **certo** 확실한
- **gratis** 공짜의

★ i siti web은 il sito web의 복수형입니다.

★ per는 영어의 for로, 예를 들어 'per amore'는 '사랑을 위하여'입니다.

★ qua, questi sono에서 qua는 우리말로 '여기요'입니다. i siti web이 남성 복수이므로 지시 대명사의 형태도 questi가 되었습니다.

★ popolare는 '인기의, 대중의'라는 뜻이므로 musica popolare는 '대중음악'입니다. 참고로 클래식 음악은 'musica classica'이지요.

★ incredibile는 '믿을 수 없는'이라는 뜻인데 여기서는 '대단한'으로 해석됩니다. 아빠가 찾던 음악들이 있는 사이트를 아들이 찾아 주니 놀랍고 기뻤나 봅니다.

★ 외래어로 '파일'을 뜻하는 file은 남성명사입니다. scaricabile는 '다운로드 가능한'이라는 뜻인데 주어가 i file로 복수이므로 복수형 scaricabili가 된 것입니다.

★ certo는 '물론이지요'라는 표현입니다.

★ gratis는 '공짜의, 무보수의'인데, 참고로 '무료 입장'을 ingresso gratis라고 합니다.

실전회화

M   Buon giorno, dove sono le pizze al taglio?

F   Buon giorno. Lì, vicino alla vetrina, signore.

M   Sì, grazie. Ma quali sono le pizze piccanti?

F   Queste sono le pizze napoletane e sono proprio piccanti, signore.

M   Quelle sono care?

F   No, signore. Solo 3(tre) euro al pezzo!

M   Quindi, la metà di quel pezzo è 1.5 euro?

F   No, signore, sono 2 euro per una metà.

M   Mi dia un pezzo, per favore.

Dialogo pratico

M 안녕하세요. 조각 피자가 어디 있지요?
F 안녕하세요. 저기, 진열대 옆에요, 선생님.
M 그렇군요, 고마워요. 그런데 어떤 것이 매운 피자죠?
F 이것들이 나폴리안 피자인데 정말 매워요, 선생님.
M 그거 비싸요?
F 아니요, 선생님. 한 조각당 3유로입니다.
M 그러니까 그 조각의 반이면 1.5유로인가요?
F 아니요, 선생님. 반은 2유로입니다.
M 제게 한 조각 주세요.

- **pizza** 피자 · **taglio** 절취, 절단 · **vicino** ~근처에
- **vetrina** 유리, 진열대 · **piccante** 매운 · **napoletano** 나폴리의
- **caro** 비싼 · **solo** 단지 · **pezzo** 조각 · **metà** 반, 1/2
- **dare** 주다 · **per favore** (숙어) 제발, 부디

기억하세요!

★ **taglio**가 전치사 a(~에)와 함께 쓰여 al taglio가 되면 '조각의, 토막난'이라는 뜻입니다. 이탈리아에서는 피자를 네모 모양으로 크게 구운 다음 잘라서 파는 가게가 많습니다. al은 'a + il'로서 전치사와 관사가 합쳐진 형태인데 이것은 나중에 다루겠습니다.

★ **vetrina**는 행인들이 볼 수 있도록 상품을 진열한 곳을 말합니다. alla vetrina의 alla는 a + la입니다.

★ **quale**는 의문대명사로 영어의 which에 해당하는데 이 의문대명사는 수에 따라 변화합니다. 이 문장에서는 3인칭 복수형 quali가 되었습니다.

★ **la pizza piccante**의 복수는 la → le, pizza → pizze, piccante → piccanti가 되어 le pizze piccanti 입니다.

★ **le pizze napoletane**는 la pizza napoletana의 복수입니다.

★ **Quelle sono care**는 Quella è cara를 복수로 바꾼 문장입니다. 여기서 Quella는 나폴리안 피자를 가리키는 지시대명사고요, cara는 caro(비싼)의 여성입니다.

★ **Solo 3 euro al pezzo!** : al pezzo는 '(피자) 한 조각당'이라는 뜻입니다. solo는 영어의 부사 only로 '단지, 겨우' 등의 뜻으로 쓰입니다.

★ **Quindi, la metà di~** : quindi는 접속사 '그러므로'입니다. metà는 '반'이라는 뜻인데 시간을 나타낼 때는 1시간의 반인 30분을 표현하는 데 쓰이기도 하지요.

★ **No, signore, sono 2 euro...**를 완전한 문장으로 바꾸면 No, signore, i prezzi sono 2 euro...가 됩니다. prezzo는 '가격'이고 복수는 prezzi입니다.

★ **Mi**(나에게) **dia**(주세요) 여기서 dia는 동사 dare(주다)의 명령형입니다. 22과에서 자세히 학습하기로 하지요.

연습문제

A 다음을 복수로 고치세요.

01 il libro (그 책) → _____ (그 책들)

02 la finestra (그 창문) → _____ (그 창문들)

03 lo studente (그 학생) → _____ (그 학생들)

04 l'albero (그 나무) → _____ (그 나무들)

05 l'amico (그 (남자) 친구) → _____ (그 (남자) 친구들)

06 la amica (그 (여자) 친구) → _____ (그 (여자) 친구들)

B 다음 문장을 복수 형태로 고치세요.

01 Lo stdente è italiano. → _____
그 학생은 이탈리아 사람이다.   그 학생들은 이탈리아 사람들이다.

02 Il libro è sopra il tavolo. → _____
그 책은 그 테이블 위에 있다.   그 책들은 그 테이블 위에 있다.

03 La macchina è bella. → _____
그 차는 멋지다.   그 차들은 멋지다.

Esercizi

04 Dove è l'amica di Maria? → _____
마리아 친구는 어디에 있니?   마리아 친구들은 어디에 있니?

C 다음 빈칸에 알맞은 지시대명사를 써 넣으세요.

01 _____ è la memoria USB. 이것은 USB 메모리야.

02 _____ è veramente piccola. 이건 정말 작구나.

03 _____ è molto leggero. 이건 정말 가볍구나.

04 Il computer portatile è _____. 그 노트북이 저거야.

D 다음 빈칸을 채우세요.

01 Dove sono _____ _____ web per la musica _____
클래식 음악을 위한 웹 사이트가 어디 있지?

02 _____ sono i siti web per il film italiano.
그것들이 이탈리아 영화 웹 사이트들이야.

03 _____ è incredibile. 이거 믿을 수 없는걸.

04 I file sono scaricabili _____. 파일은 공짜로 다운로드 할 수 있어.

Capitolo

5

Io prendo un caffè.

학습 목표

- 지시 형용사 QUESTO
- 동사로 표현하기
- 동사의 현재변화

문법

1. 지시형용사 questo

지시대명사 questo가 형용사적으로 쓰일 때는 문법적으로 지시형용사라고 부릅니다. 예를 들어 다음 문장을 보세요.

Questo è il libro interessante. 이건 흥미 있는 책이군.

위 문장에서 questo는 libro를 가리키는 지시대명사입니다. 이제 이 문장을 조금 바꿔 보겠습니다.

Questo libro è interessante. 이 책은 흥미롭군.

이 문장에서 questo는 libro를 꾸며 주는 형용사처럼 쓰였습니다. 이때의 questo를 지시형용사라고 합니다. 우리말에도 '이 사람', '이 물건'처럼 '이~'라는 표현이 있으니 지시형용사를 쉽게 이해할 수 있을 것입니다. 단, 주의해야 할 것은 지시형용사 questo가 뒤에 오는 명사의 성과 수에 따라 변화한다는 점입니다. 위의 문장을 복수 형태로 고쳐 볼까요?

Questi libri sono interessanti. 이 책들은 흥미로운걸.

형용사의 수를 일치시키는 것과 같은 방법으로 questo의 수를 바꿔 주면 됩니다. 다른 문장을 하나 더 보지요.

Questa persona è molto gentile. 이 사람은 아주 친절한데.

위 문장에서 지시형용사 questo는 여성명사 persona(사람)를 가리키므로 questa가 된 것입니다. 이 문장도 복수 형태로 고쳐 볼까요?

Queste persone sono molto gentili. 이 사람들은 아주 친절한데.

Grammatica

역시 questa가 형용사처럼 변하여 queste가 되었습니다. 자, 이제 지시형용사의 변화를 정리해 보지요.

questo (이~)		
구분	남성	여성
단수	questo	questa
복수	questi	queste

즉, 지시형용사 questo는 꾸며 주는 명사의 성과 수에 따라 변화합니다.
다른 지시대명사 quello로 questo처럼 지시형용사로 쓰일 수 있습니다. 그러나 quello가 형용사적으로 쓰일 때는 questo와 약간 차이가 있습니다. 궁금하시겠지만 이에 대해서는 6과에서 설명하겠습니다. 이제 여러분이 기다리던 동사를 공부해 보지요.

2 동사의 현재

우리말의 동사는 '노래하다, 먹다'처럼 그 원형이 '~하다, ~다'로 끝납니다. 이탈리아 동사원형은 그 어미가 다음과 같이 세 가지 형태 중 하나입니다.

        -are   -ere   -ire

예를 들어 동사 ascoltare(듣다), prendere(잡다, take), aprire(열다)는 어미가 각각 -are, -ere, -ire로 끝나지요? 재미있는 것은 이 동사들이 주어의 인칭에 따라 변화한다는 점입니다. 즉, 주어가 나, 너, 그 남자, 그 여자, 그들 등이 되면 동사의 어미도 덩달아 변한다는 말입니다. 끔찍하지요? 조금 전에 예로 든 동사들이 주어의 인칭에 따라 어떻게 변하는지 다음 표에 정리했습니다. 동사의 어미가 어떻게 변하는지 잠시 살펴보세요.

문법

구분	–are (ascoltare)	–ere (prendere)	–ire (aprire)
Io	ascolto	prendo	apro
Tu	ascolti	prendi	apri
Lei/Lui	ascolta	prende	apre
Noi	ascoltiamo	prendiamo	apriamo
Voi	ascoltate	prendete	aprite
Loro	ascoltano	prendono	aprono

주어에 따라 어미 –are, –ere, –ire가 변하지요? 여러분은 이런 변화를 이미 알고 있습니다. 바로 essere(be 동사)의 변화입니다(어미가 –ere로 끝났으니 –ere 동사에 속하는군요). 이 동사가 주어에 따라 어떻게 변했는지 기억해 보세요.

Io sono(~오)　　Tu sei(~이)　　Lui è(~에)
Noi siamo(~이아모)　Voi siete(~이에떼)　Loro sono(~오노)

괄호 안의 모음을 보세요. 위 표에서 prendere 동사의 어미 변화와 같습니다. 그럼 동사의 변화를 이렇게 정리하면 되겠군요.
이탈리아어 동사가 현재 변화를 할 때는 그 어미가 essere 동사의 끝모음처럼 변한다.
물론 예외도 있지요. 주어가 3인칭 단수일 때는 –are, –ere, –ire가 각각 –a, –e, –e가 되고, 주어가 3인칭 복수일 때는 각각 –ano, –ono, –ono가 됩니다.
이제 문장을 만들어 볼까요? '난 그 음악을 들어.'를 이탈리아어로 말해 보세요.

Io ascolto la musica.

그럼 '우리는 그 음악을 듣지.'는 어떻게 표현할까요?

Noi ascoltiamo la musica.

Grammatica

'빠올로와 클라우디아는 그 음악을 들어.'는 어떨까요?

Paolo e Caludia ascolt**ano** la musica.

마지막 문제입니다. '너는 왜 이(지시형용사) 음악을 듣니?'

Perché ascolt**i** questa musica?

이해가 좀 되나요? 이제 새로운 동사들이 왕창 쏟아질 겁니다. 단단히 준비 하세요!

자주 쓰이는 동사 변화와 예문을 몇 개 더 볼까요? 각 동사마다 어떤 변화를 하게 될지 미리 생각해 보세요.

leggere(읽다) : (io) leggo-(tu) leggi-(lui/lei) legge
-(noi) leggiamo-(voi) leggete-(loro) leggono

Io leggo dei libri a casa. 난 집에서 책 몇 권을 읽는다
(dei libri는 4장에서 배웠던 부분관사입니다)

aprire(열다) : apro-apri-apre-apriamo-aprite-aprono
Mamma apre la finestra. 엄마가 창문을 연다.
Noi apriamo il libro di matematica. 우린 수학책을 편다.
(matematica 수학)

comprare(사다) : compro-compri-compra-compriamo
-comprate-comprano

Luigi compra delle penne. 루이지는 펜 몇 자루를 산다.
(delle penne는 4장에서 배웠던 부분관사로 '펜 몇 자루'를 의미합니다)

abitare(거주하다) : abito-abiti-abita-abitiamo-abitate
-abitano

Abitiamo a Seul in un'appartamento. 우린 서울의 한 아파트에 살고 있다.

기본회화

1

F   Mi scusi, Lei parla italiano?

M   Sì, parlo italiano molto bene.

F   Che fortuna! Dove è il parco Pagoda?

M   Sì, è bello.

F   Cosa???

- parlare 말하다
- bene 잘
- fortuna 운, 행운
- parco 공원

F   실례합니다. 이탈리아어 하세요?
M   예, 아주 잘하지요.
F   잘됐네요! 파고다 공원이 어디지요?
M   예, 아름답지요.
F   뭐라고요?

★ **parla italiano** : 3인칭(존칭) 단수 주어 때문에 parlare(말하다, 영어의 speak)의 어미 -are가 -a로 변하여 parla가 되었습니다. 이 동사 뒤에 바로 italiano(이탈리아어)가 와서 '이탈리아어를 말하다'라는 의미입니다.

★ **parlo italiano molto bene** : 주어가 io이므로 parlo가 되었습니다. molto bene는 '아주 잘'이라는 의미인데 이 표현은 자주 사용되므로 외워 두세요.

★ **Che fortuna** : 앞으로 이런 표현을 자주 보게 될 텐데, 이탈리아 사람들은 che 뒤에 어떤 명사나 형용사를 써서 감탄의 감정을 표현합니다. 본문에서는 명사 fortuna(운, 행운)를 써서 '(이) 무슨 행운(이란 말이냐)'이라는 뜻이 되었습니다. 흔히 쓰는 표현으로 'Che bello!'도 있습니다. 이 표현에서는 che가 형용사 bello(멋진, 아름다운)를 꾸며 주면서 '(이) 얼마나 멋진가' 등의 뜻이 됩니다. 백화점에서 예쁜 옷을 발견했을 때, 또는 미팅을 나간 여성이 마음에 드는 남자를 만났을 때 쓰는 표현입니다.

★ 이탈리아어를 잘한다고 해서 파고다 공원이 어디 있냐고 물어봤더니 '예, 아름답지요.'라고 대답하는군요. 그래서 'cosa(뭐야)?'라고 하네요.

★ 위의 parlare를 활용해 볼까요?
   마리아는 한국어를 아주 잘해. → Maria parla coreano molto bene.
   그들은 프랑스어를 못해. → Loro non parlano francese.
   너 일본어 할 줄 아니? → Tu parli giapponese?
   이제부터 동사가 나오면 계속 이런 식으로 활용해 보는 노력이 필요합니다.

Dialogo

2

F   Marco, prendi qualcosa?

M   Allora, io prendo un caffè, e tu?

F   In questo bar, la spremuta d'arancia è buona.

M   Ok, ok, ordino un caffè e una spremuta d'arancia.

F   마르꼬, 뭐 좀 마실래?
M   자, 난 커피 마실래, 너는?
F   이 바에서는 오렌지 과즙이 맛있는데.
M   알았다, 알았어. 커피 한잔하고 오렌지 과즙 주문할게.

- **prendere** 타다, 취하다(영어의 take)
- **qualcosa** 어떤 것(영어의 something)
- **caffè** 커피
- **bar** 바
- **spremuta** 과즙
- **arancia** 오렌지
- **ordinare** 주문하다

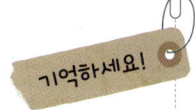

★ **prendi qualcosa** : 2인칭 단수 tu가 주어이므로 prendere의 -ere가 -i로 변하여 prendi가 되었군요. qualcosa는 영어의 something에 해당하고 여기서는 prendere의 목적어로 쓰였습니다. 발음이 '깔꼬사'가 아니라 '꽐꼬사'인 점을 주의하세요. prendere는 다양하게 활용되는 동사입니다. 예를 들어 '난 그 기차(treno)를 탑니다.'는 'Io prendo il treno.'라고 하지요.

★ **allora**는 대화 중에 무수히 듣게 되는 표현인데, 말을 시작하기 전에 사용하는 '자…, 그러니까…'에 해당하는 표현입니다.

★ **in questo bar**에서 questo는 지시형용사입니다. bar는 남성명사이므로 questo가 쓰인 것입니다.

★ **spremuta d'arancia**는 이탈리아의 어느 바에 가도 마실 수 있습니다. 바에 가면 오렌지가 가득 담겨 있는 자그마한 기계를 볼 수 있는데, 오렌지 과즙을 주문하면 바텐더(barista)가 기계의 버튼을 누르지요. 그러면 기계 안의 오렌지가 반으로 쪼개지면서 원액을 그대로 짜내는데 이것을 잔에 받아 줍니다. 너무너무 맛있어요.

★ **un caffè, una spremuta**에 쓰인 부정관사는 '한 잔'이라는 뜻입니다.

★ **ordino**는 ordinare가 1인칭 주어 앞에서 변화한 것임을 알 수 있지요? -are로 끝나는 동사이므로 ordino-ordini-ordina-ordiniamo-ordinate-ordinano 이런 식으로 변합니다. 다음 문장을 이탈리아어로 해 보세요.
마리오도 카푸치노 한 잔 마시는구나. → Anche Mario prende un cappuccino.

기본회화

3

F　Amore, questa bambina dorme ancora.
M　Sì, che bella!
F　Quando dorme, lei somiglia proprio a te!
M　Veramente? Sono così felice.

F　여보, 이 아기 아직도 자네요.
M　응, 얼마나 예쁜지.
F　(이 아이가) 잘 때는 정말 당신하고 똑같아요.
M　정말? 너무 행복한걸.

- bambino 아기
- dormire 자다
- quando 언제, ~때
- somigliare ~을 닮다
- proprio 바로, 정말로
- veramente 정말로
- così 그렇게, 너무
- felice 행복한

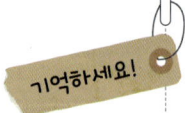

★ 여자 아기라서 bambina라고 한 것입니다. 만약 남자 아기라면 bambino가 되었을 것이고 지시형용사도 questo가 되어 questo bambino가 되지요.

★ dorme는 dormire가 3인칭 단수 주어에 따라 변화한 것입니다(dormo-dormi-dorme-dormiamo-dormite-dormono).

★ 앞에서 설명했듯이 'che + 형용사'는 che 뒤의 형용사에 감탄의 의미를 첨가하는 표현입니다. 원래는 che bella bambina이지만 bambina가 생략된 것이지요.

★ quando dorme의 완전한 표현은 quando (questa bambina) dorme입니다.

★ 'somigliare + a + 사람'은 '~를 닮다'라는 표현입니다. 동사의 현재 변화는 somiglio-somigli-somiglia-somigliamo-somigliate-somigliano이며, 규칙대로라면 2인칭 단수는 somiglii이지만 i 하나가 생략되었습니다.

★ veramente는 상대방의 말에 '정말, 진짜?'라고 반응할 때의 표현입니다.

★ così felice는 직역하면 '그렇게 행복해요'이지만 여기서 così는 '아주, 너무'라는 뜻으로 쓰였습니다.

★ 이제 문장을 만들어 보세요.
　끌라우디오는 아직도 자는 거야? → Claudio dorme ancora?
　엄마는 지금 잘 주무시니? → Mamma dorme bene adesso?

Dialogo

F   Claudio, dove lavori in questi giorni?

M   Lavoro in un ristorante. Tu non lavori ancora?

F   Sì, da ieri io lavoro in una ditta straniera.

M   Complimenti!

F   끌라우디오, 요즈음 어디서 일하니?
M   한 레스토랑에서 일해. 넌 아직도 일 안 하니?
F   아니, 어제부터 한 외국 회사에서 일해.
M   축하한다!

- lavorare 일하다
- giorno 날
- ristorante 레스토랑
- ieri 어제
- ditta 회사
- straniero 외국의
- complimenti 축하

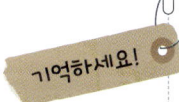

★ dove (tu) lavori의 동사는 그 형태로 보아 원형 lavorare가 2인칭 주격 변화를 한 것임을 알 수 있습니다(lavoro-lavori-lavora-lavoriamo-lavorate-lavorano).

★ in questi giorni는 직역하면 '이 날들에'인데 '요즈음'이라는 뜻의 숙어입니다.

★ Sì, da ieri......처럼, 어떤 질문에 대해 '예', '아니오'라고 대답할 때, 이탈리아어에서는 긍정문 앞에서는 Sì, 부정문 앞에서는 No로 대답합니다. 그러니까 "넌 아직도 일 안 하니?"에 대한 답변으로 우리 말로는 '아니'라고 대답하고 긍정문을 말하지만, 이탈리아어로는 Sì가 됩니다. 왜냐하면 "어제부터 한 외국회사에서 일해"라고 긍정문이 오기 때문입니다.

★ in una ditta straniera에서 ditta는 '회사'를 말하며 여성이므로 뒤의 형용사도 straniera가 되었습니다.

★ da는 전치사 '~로부터'이므로 da ieri는 '어제부터'가 됩니다. '오늘(oggi)부터'는 'da oggi'가 되겠지요. '우린 오늘부터 일해.'는 'Noi lavoriamo da oggi.'입니다.

★ complimenti는 '축하해'라는 의미입니다. 생일을 맞은 친구에게 쓸 수도 있고 졸업한 친구에게 쓸 수도 있습니다.

★ 다음 문장을 이탈리아어로 말해 보세요. 먼저 스스로 해 보는 것 잊지 마세요.
  너 어제부터 한국 회사에서 일하지? → Da ieri tu lavori in una ditta coreana?
  그들은 요즈음에 일하지 않아. → Loro non lavorano in questi giorni.

실전회화

F   Marco, che cosa è, forse una lettera d'amore?

M   Magari, scrivo una cartolina.

F   A chi?

M   Ad Hans, è un ragazzo tedesco e un nuovo amico.

F   Allora in che lingua scrivi?

M   Naturalmente in tedesco perché lui è tedesco.

F   Marco, quante lingue parli tu?

M   Parlo quattro lingue, cioè francese, inglese, tedesco e spagnolo.

F   Mamma mia, questa è una novità incredibile!!
Marco, sei un genio!!

M   Ma no. Io imparo sempre una lingua nuova e così conosco mondi e culture nuove.

Dialogo pratico

F 마르꼬, 뭐니, 혹시 연애편지 아니야?
M 그러면 좋겠다. 엽서 한 장 쓰고 있어.
F 누구한테?
M 한스한테, 독일 사람인데 새 친구야.
F 그럼 어느 나라 말로 쓰는 거야?
M 당연히 독일어지. 걔는 독일 사람이니까.
F 마르꼬, 너 몇 개 국어를 하는 거야?
M 4개 국어를 해. 그러니까 프랑스어, 영어, 독일어 그리고 스페인어.
F 어머나, 이거 믿을 수 없는 소식인걸. 마르꼬, 너 천재구나!
M 아니야, 난 항상 새 언어를 배워. 그렇게 하면 새로운 세계와 문화를 이해할 수 있거든.

- forse 아마 · lettera 편지 · amore 사랑 · magari 그렇게 되었으면
- scrivere 쓰다 · cartolina 엽서 · lingua 언어
- naturalmente 자연적으로, 당연히 · quattro 4(의)
- novità 뉴스, 소식 · incredibile 믿을 수 없는 · genio 천재
- imparare 배우다 · sempre 항상 · nuovo 새로운
- conoscere 알다, 이해하다 · mondo 세계 · cultura 문화

★ lettera d'amore는 직역하면 '사랑의 편지', 즉 '연애편지'입니다.

★ magari는 상대방의 말에 대해 '나도 그랬으면 (좋겠다)'라는 감탄사에 해당합니다. scrivere가 1인칭 주격 변화를 해서 scrivo가 되었군요.

★ A chi? : 전치사 a(~에게)와 chi(누구)이므로 '누구에게'라는 뜻이 되는군요. 따라서 응답도 'a + 사람 이름'입니다. A Hans가 아니고, Ad Hans처럼 d를 첨가한 이유는 발음을 쉽게 하기 위해서입니다.

★ 앞서 배운 allora가 여기 또 등장하네요. '그럼…, 저…'라는 뜻이었지요? 전치사 in은 여기서 '~으로'의 뜻으로 쓰여 수단을 나타냅니다. 따라서 in che lingua는 '무슨 언어로' 혹은 '어느 나라 말로'라는 뜻이 됩니다. 이해를 돕기 위해 예를 들면 parlo italiano는 '이탈리아어를 말한다'이고, parlo in italiano는 '이탈리아어로 말한다'입니다.

★ naturalmentre는 형용사 naturale(자연의, 자발적인, 당연한)의 부사 형태입니다.

★ quanto는 영어의 how much(얼마나 많은)인데 형용사적으로 쓰인 의문대명사라고 생각하면 됩니다. 따라서 형용사처럼 꾸며 주는 명사의 성과 수에 따라 그 형태가 변하지요. 여기서는 여성명사 lingua(언어)의 복수형 lingue 앞에 쓰였으므로 quante가 된 것입니다.

★ cioè는 부가적인 설명을 위해 사용하는 표현, 즉 '그러니까, 다시 말하면'입니다.

★ Ma no에서 Ma는 '그러나'의 뜻이 아니고, no를 강조하는 의미로 쓰인 것입니다. Ma 없이 그냥 no라고 했다면 '아니야'라는 단순한 부정의 의미가 되는 것인데, Ma no라고 하면 '(그럴 리가 있어?) 절대 아니라고'라는 의미가 되는 것입니다. 같은 예로, "Ma certo!"는 "(두말 할 것 없이) 물론 그렇지"가 됩니다.

★ imparare가 1인칭 주격 변화를 하여 imparo가 되었습니다. 예를 들어 '나는 스페인어를 배운다.'는 'Io imparo la lingua spaganola.'입니다.

★ 여기서 così는 '그렇게'로 앞의 문장을 받아 '새 언어를 배움으로써'라는 의미입니다.

★ conosco는 conoscere의 1인칭 변화형입니다.

★ mondi와 culture는 mondo, cultura의 복수형입니다.

Capitolo 05

연습문제

A 다음 메뉴에서 골라 물음에 답해 보세요.

caffè 커피   latte 우유   succo d'arancia 오렌지즙
caffè macchiato 카페 마키아토   un bicchiere d'acqua 물 한 잔

01 Cosa prendi? → _____
   너 뭘 마실래?

02 Cosa prendete voi? → _____
   너희들 뭘 마실래?

03 Cosa prende Mari? → _____
   마리는 뭘 마셔?

B 다음 빈칸에 알맞은 지시형용사 questo를 쓰세요.

01 _____ alberi 이 나무들

02 _____ studenti 이 학생들

03 _____ americano 이 미국인

04 _____ persone 이 사람들

Esercizi

C 알맞은 동사를 써서 다음 문장을 완성하세요.

01 Tu _____ a Seul. 넌 서울에서 일하는구나.

02 Io e Maria _____ a Parigi. 나하고 마리아는 파리에서 일해.

03 Anche Paolo _____ a Milano? 빠올로도 밀라노에서 일하니?

04 Voi _____ molto? 너희들 일 많이 하는구나?

D 다음 문장을 완성하세요.

01 Maria _____ (dormire) ancora perché oggi non _____
마리아는 아직도 자. 왜냐하면 오늘 일 안 하거든.

02 (Voi) Non _____ (lavorare) adesso? _____ (prendere) un caffè?
너희들 지금 일 안 하니? 커피 한잔할래?

03 Mario e Carlo _____ (parlare) tedesco molto bene.
마리오하고 까를로는 독일어를 참 잘해.

04 (Noi) _____ (parlare) un po' di giapponese. 우리는 일본어를 좀 합니다.

Capitolo

6

Tu quanti anni hai?

학습 목표

- 지시형용사 QUELLO
- 불규칙 동사
- avere, stare, fare 동사

문법

1 지시형용사 quello

5과에서는 지시형용사 questo의 용법을 배웠습니다. questo는 형용사처럼 꾸며 주는 명사의 성과 수에 따라 변화했지요? 6과에서는 지시형용사 quello에 대해 공부할 텐데 그 변화형태가 questo와는 아주 다르다는 것을 알게 될 겁니다.

Questo posto è libero. 이 자리는 비어있다.
Questo straniero è francese. 이 외국인은 프랑스 사람이야.
Questo albero è molto bello. 이 나무는 아주 아름답다.
(= Quest'albero)

위의 문장에서 지시형용사 questo는 모두 남성명사를 꾸며 주고 있지요? 이 questo를 모두 지시형용사 quello로 바꾸면 아래와 같이 됩니다.

① **Quel** posto è libero. 그 자리는 비어 있다.
② **Quello** straniero è francese. 그 외국인은 프랑스 사람이야.
③ **Quell'**albero è molto bello. 그 나무는 아주 아름답다.

즉, quello는 꾸며 주는 명사 앞에서 정관사 il, lo, l'처럼 변합니다. 세 문장의 quello를 모두 정관사로 바꿔 보면 Il posto~, Lo straniero~, L'albero~가 되지요. 이제 여성명사를 꾸며 주는 경우를 살펴볼까요?

Questa persona è molto gentile. 이 사람은 아주 친절하군요.
Chi è questa amica? 이 여자 친구는 누구니?

이제 위의 문장을 quello로 바꿔 보세요. 정관사처럼 변한다는 것을 알면 어려운 문제가 아닙니다.

④ **Quella** persona è molto gentile. 그 사람은 아주 친절하군요.
⑤ Chi è **quella** amica? 그 여자 친구는 누구니?

Grammatica

쉽지요? 그럼 마지막으로 문장 ①~⑤를 복수 형태로 바꾸어 볼까요? Quello의 변화는 정관사의 변화와 동일하다는 점만 기억하세요.

① **Quei** posti sono liberi. 그 자리들은 비어 있다.
② **Quegli** stranieri sono francesi. 그 외국인들은 프랑스 사람들이다.
③ **Quegli** alberi sono molto belli. 그 나무들은 아주 아름답다.
④ **Quelle** persone sono molto gentili. 저 사람들은 아주 친절하다.
⑤ Chi sono **quelle** amiche? 이 여자 친구들은 누구니?

il → i가 되는 것처럼 quel → quei가 되었고, lo → gli가 되는 것처럼 quello → quegli가 되었습니다. 정관사의 변화와 같은 지시형용사 quello의 변화를 다음 표에 정리했습니다.

Quello (저~)		
구분	남성	여성
단수	quel, quello	quella
복수	quei, quegli	quelle

❷ 불규칙 동사

외국어를 배우는 입장에서는 이탈리아어의 모든 동사가 규칙적으로 변하면 좋겠지만, 일상생활에서 쓰이는 다수의 동사는 불규칙 변화를 합니다. 만약 동사 fare(하다, 영어의 do)가 규칙적으로 변한다면

io fo-tu fi-lei fa-noi fiamo-voi fate-loro fano

가 될 겁니다. 그러나 이 동사는 우리의 기대를 무시하고 완전히 색다른 변화를 합니다. 다음 표를 보세요.

문법

주어		fare	
1인칭 단수	Io	faccio	
2인칭 단수	Tu	fai	
3인칭, 존칭 단수	Lui/Lei	fa	colazione. (아침 식사를 한다.)
1인칭 복수	Noi	facciamo	una passeggiata. (산책을 한다.)
2인칭 복수	Voi	fate	
3인칭 복수	Loro	fanno	

복잡하다고요? 그렇지 않습니다. 동사가 제아무리 불규칙 변화를 해도 동사의 끝소리는 변하지 않거든요. 1인칭 변화를 보면 원래 기대했던 대로 fo가 아니라 faccio로 변하긴 하지만 끝소리 –o(오)는 여전히 유지되지요. 2인칭은 –i(이), 3인칭은 –a(아), 1인칭 복수는 –iamo(이아모), 2인칭 복수는 –ate(아떼), 3인칭 복수는 –no(노)로 여전히 규칙 동사의 끝소리와 같다는 것을 알 수 있습니다. 그러므로 동사를 공부할 때 문자로 기억하지 말고 소리로 기억하기 바랍니다.
다음은 몇 가지 동사의 불규칙 변화입니다. 각 동사에 대한 예문은 본문에서 익히세요.

주어	avere (가지다)	stare (머물다)	fare (하다)	finire (끝나다)	uscire (나가다)
1인칭 단수	ho	sto	faccio	finisco	esco
2인칭 단수	hai	stai	fai	finisci	esci
3인칭, 존칭 단수	ha	sta	fa	finisce	esce
1인칭 복수	abbiamo	stiamo	facciamo	finiamo	usciamo
2인칭 복수	avete	state	fate	finite	uscite
3인칭 복수	hanno	stanno	fanno	finiscono	escono

위 표에서도 보듯이 변화된 동사의 끝소리가 규칙 동사의 경우와 다름이 없지요? 앞으로 이런 종류의 불규칙 동사를 몇 번 접하다 보면 불규칙 동사에도 그 나름의 법칙이 있다는 것을 자연스럽게 알게 될 겁니다.

보충학습

시간 묻고 답하기

'몇 시야?'라는 표현은 Che ora è? 혹은 Che ore sono?라고 말합니다. 여기서 ora는 '시, 시간'을 의미합니다. 그렇다면 시간을 어떻게 표현할까요? 예를 들어 지금이 8시 10분이면 "8시 그리고 10분이야"라는 식으로 말합니다. 이때 두 가지 점을 기억하세요. <u>시간 앞에는 정관사를 붙이되 성과 수를 일치시키고 essere 동사의 수도 일치시켜야 한다는 점입니다.</u>

즉, 앞의 문장은 Sono le otto e dieci. (8시 10분이야.)가 됩니다. 시간이 8시로 복수이므로 sono로 표현했고, 시간 otto 앞에 le를 붙였지요? 왜냐하면 ora가 여성이므로 여성 정관사 복수 le가 된 것입니다.

"5시 35분이야"는 어떻게 말할까요? Sono le cinque e trentacinque.라고 합니다. 그렇다면 "1시야"는 어떻게 말할까요? È l'una.라고 합니다. 1시는 단수이므로 è이고 l'una라고 한 것이지요. 특이한 것은 15분, 30분, 정오, 자정을 가리키는 말이 존재한다는 것입니다. 즉,

- 15분 : quarto
- 30분 : mezzo
- 자정 : mezzanotte   예 È mezzanotte (자정이야)
- 정오 : mezzogiorno   예 È mezzogiorno (정오야)

따라서 "7시 반이야"를 앞서 배운대로 Sono le sette e trenta라고 할 수 있지만 Sono le sette e mezzo라고 말해도 되는 것이지요. 마찬가지로 "6시 15분이야"를 Sono le sei e quindici라고 말해도 되지만 Sono le sei e un quarto라고 해도 됩니다. 단 quarto 앞에 부정관사를 써 줍니다. 왜냐하면 "6시 45분이야"를 Sono le sei e quarantacinque라고 하는 대신 Sono le sei e tre quarti라고 쓸 수 있기 때문입니다. 즉, 45분은 15분이 세 개라는 식으로 표현하는 것이지요.

마지막으로 '~시 ~분 전이야'라는 표현을 배웁시다. '~전'을 meno라고 하는데 영어의 마이너스에 해당합니다. 따라서 "8시 5분전이야"는 "8시 빼기 5분이야"라고 표현합니다. 즉 Sono le otto meno cinque. 그럼 "4시 15분전이야"는 어떻게 표현할까요? Sono le quattro meno quindici 또는 Sono le quattro meno un quarto.라고 표현합니다.

기본회화

1

M Quanti anni hai?

F Ho vent'anni.

M Sei molto giovane. A quell'età, il tempo passa velocemente.

F Ma, scusa, tu quanti anni hai?

M Io sono un po' vecchio. Ho venti due anni.

- quanto 얼마나(영어의 how much)
- anno 해, 년
- avere 가지다, 소유하다
- venti 20
- giovane 젊은
- età 나이, 시기, 때
- tempo 시간
- passare (시간을) 보내다, 지내다
- velocemente 빨리, 신속히
- vecchio 늙은, 노인의
- due 둘

M 너 몇 살이니?
F 20살이야.
M 너 정말 젊구나. 그 나이 때는 시간이 빨리 흐르지.
F 근데, 미안한데 너는 몇 살인데?
M 난 좀 나이가 많아. 22살이라고.

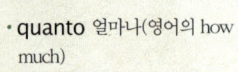

★ Quanti anni hai? : 동사 avere(가지다)는 영어의 have에 해당하며 여기서는 2인칭 주격 변화를 했습니다. quanto는 영어의 how much로, 뒤의 명사 anno가 복수형이기 때문에 quanti로 바뀌었습니다. 따라서 이 문장은 '너 몇 살이니?'라는 의미이지요. 만약 교수님에게 '교수님, 연세가 어떻게 되세요?'라고 묻는다면 'Professore, quanti anni ha?'가 됩니다. 우리나라도 그렇지만 이탈리아에서도 이 질문은 조심스럽게 해야 합니다. 젊은 숙녀에게는 함부로 나이를 묻지 않는 것이 좋습니다.

★ Ho vent' anni. : 위의 질문에 대한 응답 역시 avere 동사를 씁니다. 이 문장을 직역하면 '난 20해를 가졌어.'이므로 결국 '난 20살이야.'라는 뜻이 됩니다.

★ a quella età가 축약되어 a quell'età가 되었군요. 그리고 동사 passare의 주어가 3인칭 단수이므로 규칙 변화를 해서 passa가 되었네요(passo-passi-passa-passiamo-passate-passano).

★ ma, scusa는 직역하면 '근데, 미안한데'로 '듣고 보니 좀 이상한데 하나 물어볼 게 있다'는 의미가 담겨 있습니다.

Dialogo

2

F　Ciao, Mark! Come stai?

M　Sto molto bene, grazie. E tu?

F　Anche io sto bene. Come stanno i tuoi genitori?

M　Non stanno tanto bene in questi giorni.

F　Poverini…. Invece Graziella? Come sta? È ancora in ospedale?

M　No, adesso è a casa. Sta abbastanza bene.

- **stare** 머물다, ~이다, 있다
- **grazie** 고맙다
- **genitori** 부모님
- **poverino** 가여운, 불쌍한
- **invece** 대신, 그런데
- **ospedale** 병원
- **casa** 집
- **abbastanza** 충분히, 꽤

F　안녕, 마르크! 잘 지내니?
M　잘 지내, 고마워. 너는?
F　나도 잘 지내지. 너의 부모님은 어떠셔?
M　요즘 아주 잘 지내시지는 않아.
F　가여우셔라. 그럼 그라찌엘라는? 잘 지내? 아직도 병원에 있는 거야?
M　아니, 지금은 집에 있어. 꽤 잘 지내고 있지.

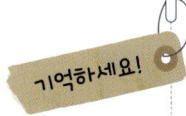

★ **Come stai?** : 이탈리아에서 가장 많이 들을 수 있는 표현 중의 하나입니다. 만나면 'Ciao(안녕).'라고 인사한 뒤 그다음에 나오는 표현이 바로 이겁니다. 존칭 표현은 'Come sta?'이지요. 이 문장에서 stare는 우리말에서 '잘 있어'의 '있다'에 해당합니다.

★ **Sto molto bene, grazie. E tu?** : 위의 질문에 대한 가장 전형적인 대답입니다. 그냥 'Bene.'라고 하기도 하지요. '잘 지내지 못해'는 일반적으로 'Non sto bene.' 혹은 'Sto male.'(male는 bene[잘]의 반대)라고 말하며, '그저 그래.'라고 할 때는 'Così così.'라고 하기도 합니다.

★ **genitori**는 항상 복수로 쓰이는 명사입니다(부모는 아버지와 어머니를 합해서 2명이므로). 따라서 stanno가 된 것입니다. tuoi는 '너의'라고만 알아 두세요.

★ **poverino**는 우리말의 '(누구 참) 안됐다'에 해당하는 표현입니다. 여자 친구한테는 **poverina**라고 하겠지요. poverino는 povero(가난한, 불쌍한)의 축소형입니다. 축소형은 끝의 모음을 -ino로 바꾸어 만드는데, 본래 가지고 있던 뜻의 어감을 축소시키는 효과를 냅니다.

★ 'Sta abbastanza bene.'는 '잘 지내.'의 다른 표현인데 줄여서 'Abbastanza bene.'라고 말하기도 합니다.

 **기본회화**

3

F Mario, che cosa fai adesso?

M Esco per fare una passeggiata. Cosa fanno i ragazzi?

F Forse guardano la TV o giocano con quegli orribili videogiochi.

M Mamma mia, non pensano mai a studiare.

F 마리오, 지금 뭐 하세요?
M 산책하러 밖에 나가요. 애들은 무엇을 하는거요?
F 아마 TV를 보거나 그 끔찍한 비디오게임을 하겠지요.
M 이런, 도대체 공부할 생각은 안 한다니까.

- uscire 나가다
- passeggiata 산책
- guardare 보다
- orribile 끔찍한
- videogioco 비디오게임
- pensare 생각하다
- mai 결코 ~ 않다

 기억하세요!

★ fai는 fare의 2인칭 주격 변화입니다. fare를 이용한 몇 가지 표현을 볼까요? 'Noi facciamo colazione a casa(우리는 집에서 아침 식사를 합니다).'에서 fare colazione는 '아침 식사를 하다'입니다. 다른 예로 'Claudia fa la doccia adesso(끌라우디아는 지금 샤워를 해).'에서 fare la doccia는 '샤워를 하다'입니다.

★ esco는 uscire의 1인칭 주격 변화입니다. 'per + 동사원형'은 '~하러, ~하기 위하여'인데, 예를 들어 '나 일하러 나가.'는 'Io esco per lavorare.'입니다.

★ guardare는 규칙 동사입니다. ragazzi(아이들)가 주어이므로 3인칭 복수 변화를 한 형태입니다.

★ quegli orribili videogiochi는 quell' orribile videogioco의 복수형입니다.

★ pensare는 규칙 동사인데 'pensare di + 동사원형'은 '~하는 것을 생각하다'입니다. 예를 들어 '난 좀 자려고 생각 중이야.'는 'Penso di dormire un po'.'라고 표현하면 됩니다.

★ mai는 '결코(도대체) ~하지 않다'입니다. 'Quel ragazzo non lavora mai.'는 '그 녀석은 도대체 일을 안 한다니까.'라는 뜻이지요.

Dialogo

4

F　Dario, di solito, a che ora finisci di lavorare?

M　Finisco di lavorare verso le 7 di sera. Perché?

F　Ho bisogno di parlare con te. Hai un po' di tempo libero stasera?

M　Certo. Allora ci vediamo dopo.

F　다리오, 보통 언제 일이 끝나니?
M　저녁 7시경에 끝나. 왜?
F　너하고 말 좀 해야겠는데, 오늘 저녁 시간 되니?
M　물론. 그럼 이따 보자.

- di solito 보통, 대개, 주로
- ora 시간
- verso ~경에
- sera 저녁
- bisogno 필요
- con (전치사) ~와 함께
- libero 자유로운
- stasera 오늘 저녁
- certo 확실한
- dopo 후에

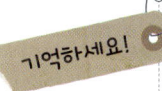

★ a che ora : 몇 시에

★ finire는 2인칭인 다리오가 주어이므로 finisci가 된 것은 아시겠지요? 'finire + di + 동사원형'은 '~하기를 끝마치다, ~를 끝내다'입니다. finire 뒤에 명사가 올 수도 있습니다.
　例 Patrizia finise la doccia adesso. 빠뜨리찌아는 지금 샤워를 마친다.

★ verso + 정관사 + 시간 : ~경에. 여기서는 di sera까지 붙어서 '저녁 7시경에'가 되었습니다.

★ avere bisogno di + 동사원형 : ~할 필요가 있다. 숙어로 빈번하게 쓰이니 잘 익혀 두세요. 예를 들어 '나 지금 커피 한잔 마셔야겠어.'를 이 숙어로 표현하면 'Adesso ho bisogno di prendere un caffè.'입니다.

★ con te(너와 함께)에서 te는 '너를'인데 이에 대해서는 나중에 자세히 살펴보겠습니다.

★ un po' di ~ = 조금의 ~, 약간의 ~

★ certo는 '물론이지'라는 표현입니다.

★ allora는 '그럼'이고, ci vediamo는 '나중에 보자'라는 의미로 헤어질 때 쓰는 표현입니다.

실전회화

M   Pronto, c'è la dottoressa Romano?

F   Sono io. Ma, con chi parlo?

M   Sono Kim, quell'ingegnere coreano….

F   Ah, signor Kim, sono molto contenta di sentirla. Come sta?

M   Non c'è male, grazie, e Lei?

F   Abbastanza bene, grazie.

M   Dottoressa Romano, è in ufficio tutto il pomeriggio?

F   Sì, resto qui fino a tardi, ho molto lavoro da fare oggi. Ma… c'è qualche problema?

M   Sì, stranamente, è quasi tutto il giorno che ho un forte mal di testa. Comunque arrivo fra poco.

F   Ok, signor Kim. Ci vediamo presto.

Dialogo pratico

M 여보세요, 로마노 선생님 계신가요?
F 전데요. 그런데 누구시지요?
M 김입니다. 그 한국인 엔지니어….
F 아, 김 선생님, 통화하게 돼서 반갑네요. 어떻게 지내세요?
M 나쁘지 않습니다, 고마워요. 당신은요?
F 잘 지내지요, 고마워요.
M 로마노 선생님, 오늘 오후 내내 사무실에 계시나요?
F 예, 늦게까지 있어요. 오늘 할 일이 많거든요. 근데… 문제가 있나요?
M 예, 이상하게 거의 하루 종일 심한 두통이 있어요. 어쨌든 조금 있다가 도착할게요.
F 예, 김 선생님. 곧 뵙지요.

- dottoressa (여자) 박사님, 의사
- contento 만족한 · sentire 듣다, 느끼다
- ufficio 사무실 · tutto 전부, 모두의
- pomeriggio 오후 · restare 머물다
- tardi 늦게 · stranamente 이상하게
- quasi 거의 · forte 강한 · testa 머리
- mal(= male) 고통, 병 · comunque 어쨌든
- arrivare 도착하다 · fra (전치사) ~안에
- poco 조금 · presto 곧

★ pronto는 전화를 받을 때 '여보세요'에 해당하는 표현입니다.
★ c'è~, ci sono~는 '~가 있다'로, c'è 뒤에는 항상 단수명사가 오고 ci sono 뒤에는 복수명사가 옵니다.
　예 Pronto, c'è Marco adesso? 여보세요, 마르꼬 있나요?
　예 Ci sono dei chiavi nel cassetto. 서랍에 열쇠 몇 개가 있었다. (dei chiavi 부분관사 → 4장 문법)
★ con chi parlo? : 직역하면 '난 누구하고 말하고 있지요?'인데 전화 통화에서 상대방이 누구인지를 물을 때 사용하는 표현이니 문장 전체를 외우는 게 좋겠어요.
★ quell'ingegnere coreano는 quello ingegnere coreano의 축약형입니다.
★ essere contento di + 동사원형 : ~해서 만족하다, ~해서 행복하다.
★ sentirla = sentire + la이고, la는 signor Kim을 가리키는 목적격 대명사라고만 알아 두세요. (→ 9장 직접목적격 인칭대명사)
★ non c'è male는 '나쁜 게 없다'라는 뜻이니 우리말로 '괜찮아요' 혹은 '나쁘지 않아요' 정도의 표현에 해당됩니다.
★ tutto는 영어의 all(전부의)이므로 tutto il pomeriggio는 '오후 내내'라는 뜻입니다. 그렇다면 '저녁 내내'는 어떻게 표현할까요? 그래요, tutta la sera이지요. 또 '아침 내내'는 tutta la mattina입니다.
★ resto는 규칙 동사 restare의 1인칭 주격 변화 형태입니다.
★ fino a + 시간 개념의 단어 : ~까지. 여기서는 부사 tardi(늦게)가 쓰여 '늦게까지'를 의미합니다.
★ 'da + 동사원형'은 '~할'의 의미로 영어의 'to + 동사원형'의 용법과 비슷합니다. da fare가 lavoro를 꾸며 주어 '할 일'을 뜻합니다.
★ c'è qualche problema? : '무슨 문제 있어?'에 해당하는 표현입니다. '문제 없어.'라고 대답하고 싶다면 'Non c'è problema.'라고 하면 됩니다. problema는 어미가 -a로 끝나지만 남성명사라는 것도 기억해 두세요.
★ ho는 avere의 1인칭 주격 변화입니다.
★ mal di testa는 직역하면 '머리의 아픔(통증)'이니까 '두통'을 의미합니다. 참고로 복통은 mal di pancia(배, 복부), 치통은 mal di denti(dente(치아)의 복수))
★ arrivo는 규칙 동사 arrivare가 1인칭 주격 변화를 한 것입니다.
★ fra poco는 직역하면 '조금 안에'이며 '곧'을 뜻합니다.
★ 이 과에서부터 동사와 각종 표현들이 쏟아져 나와서 당황스러운가요? 앞으로 계속 반복되어 나올 동사와 숙어들이므로 처음부터 너무 부담 갖지 말고 이탈리아 사람들은 이렇게 표현하는구나라고 이해만 하고 넘어가시기 바랍니다.

연습문제

A 다음 문장을 지시형용사 quello를 써서 표현해 보세요.

01 Questi alberi sono alti. → _____
이 나무들은 크다. 저 나무들은 크다.

02 Chi è questa dottoressa? → _____
이 선생님은 누구지요? 저 선생님은 누구세요?

03 Tu non hai questo problema! → _____
넌 이 문제가 없어! 넌 저 문제는 없어!

04 Come stanno questi ragazzi? → _____
이 애들은 잘 지내요? 저 애들은 잘 지내요?

B 다음 문장의 동사를 주어의 인칭에 맞게 고치세요.

01 Claudia e Antonio _____ (avere) una casa a Seul?
끌라우디아와 안또니오는 서울에 집이 있다면서?

02 Claudia, _____ un regalo per te (avere).
끌라우디아, 우리는 널 위한 선물이 하나 있어.

03 Professore : Come _____ (stare) ragazzi? 애들아, 어떻게 지내니?

Studenti : _____ (stare) bene. 잘 지냅니다.

Esercizi

04 A : Tu cosa _____ (fare)? 너, 뭐 하니?

B : _____ (stare) con i bambini tutto il giorno. 하루 종일 아이들하고 있어.

05 Lui _____ (finire) subito quel lavoro. 그 남자는 그 일을 금방 끝내지.

C 다음 문장을 완성하세요.

01 _____ una penna? 펜 하나 있으세요? (존칭)

02 Maria _____ tanto lavoro _____ fare. 마리아는 정말 할 일이 많아.

03 _____ un forte _____ _____ _____ adesso.
난 지금 심한 두통이 있어.

04 Ho _____ di restare fino a tardi oggi. 오늘 늦게까지 있어야 할 필요가 있는걸.

05 In questa festa _____ _____ tanti amici. 이 파티에는 많은 친구가 있어.

06 Lui arriva _____ le 2. 그는 2시경에 도착한다.

- **forte** 강한, 심한   • **avere bisogno di + 동사** ~할 필요가 있다

Capitolo

7

Vado in farmacia.

학습 목표

- 전치사 + 정관사 형태
- ANDARE 동사
- VENIRE 동사

문법

1 전치사관사(전치사 + 정관사)

전치사가 정관사와 함께 쓰일 때 그 형태의 변화에 대해 알아봅시다. 영어에서는 in the room처럼 전치사와 정관사가 함께 있는 경우에 형태가 전혀 변하지 않습니다. 그러나 이탈리아어에서는 그렇지 않은 경우가 많습니다. 다음의 예문을 살펴보지요.

C'è un libro in la borsa. (x)
C'è un libro nella borsa. (o)

'그 가방 안에 책이 한 권 있다.'라는 뜻인데, 위의 문장은 틀리고 아래 문장이 맞습니다. 위의 문장에서 음영 처리된 부분이 '전치사 + 정관사'의 형태이지요? 이탈리아 사람들은 '전치사 + 정관사'를 하나로 묶어서 발음하는 경우가 많습니다. 따라서 in la(인 라)라고 발음하지 않고 nella(넬라)로 발음하는 것이지요. 왜 이렇게 복잡하냐고요? 발음하기가 쉬워서 그렇답니다.

La macchina di il ragazzo è molto vecchia. (x)
La macchina del ragazzo è molto vecchia. (o)
그 애의 자동차는 아주 오래되었다.

위의 문장도 마찬가지로 di + il → del로 바뀌었습니다. 몇 가지 형태를 더 보지요.

di il libro	→	del libro 책의
di la borsa	→	della borsa 가방의
di i libri	→	dei libri 책들의
di l'albero	→	dell'albero 나무의
di gli amici	→	degli amici 친구들의
di le amiche	→	delle amiche 친구들의

'전치사 + 정관사' 형태를 바꿀 때는 정관사의 발음이 그대로 살아나도록 하면 됩니다. 위의 예문에서 전치사 di 대신 in을 쓴다면 각각

Grammatica

nel libro   nella borsa
nei libri   nell'albero
negli amici   nelle amiche

가 됩니다.

물론 처음에는 조금 어렵게 느껴질 겁니다. 하지만 반복하다 보면 자연스럽게 입에 밸 거예요. 아래에 몇 가지 '전치사 + 정관사'의 형태를 정리해 놓았으니 참고하시기 바랍니다. 제일 오른쪽의 fra/tra는 영어의 between, within에 해당하는 전치사입니다. per나 con은 정관사와의 결합형을 쓰기도 하고 분리하여 쓰기도 한다는 점도 알아 두세요. (아래 표를 참고하시면 됩니다.)

구분		di ~의	a ~에	da ~로부터	in ~안에서	su ~위에	per ~을 위해	con ~와 함께	fra/tra ~사이에
남성 단수	il	del	al	dal	nel	sul	per il = pel	con il = col	fra il
	lo	dello	allo	dallo	nello	sullo	per lo = pello	con lo = collo	tra lo
	l'	dell'	all'	dall'	nell'	sull'	per l' −pell'	col l' = coll'	tra l'
남성 복수	i	dei	ai	dai	nei	sui	per i = pei	con i = coi	tra i
	gli	degli	agli	dagli	negli	sugli	per gli = pegli	con gli = cogli	tra gli
여성 단수	la	della	alla	dalla	nella	sulla	per la = pella	con la = colla	tra la
	l'	dell'	all'	dall'	nell'	sull'	per l' = pell'	con l' =con l'	tra l'
여성 복수	le	delle	alle	dalle	nelle	sulle	per le = pelle	con le = colle	tra le

몇 가지 예문을 살펴 볼까요?

Lui incontra Maria sull'autobus.
그는 버스에서 마리아를 만난다.

Cludia prende un cappuccino con gli(=cogli) amici.
클라우디아는 친구들과 카푸치노를 마신다.

문법

2 andare와 venire

andare(가다)와 venire(오다)는 중요한 불규칙 동사인데, 아래 표와 같이 예문을 통해 이 동사들의 변화를 익혀 봅시다.

주어	andare	예문	venire	예문
Io	vado	all'università. (대학에 가다.) in farmacia. (약국에 가다.) da Maria. (마리아에게 가다.)	vengo	da Seul. (서울에서 오다.) dalla Corea del Sud. (한국에서 오다.)
Tu	vai		vieni	
Lui/Lei	va		viene	
Noi	andiamo		veniamo	
Voi	andate		venite	
Loro	vanno		vengono	

두 동사 모두 불규칙이기는 하지만 복수 1, 2인칭에서는 규칙 동사처럼 변하지요? 이런 점은 다른 불규칙 동사에서도 이미 본 적이 있습니다. 두 동사 모두 단수 1, 2, 3인칭, 복수 3인칭에서 v로 시작하므로 혼동하지 않도록 하세요. 앞에서도 배웠듯이 불규칙이긴 하지만 끝모음의 변화는 규칙 동사와 같으니 몇 번 중얼거리다 보면 익숙해집니다.

예문을 보세요. 동사 andare 뒤에는 보통 장소에 해당하는 전치사구가 옵니다. all'università는 a lo università가 축약된 형태인 것은 알겠죠? 대학에 갈 때는 전치사 a를 쓰고, 약국에 갈 때는 정관사 없이 in farmacia를 사용합니다. 그리고 전치사 'andare da + 사람'은 '~에게 가다'라는 표현입니다. 그러니까 동사 andare를 써서 어디에 간다라고 표현하고 싶으면 장소마다 정해져 있는 전치사를 따로 외우셔야 합니다. 예를 들어 '화장실(bagno)에 가다'는 andare in bagno로 전치사 in을 씁니다. 왜 in을 쓰냐고요? 그 이유는 이탈리아 사람들도 모릅니다. 단지 어렸을 적부터 그렇게 말했던 것이니까요.

동사 venire는 'venire da + 도시', 'venire da + 정관사 + 나라 이름'의 형태로 '~출신이다, ~에서 왔다'라는 표현으로 쓰이기도 합니다.

보충학습

요일과 달

요일을 묻는 표현은 **Che giorno è oggi?** (오늘이 무슨 요일이지?)입니다.
대답은 **Oggi è sabato.** (오늘은 토요일이야)라는 식으로 요일 앞에 관사를 붙이지 않습니다.

다음은 요일에 대한 표현입니다.

- **lunedì** (월요일)
- **martedì** (화요일)
- **mercoledì** (수요일)
- **giovedì** (목요일)
- **venerdì** (금요일)
- **sabato** (토요일)
- **domenica** (일요일)

여기서 일요일만 여성이고 나머지는 모두 남성명사입니다.

달을 묻는 표현은 **In che mese siamo?** (지금이 몇 월이지?)이고 대답은 전치사 **in**과 함께
Siamo in gennaio. (1월이야)로 직역하면 '우리는 지금 1월 안에 있어'라는 식으로 답합니다.
다음은 요일에 대한 표현입니다. 모두 남성입니다.

- **gennaio** (1월)
- **febbraio** (2월)
- **marzo** (3월)
- **aprile** (4월)
- **maggio** (5월)
- **giugno** (6월)
- **luglio** (7월)
- **agosto** (8월)
- **settembre** (9월)
- **ottobre** (10월)
- **novembre** (11월)
- **dicembre** (12월)

'~월에'는 'in + 월', 또는 'nel mese di + 월'의 형태로 표현합니다.
예를 들어 '난 5월에 떠나'는 **Io parto in maggio** 또는 **Io parto nel mese di maggio**입니다.

 ## 기본회화

1

F Angelo, ho una domanda.

M Anche due.

F Esiste l'amore vero?

M Boh, è una bella domanda.
Forse esiste solo nella fantasia.

F 안젤로, 질문이 하나 있어.
M 2개도 괜찮아.
F 진짜 사랑이 존재할까?
M 글쎄, 좋은 질문인걸. 아마 상상 속에서만 존재하겠지.

- domanda 질문
- esistere 존재하다, 있다
- boh 글쎄
- solo 단지
- fantasia 공상, 환상

★ **ho una domanda** : ho는 avere(가지다)의 1인칭 주격 변화 형태입니다. 따라서 이 문장은 '질문 하나를 가지고 있다', 즉 '질문 하나 있어요'라는 뜻이지요. '너 질문 있니?'는 'Hai una domanda?'입니다. 교실에서 교수님이 학생들에게 '자, 질문 있나?'라고 할 때는 'Allora, avete una domanda?'라고 표현하기도 합니다.

★ **anche due**라고 유머러스하게 대답했군요. 직역하면 '2개도'인데 '2개 질문해도 괜찮다'는 의미로 쓰인 것입니다.

★ **esistere**(존재하다, 있다). 다른 예로, Penso, dunque esisto.(나는 생각한다, 고로 존재한다) Non esistono dubbi.(의심할 여지가 없어)

★ **boh**는 매우 이탈리아적인 표현입니다. 예, 아니요라고 확실하게 대답할 수 없는 애매한 상황에서 이탈리아 사람들이 즐겨 쓰는 말이지요. 이 말을 할 때는 보통 어깨를 으쓱하는 제스처를 함께 사용합니다.

★ **è una bella domanda**는 직역하면 '아름다운 질문이다'인데 '질문 잘했다, 의미 있는 질문이다' 등의 의미입니다.

★ **nella fantasia**는 '전치사 + 관사'의 형태군요. 'in + la + fantasia'가 이런 형태로 바뀐 것입니다.

Dialogo

2

M Mamma, ho fame adesso. C'è qualcosa da mangiare?

F Certo, amore, c'è un po' di pane e un po' di formaggio nel frigorifero.

M Bene. Ho voglia di bere anche un po' di vino.

M 엄마, 지금 배고파요. 먹을 것 좀 있어요?
F 물론이지, 우리 아들, 냉장고에 빵하고 치즈가 좀 있는데.
M 좋아요. 포도주도 조금 하고 싶어요.

- fame 배고픔
- qualcosa 무엇인가
- pane 빵
- formaggio 치즈
- frigorifero 냉장고
- voglia 의지
- vino 포도주

★ avere fame는 '배고프다'라는 숙어적 표현입니다. '우리 배고파요.'는 'Abbiamo fame.'이고 '너 배고프니?'는 'Hai fame?'입니다.

★ c'è qualcosa da mangiare? : c'è qualcosa는 '무언가 있다'라는 뜻입니다. 'da + 동사원형'은 중요한 용법이니 잘 익혀 두세요. 여기서 전치사 da는 목적, 수단의 의미로 쓰였습니다. 즉, da mangiare는 '먹을~'라는 뜻으로 영어의 to eat에 해당합니다. '할 것이 있어.'는 'C'è qualcosa da fare.'라고 하면 됩니다.

★ Certo, amore (물론이지, 우리 아들)에서 amore는 직역하면 '(내)사랑'이지만, 아들을 사랑스럽게 부르는 애칭입니다.

★ mangiare는 규칙 동사이므로 mangio-mangi-mangia-mangiamo-mangiate-mangiano로 변화합니다. 2인칭 단수에서는 mangii가 되어야겠지만 자음 i가 2개 겹치므로 생략해서 mangi가 되었습니다.

★ un po' di~는 '~좀, 조금의~, 약간의~'라는 표현입니다. 여기서는 un po' di pane(약간의 빵), un po' di formaggio(약간의 치즈), un po' di vino(약간의 포도주) 등으로 쓰였군요. c'è un po' di pane는 부분관사(→ 4장 문법)를 써서 c'è del pane로 표현할 수도 있습니다.

★ avere voglia di + 동사 : ~하고 싶다
나, 지금 자고 싶어. → Ho voglia di dormire adesso.
나 오늘 일하고 싶지 않아. → Oggi, non ho voglia di lavorare.

Capitolo 07 105

# 기본회화

3

F　Ciao, Paolo, dove vai?

M　Vado in banca, e tu, Claudia, dove vai?

F　Vado al supermercato a fare la spesa, poi vado in farmacia.

F　안녕, 빠올로, 어디 가니?
M　은행에 가. 끌라우디아, 넌 어디 가는데?
F　슈퍼마켓에 가서 물건 좀 사려고. 그런 다음 약국에 갈 거야.

- banca 은행
- supermercato 슈퍼마켓
- poi 그리고, 그런 다음
- spesa 소비, 지출
- farmacia 약국

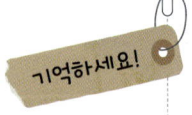

★ dove vai? : andare의 2인칭 주격 변화 형태 vai가 쓰였군요. 동사 변화를 기억하시지요? vado-vai-va-andiamo-andate-vanno이지요.

★ '은행에 간다'라고 할 때는 in banca라고 합니다. '넌 왜 은행에 가니?'는 'Perché vai in banca?'가 되겠지요. '너희들 은행에 가니?'는 어떻게 말할까요? 'Andate in banca?'입니다.

★ al supermercato : a il supermercato

★ fare la spesa는 직역하면 '소비(지출)를 하다'인데 우리말로 '(뭐 좀) 사러 가'에 해당하는 표현이라고 이해하시면 됩니다.

★ '약국에 간다'라고 할 때는 vado in farmacia라고 합니다. 예문을 몇 개 더 보지요. 장소를 표현할 때 어떤 전치사를 쓰는지 눈여겨보세요.
　예 Vai all'ospedale? 너 병원에 가니?
　예 Vanno all'università. 그들은 대학에 가.
　예 Vado in discoteca. 난 디스코텍에 가.

Dialogo

4

- F Da dove viene, il signor Hans?
- M Lui viene da Vienna, è austriaco.
- F Anche la signora Iolanda è austriaca?
- M No, viene dalla Francia.
- F Ah, per questo quando parla italiano, si sente l'accento francese.

- Vienna 비엔나
- austriaco 오스트리아 사람
- quando (의문대명사) ~때, 언제
- sentire 듣다, 느끼다
- accento 악센트

F 한스 씨는 어디서 오셨어요?
M 그는 비엔나에서 왔어요. 오스트리아 사람이지요.
F 욜란다 부인도 오스트리아에서 왔어요?
M 아니요, 그녀는 프랑스에서 왔어요.
F 아, 그래서 그녀가 이탈리아어를 말할 때는 프랑스어 악센트가 들리는 거군요.

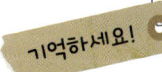

★ 앞서 설명한 것처럼 동사 venire는 'venire da + 도시', 'venire da + 정관사 + 나라 이름'의 형태로 쓰여 '~출신이다, ~에서 왔다'라는 의미입니다. 여기에서는 venire da Vienna, venire dalla Francia의 형태로 쓰였습니다.

★ per questo에서 전치사 per는 '원인, 이유'의 의미를 띕니다. 따라서 per questo는 '이것(욜란타 부인이 프랑스에서 온 사실) 때문에'라는 뜻이 됩니다.

★ sentire는 규칙 동사로 '느끼다, 듣다, 냄새 맡다' 등의 포괄적인 의미를 띕니다. 여기서는 '(프랑스어 악센트가) 들린다'라는 의미로 쓰였습니다. sentire는 목적어가 필요한 타동사인데 si를 첨가한 si sente는 '들리다'로 자동사가 됩니다. 이런 용법을 재귀동사라고 하는데 나중에 자세히 설명하겠습니다. (→ 16과 재귀동사)

실전회화

F   Angelo, che faccia hai? C'è qualche problema?

M   Sì, sono un po' triste in questi giorni.

F   Perché?

M   Come tu sai, cerco un miniappartamento in affitto.

F   E allora?

M   Non si trova proprio. Poi l'affitto è troppo caro.

F   È vero. La vita è così dura, Angelo.

M   Io non so cosa fare.

F   Dai su, Angelo! Siamo ancora giovani. C'è sempre la speranza. Forza!

M   Va bene, va bene.

F   Dai, andiamo a bere qualcosa al bar, Ok?

M   Grazie, però oggi offri tu, Ok?

Dialogo pratico

F 안젤로, 무슨 얼굴이 그래? 무슨 문제 있어?
M 응, 요즘 좀 우울해.
F 왜?
M 너도 아는 것처럼, 월세 아파트를 구하고 있잖아.
F 그런데?
M 정말 없어. 그리고 집세가 너무 비싸.
F 맞아. 사는 게 그렇게 어려워, 안젤로.
M 무엇을 해야 할지 모르겠어.
F 힘내! 안젤로. 우리 아직 젊어. 항상 희망이 있다고. 힘내!
M 좋아, 좋아.
F 자, 바에 뭐 좀 마시러 가자, 응?
M 고맙다. 그런데 오늘 네가 내는 거야, 알았어?

- faccia 얼굴, 안면 · qualche 몇몇의, 어떤
- problema 문제 · triste 우울한
- sapere 알다 · cercare 찾다
- miniappartamento 미니아파트
- affitto 집세 · trovare 찾다
- proprio 정말로 · troppo 너무, 대단히
- caro 비싼 · duro 단단한, 어려운
- giovane 젊은 · forza 힘
- speranza 희망 · però 그러나
- bere 마시다 · offire 제공하다, 주다

기억하세요!

★ che faccia hai? : '무슨 얼굴을 가지고 있니?', 즉 '무슨 얼굴(표정)이 그래?'라고 묻는 것입니다.
★ qualche는 영어의 some, any에 해당합니다. 정해지지 않은 막연한 대상을 나타내기 위한 표현이지요.
★ un po'는 앞서 설명한 것처럼 부사적으로 '좀, 약간'이라는 뜻으로 쓰였습니다.
★ come (tu) sai : 여기서 come는 의문대명사 how가 아니라 접속사 '~처럼'의 의미로 쓰인 것입니다.
★ in affitto는 '월세의, 세놓은'으로 un miniappartamento in affitto는 세놓은 미니아파트입니다.
★ 대화 중에 'Allora?'라고 하면 '그래서?', '그런데?'라고 상대방에게 네 말이 궁금하니 하던 말을 계속하라는 다그침을 나타내는 표현입니다.
★ trovare는 타동사인데 si trova는 '찾게 되다'로 자동사가 됩니다. 따라서 non si trova는 '찾아지지 않는다', 즉 '없다'는 의미이지요. (→ 16과 재귀동사)
★ troppo는 부사 molto와 비슷합니다. 즉, 문장을 l'affitto è molto caro로 바꾸어도 됩니다.
★ duro는 원래 '딱딱한, 굳은'이라는 뜻인데 의미가 확장되어 여기서는 '어려운, 힘난한'으로 해석됩니다.
★ so는 sapere의 1인칭 변화형입니다. cosa fare를 영어로 표현하면 what to do(무엇을 할지)이며, '무엇을 먹을지 모르겠다.'는 'Io non so cosa mangiare.'이지요. 많이 쓰이는 동사인 sapere의 불규칙 변화는 so-sai-sa-sappiamo-sapete-sanno입니다.
★ dai su는 뒤에 나오는 forza와 거의 같은 뜻인데 숙어처럼 외우세요. 상대방이 무엇인가를 결정하지 못하고 머뭇거리거나 실의에 빠져 있을 때 '힘내라고, 일어나, 새로 시작해 보자고' 등 격려해 주는 표현입니다.
★ va bene는 이탈리아 사람들이 정말 많이 사용하는 표현입니다. 직역하면 '(상황, 일 등이) 잘 가다'로, 즉 '좋아, 괜찮아'라는 뜻입니다.
★ 'andare/venire a + 동사원형'은 '~하러 가다/오다'라는 의미입니다. 예를 들어 보지요.
  예 Vado a dormire un po'. 나 좀 자러 가.
  예 Vai a lavorare adesso? 지금 일하러 가니?
  예 Vieni a vedere un film? 너 영화 하나 보러 올래?
★ però는 ma와 용법이 비슷합니다.
★ offri는 규칙 동사 offirire의 2인칭 변화형입니다.

연습문제

A 다음 빈칸에 알맞은 전치사+관사의 결합형을 써 보세요.

01 Il libro è _____ borsa. 책은 가방 안에 있어.

02 Il quaderno è _____ cassetto. 공책은 서랍 안에 있어.

03 Il tavolo è _____ aula. 테이블은 교실 안에 있어.

04 La penna è _____ sedia. 펜은 의자 위에 있잖아.

05 La foto è _____ foglio. 사진은 종이 위에 있어.

• cassetto 서랍

B 다음을 이탈리아어로 표현해 보세요.

01 마리아는 어디 가는 거야? → _____ Maria?

02 너희들 우체국에 가는 거니? → _____ alla posta?

03 너 슈퍼마켓에는 왜 가는데? → _____ al supermercato?

04 나 극장에 가. → _____ in cinema.

05 우리 대학교에 가요. → _____ all'università.

Esercizi

C 다음 질문에 답해 보세요.

01 Da dove vieni? (Praga) 넌 어디서 왔니?

→ _____

난 프라하에서 왔어.

02 Da dove viene Andrea (Berlino) 안드레아는 어디서 왔니?

→ _____

안드레아는 베를린에서 왔어.

03 Da dove venite? (Grecia) 너희들은 어디서 왔니?

→ _____

우린 그리스에서 왔어.

04 Da dove vieni? (Svizzera) 넌 어디서 왔니?

→ _____

난 스위스에서 왔어.

05 Da dove venite? (Inghilterra) 너희들은 어디서 왔니?

→ _____

우린 영국에서 왔어.

RomaTer
Trains
Terminal Fiumkino
Biglletteri
WALL-E
TICKET
PASTA ROME
CINEM
Studio
FARMACIATERMIN

Capitolo

8

Posso fare una domanda?

학습 목표

- 조동사로 말하기
- 할 수 있다
- 하고 싶다
- 해야만 한다

문법

🔴 조동사

8과에서는 조동사의 용법을 중점적으로 공부해 봅시다. 조동사는 영어의 can, will, must처럼 동사의 뜻을 보조해 주는 역할을 하는 동사를 말합니다. 이탈리아어에는 3개의 조동사, 즉 volere, potere, dovere가 있습니다. 이것들의 의미와 쓰임새를 하나씩 살펴보지요.

volere + 동사원형 : ~하고 싶다, ~하기를 원한다

조동사는 항상 동사의 앞에 위치하고, 뒤에 오는 동사는 항상 원형을 씁니다. 조동사도 일반 동사들처럼 주어에 따라 인칭 변화를 합니다. 아래의 표에 조동사 volere의 불규칙 변화를 정리했습니다.

주어	volere	주어	volere
1인칭 단수(Io)	voglio	1인칭 복수(noi)	vogliamo
2인칭 단수(tu)	vuoi	2인칭 복수(voi)	volete
3인칭 단수(lui/lei)	vuole	3인칭 복수(loro)	vogliono

몇 가지 예문을 들어 보지요.

Io voglio fare un giro in macchina. 난 차로 드라이브하고 싶어.

voglio 뒤에 fare가 있으니 '~하고 싶다'라는 표현입니다. giro는 '한 바퀴, 1회전'의 의미이고 fare un giro는 '한 바퀴 둘러보다/돌다'로 숙어적으로 쓰입니다. '(나 한 바퀴) 쭈욱 둘러볼게.'라고 말할 때 쓰는 표현이라고 이해하시면 됩니다. in macchina에서 in은 수단을 나타내는 전치사이며, 따라서 '자동차로'라는 의미입니다. 그렇다면 '기차로'는 in treno가 되겠지요.

Vuoi ascoltare una nuova musica? 넌 새 음악을 듣고 싶니?

여기서 volere는 '~하고 싶다'보다는 권유의 의미에 가깝습니다. '새 음악을 한번 들어 볼래?'라는 의미로 쓰인 것입니다. 용법을 이해할 수 있겠지요? 몇 가지 예문을 더 보세요.

Grammatica

Che cosa **vuole**, signore? 선생님, 무엇을 원하십니까?
Non **vogliamo** essere tristi. 우린 우울해지고 싶지 않아.
Volete giocare a tennis? 너희들 테니스 칠래?
Loro non **vogliono** incontrare Mario. 그들은 마리오를 만나고 싶지 않아.

이제 조동사 potere를 살펴볼까요?

potere + 동사원형 : ~할 수 있다, ~해도 된다

potere는 영어의 can에 해당합니다. 따라서 뜻은 '~할 수 있다'이지만 간혹 허락의 의미로도 쓰여 '~해도 된다'라는 뜻이 되기도 합니다. potere의 주격 인칭 변화는 아래의 표와 같습니다.

주어	potere	주어	potere
1인칭 단수(io)	posso	1인칭 복수(noi)	possiamo
2인칭 단수(tu)	puoi	2인칭 복수(voi)	potete
3인칭 단수(lui/lei)	può	3인칭 복수(loro)	possono

예문을 보면서 이 동사가 어떻게 쓰이는지 알아봅시다.

Professore, **posso** fare una domanda personale?
교수님, 제가 개인적인 질문 하나 해도 될까요?

직역하면 '질문할 수 있어요?'이지만 이 문장에서 potere는 허락의 의미로 쓰여 '질문 하나 해도 될까요?'로 해석됩니다. personale는 '개인적인, 사적인'이라는 뜻입니다.

Puoi lavorare fino alle 11? 넌 11시까지 일할 수 있어?
Claudia **non può** stare da sola. 끌라우디아는 혼자 있을 수 없어.
Possiamo mangiare ancora questo?
우리가 이걸 또 먹어도 될까요? → 허락의 의미군요.
Potete cantare una canzone coreana? 너희들 한국 노래 하나 할 수 있니?

문법

Loro non possono restare a casa. 그들은 집에 머무를 수 없어.

마지막으로 조동사 **dovere**입니다.

dovere + 동사원형 : ~해야 한다

dovere는 영어의 **must**에 해당합니다. 이제 조동사의 용법에 어느 정도 익숙해졌을 테니 동사의 불규칙 변화와 예문을 함께 정리해 보았습니다.

주어	dovere	예문
Io	devo	
Tu	devi	
Lui/Lei	deve	lavorare molto. (일을 많이 해야 해.)
Noi	dobbiamo	andare a dormire. (자러 가야 해.)
Voi	dovete	tornare subito stasera. (오늘 저녁 곧 돌아가야 해.)
Loro	devono	

외국어를 배울 때 중요한 점은 그 나라 사람들처럼 생각해야 한다는 것입니다. 조동사를 공부할 때도 우리말로 생각하고 그 내용을 이탈리아어로 바꾸기보다는 하고 싶은 말을 바로 이탈리아어로 표현하는 연습을 꾸준히 해야 합니다. 예를 들어 마음속에 뭔가 하고 싶은 욕구가 들면 바로 **Voglio**~라고 내뱉는 겁니다. 그다음에 무엇을 하고 싶은지를 동사원형으로 표현하면 되지요. 이렇게 하다 보면 언젠가 이탈리아 사람처럼 생각하고 있는 자기 자신을 발견하게 될 것입니다.

보충학습

이탈리아어의 기수

하나, 둘, 셋 등 물건을 셀 때 사용하는 '기수'를 배워 보도록 합시다. 이탈리아어의 기수는 1부터 10까지만 알면 나머지는 쉽게 익힐 수 있습니다.

1	uno	2	due	3	tre	4	quattro	5	cinque
6	sei	7	sette	8	otto	9	nove	10	dieci

11부터 16까지는 1+10, 2+10, … 6+10의 순서로 표현합니다. 즉,

11	uno + dieci = undici	12	due + dieci = dodici	13	tre + dieci = tredici
14	quattro + dieci = quattordici	15	cinque + dieci = quindici	16	sei + dieci = sedici

15가 약간 형태가 변하긴 하지만 원리는 이해가 되시지요? 그 다음 17부터 19까지는 우리말의 기수처럼 표현하면 됩니다. 즉

- 17 dieci + sette = diciasette
- 18 dieci + otto = diciotto
- 19 dieci + nove = diciannove

20은 **venti** 라고 하고 이 이후부터는 우리말의 기수법과 동일합니다. 그러니까

- 21 venti + uno = ventuno
- 22 venti + due = ventidue …

식으로 말이지요. 모음이 겹쳐지면 생략한다는 점을 기억하세요. 같은 방식으로 30, 40, 50을 뭐라고 하는지만 알면 99까지는 모두 말할 수 있습니다.

20	venti	30	trenta	40	quaranta	50	cinquanta
60	sessanta	70	settanta	80	ottanta	90	novanta

예를 들어
- 31 trenta + uno = trentuno
- 43 quaranta + tre = quarantatre
- 87 ottanta + sette = ottantasette
- 99 novanta + nove = novantanove

100은 **cento**라고 합니다. 101은 **centuno**, 109는 **centonove** 식으로 말합니다. 이런 식으로 하면 199까지는 문제없겠지요? 그 다음 100, 200, 300만 알면 999까지도 문제없이 말할 수 있을 겁니다. 단 100 이후부터는 모음이 겹쳐도 축약하지 않습니다.

- 100 cento
- 200 duecento
- 300 trecento
- 400 quattrocento
- 500 cinquecento
- 600 seicento
- 700 settecento
- 800 ottocento
- 900 novecento

예를 들어 101 centouno (centuno가 아닙니다) 129 centoventinove, 572 cinquecentosettantadue 식으로 표현하면 됩니다.

마지막으로 1000은 **mille**이고 복수형은 **mila**입니다. 1,000,000은 **milione**이고 복수는 **milioni**입니다.

- 1000 mille
- 2000 duemila
- 3000 tremila …
- 9000 novemila
- 10,000 diecimila
- 20,000 ventimila
- 30,000 trentamila …
- 90,000 novantamila
- 100,000 centomila …
- 1,000,000 unmilione
- 2,000,000 duemilioni

 **기본회화**

1

F Papà, cosa fai? Hai tante cose da fare?

M No, principessa. Adesso non ho niente da fare. Hai qualcosa da dirmi?

F Voglio andare a comprare un paio di vestiti, perché domani c'è una festa di compleanno.

M Sì? Allora posso venire con te per vedere un po' di vestiti?

F Certo papà, grazie.

- tanto 많은
- cosa 것
- principessa 공주
- niente 아무것도
- dire 말하다(say)
- comprare 사다
- paio 한 짝, 한 쌍
- vestito 옷
- festa 파티
- compleanno 생일

F 아빠, 뭐 하세요? 할 게 많으세요?
M 아니, 우리 공주님. 지금은 할 게 없단다. 할 말이 있니?
F 옷 한두 벌 사러 가고 싶어요. 내일 생일 파티가 있거든요.
M 그래? 그럼 너와 함께 가서 옷 좀 볼 수 있을까?
F 그럼요, 아빠, 고마워요.

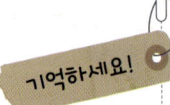 기억하세요!

★ tante cose da fare, niente da fare, qualcosa da dire에서 da는 앞서 설명한 대로 '～할'이라는 뜻입니다. tante cose는 tanta cosa의 복수이고, niente는 영어의 nothing에 해당합니다.

★ 이탈리아 아빠들은 딸을 부를 때 여러 가지 애칭을 씁니다. 여기서는 principessa(공주님)라고 하는군요.

★ un paio di～는 '～한두 벌, 한 쌍의～'를 뜻하는 숙어입니다. 예를 들어 '하루 내지 이틀'은 un paio di giorni라고 합니다.

★ con te(너와 함께) 여기서 te는 전치사 뒤에 오는 인칭대명사이며 10과에서 자세히 배우게 됩니다.

Dialogo

2

F Signore, Le posso dire una cosa?

M Sì, signorina.

F Lei non può fumare qui, siamo in ascensore.

M Mi scusi, signorina. La spengo subito.

F Grazie.

F 선생님, 한 가지 말씀 드려도 될까요?
M 예, 아가씨.
F 여기선 담배를 피우실 수 없는데요, 우리는 승강기 안에 있습니다.
M 죄송해요, 아가씨. 즉시 끌게요.
F 감사합니다.

- cosa 일, 것
- fumare 담배 피우다
- ascensore 승강기
- spegnere 끄다
- subito 즉시

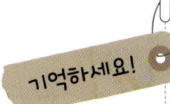

★ Le posso dire~ 여기서 posso는 허락의 의미를 갖는 조동사입니다. Le는 간접목적격 인칭 대명사로 '선생님에게'를 의미합니다. (→ 10과)

★ non può fumare ~ 여기서도 조동사 può는 허락의 의미로 쓰였습니다.

★ La(la sigaretta) spengo subito. La는 la sigaretta를 받는 직접목적격 인칭대명사로 이 문장에서는 '그것(담배)'을 뜻합니다. 9과에서 자세히 다루겠습니다.

★ spegnere는 '(불, 전등을) 끄다'인데 현재 변화는 spengo-spegni-spegne-spegniamo-spegnete-spengono 입니다. 참고로 accendere는 '(불, 전등을) 켜다'이지요.

기본회화

3

M Che male, ho un forte mal di pancia.

F Devi andare subito dal medico.

M Ma dove posso andare a quest'ora?

F Dobbiamo chiamare l'ambulanza.

M 아이구 아파, 복통이 너무 심하다.
F 너 즉시 의사한테 가야 한다고.
M 그렇지만 이 시간에 어디를 가냐?
F 우리가 구급차를 불러야만 되겠다.

- male 아픔, 고통
- forte 강한
- pancia 배
- medico 의사
- ora 시간
- chiamare 부르다, 전화하다
- ambulanza 구급차

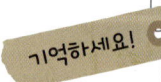 기억하세요!

★ che male는 이미 배운 표현으로 che 뒤에 오는 형용사의 감탄형이라고 했지요? 직역하면 '무슨 아픔(이란 말이냐)'으로 '아이구 아파'라는 뜻입니다.

★ mal di pancia는 male di pancia로 '배의 아픔'이니까 '복통'입니다. 참고로 mal di denti(이)는 '치통'입니다.

★ 'andare da + 정관사 + 직업'은 '(해당 직업에 대한) 서비스를 받으러 가다'라는 의미입니다. 예를 들어 vado dal parucchiere(이발사)는 '이발하러 가다'이지요.

★ chiamare는 규칙 동사로서 '전화하다'라는 의미로 쓰이기도 합니다.

Dialogo

F　Marco, chi vuoi invitare a cena stasera?

M　Voglio invitare papà, mamma e la famiglia di Claudia.

F　Come mai?

M　Perché vogliamo dare una notizia bellissima a tutti. Claudia aspetta un bambino!

F　Che bella sorpresa. Complimenti, Marco!

- invitare 초대하다
- cena 저녁
- stasera 오늘 저녁
- famiglia 가족
- dire 말하다
- notizia 소식
- bellissima 정말 멋진
- aspettare 기다리다
- bambino 아기
- sorpresa 놀라움
- complimenti 축하하다

F　마르꼬, 오늘 저녁 식사에 누구를 초대하고 싶니?
M　어머니, 아버지, 그리고 끌라우디아의 가족을 초대하고 싶어.
F　왜?
M　왜냐하면 모두에게 정말 멋진 소식을 말해 주고 싶거든. 끌라우디아가 아기를 가졌다고!
F　놀라운 소식이구나. 축하해, 마르꼬!

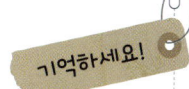

★ chi vuoi invitare a cena stasera? : vuoi는 volere의 2인칭 변화형입니다. 이 문장에서 규칙 동사 invitare의 목적어는 chi입니다. 참고로 점심 식사는 pranzo, 아침 식사는 colazione라고 합니다.

★ stasera는 '오늘 저녁'이라는 의미로 questa sera와 같습니다. 비슷한 용법으로 stamattina = questa mattina(오늘 아침)도 있습니다.

★ 'Come mai?'는 perché와 같은 의미라고 알아 두세요. 이 질문을 한 것은 어머니, 아버지, 그리고 마르꼬의 애인인 끌라우디아의 가족만을 저녁에 초대한 이유를 알고 싶어서입니다.

★ dare A a B : A를 B에게 주다

★ tutti는 tutto(모두)의 복수형입니다.

★ Claudia aspetta un bambino! : 이탈리아 사람은 임신했다는 표현을 이렇게 합니다. 물론 형용사 incinta(임신한)를 써서 'Claudia è incinta.'라고 해도 되지만 본문의 표현이 더 친근감 있지요.

★ Che bella sorpresa. : 이 문장에서도 che는 감탄의 뜻입니다.

실전회화

M   Buona sera, signorina. Vorrei un biglietto per Milano.

F   Buona sera. Solo andata o andata e ritorno?

M   Solo andata.

F   Prima o seconda classe?

M   Seconda classe. Ma preferisco il posto vicino al finestrino, è possibile?

F   Certo, Signore. Ecco il biglietto.

M   Grazie. Quando parte il treno?

F   Parte alle 2(due) dal binario 7.

M   La ringrazio ancora. Arrivederci.

F   Arrivederci.

Dialogo pratico

M 안녕하세요, 아가씨. 밀라노행 표 한 장 주실래요?
F 안녕하세요. 편도입니까 아니면 왕복입니까?
M 편도입니다.
F 1등석인가요 아니면 2등석인가요?
M 이등석이요. 그런데 전 창가 옆에 있는 자리를 선호하는데 가능할까요?
F 물론이죠, 선생님. 여기 표 있습니다.
M 고맙습니다. 기차는 언제 출발하나요?
F 2시에 7번 승강장에서 출발합니다.
M 다시 감사드립니다. 또 봅시다.
F 또 뵈어요.

- biglietto 차표, 승차권 · solo 단지 ~만, ~뿐
- andata 편도 · ritorno 귀환, 복귀 · primo 첫째의
- secondo 두 번째의 · classe 계급, 계층 · preferire 선호하다
- finestrino 작은 창 · posto 자리, 좌석
- vicino (전치사) ~근처에 · partire 출발하다
- treno 기차 · binario 승강장, 플랫폼

★ Vorrei un biglietto ~ vorrei 는 조동사 volere의 격식 있는 표현으로 접속법이라고 합니다. (→20과)

★ 편도는 andata, 왕복은 andata e ritorno라고 합니다.

★ 일등석은 prima classe, 이등석은 seconda classe입니다.

★ vicino a~ : '~ 옆에'로 숙어처럼 쓰입니다.

★ Ecco 는 빈번하게 사용하는 표현으로 기대하던 사람 혹은 물건을 가리키면서 '여기/거기 에 있다'의 의미로 쓰입니다. 따라서 본문의 Ecco il biglietto는 '여기 (선생님께서 기다리시던) 표가 있습니다'는 뜻입니다.

연습문제

A 다음 빈칸에 조동사 volere의 알맞은 형태를 써 넣으세요.

01 Lui _____ andare in Germania o in Grecia?
그이는 독일에 가고 싶은 거야? 아니면 그리스에 가고 싶은 거야?

02 Ho sete. _____ bere un po' d'acqua. 목마르네. 물 좀 마시고 싶어.

03 Oggi è domenica. _____ lavorare o studiare?
오늘 일요일인데 너희들 일할래 아니면 공부할래?

04 Cesia, _____ andare a prendere un caffè con me?
체시아, 나하고 커피 한잔 하러 갈래?

> • avere sete 목이 마르다

B 다음 빈칸에 조동사 dovere의 알맞은 형태를 써 넣으세요.

01 (Tu) _____ prendere un caffè. 너 커피 한잔해야 돼.

02 (Noi) _____ aspettare Maria per un ora.
우린 마리아를 한 시간 동안 기다려야 해.

03 (Io) _____ imparare l'italiano. 난 이탈리아어를 배워야 해.

Esercizi

04 (Voi) _____ andare in Francia per il lavoro.
너희들은 일 때문에 프랑스에 가야 해.

05 (Loro) _____ partire subito. 그들은 곧 출발해야 해.

> • **aspettare** 기다리다 • **imparare** 배우다 • **per un ora** 한 시간 동안 • **subito** 즉시, 곧

C 다음 빈칸에 조동사 potere의 알맞은 형태를 써 넣으세요.

01 Mario, _____ venire con te stasera? 마리오, 내가 오늘 저녁 너하고 갈 수 있을까?

02 Mamma, _____ aprire la finestra? 엄마, 창문 열어 주실 수 있어요?

03 Qua all'università, _____ studiare tutto il giorno.
여기 대학에서 너희들은 하루 종일 공부할 수 있단다.

04 Scusa, papà, _____ dormire adesso? Perché sono stanco.
미안, 아빠, 지금 잘 수 있을까요? 제가 피곤해서요.

> • **stasera** 오늘 저녁 • **tutto il giorno** 온종일 • **stanco** 피곤한

Capitolo 08

Capitolo

9

Io ti conosco!

학습 목표

- 나를, 너를, 그를, 우리를
- 직접 인칭대명사의 용법

문법

 직접목적격 인칭대명사

9과에서는 '나를, 너를, 그를, 우리를' 등에 해당하는 직접목적격 인칭대명사를 공부해 보겠습니다. 영어에도 me(나를), you(너를), him(그를), her(그녀를), us(우리를), you(너희들을), them(그들을)과 같은 인칭대명사가 있지만 이것들은 직접목적격일 뿐만 아니라 간접목적격 인칭대명사이기도 합니다. '나에게, 너에게, 그녀에게'라는 뜻으로도 쓰인다는 말이지요. 그러나 이탈리아어에서는 직접목적격 인칭대명사와 간접목적격 인칭대명사가 구분됩니다. 그렇다고 형태가 완전히 다른 것은 아니고 일부만 다르니까 큰 부담 갖지 않으셔도 될 것 같군요.

9과에서는 직접목적격 인칭대명사를 배우고 간접목적격은 10과에서 다루도록 하겠습니다. 먼저 아래의 예문을 보세요.

> Adesso noi guardiamo la televisione. 지금 우리는 TV를 봅니다.

이 문장에서 la televisione를 직접목적격 인칭대명사를 써서 다시 표현해 봅시다. 즉, '지금 우리는 그것(TV)을 봅니다.'라고 말하고 싶은 거지요.

> Adesso noi la guardiamo. 지금 우리는 그것(TV)을 봅니다.

la televisione를 la로 대체했지요? 이런 대명사를 직접목적격 인칭대명사라고 합니다. la는 3인칭 여성명사를 지칭하는 직접목적격 인칭대명사입니다. 주의할 점은 직접목적격 인칭대명사는 우리말의 어순처럼 동사 앞에 위치한다는 것입니다. 예문을 더 볼까요?

> Matilde ama molto i figli. 마띨데는 아들들을 몹시 사랑합니다.
> → Matile li ama molto.

3인칭 복수 남성명사 i figli(아들들)를 3인칭 복수 직접목적격 인칭대명사 li로 표현했습니다. 다음 표에 직접목적격 인칭대명사와 몇 가지 예문을 정리해 보았습니다. 예문을 보고 뜻을 파악한 뒤, 예문을 보지 말고 스스로 이탈리아어로 표현해 보시기 바랍니다. 꼭 해 보세요.

Grammatica

인칭	직접목적격 인칭대명사	예문
1인칭 단수	mi (나를)	
2인칭 단수	ti (너를)	
3인칭 단수 남성	lo (그를/그것을)	Mi ascolti adesso? (너 내 말을 듣고 있어?)
3인칭 단수 여성	la (그녀를/그것을)	Ti invito a cena. (내가 너를 저녁 식사에 초대할게.)
1인칭 복수	ci (우리를)	Lo faccio subito. (내가 즉시 그것을 할게.)
2인칭 복수	vi (너희를)	Lui ci guarda. (그가 우리를 보네.)
3인칭 복수 남성	li (그들을/그것들을)	Papà vi ama molto. (아빠는 너희들을 사랑한단다.)
3인칭 복수 여성	le (그들을/그것들을)	

예문 몇 개 더 보도록 합시다.

Voglio una giacca, la cerco di lana morbida.
내가 상의 하나를 원하는데, 부드러운 모직으로 된 것을 찾습니다.

여기서 la는 una giacca를 받고 di lana morbida(부드러운 모직으로 만든)는 la를 꾸미고 있습니다.

이탈리아에 가시면 식료품점(negozio di alimentari)에 자주 들르시게 될 겁니다. 다음의 대화에서 어떻게 직접목적격 인칭대명사가 사용되는지 보세요.

A: Un etto di prosciutto, per favore. 햄 100g 부탁합니다.
B: Lo vuole cotto o crudo? 익은 걸로 드릴까요, 혹은 날것으로 드릴까요?
A: Crudo, grazie. 날것으로요. 고마워요.

B의 대화를 인칭대명사 없이 쓴다면 Vuole un etto di prosciutto cotto o un etto di prosciutto crudo가 될 것인데, un etto di prosciutto를 lo로 받아서 문장 앞으로 가져오면 Lo vuole cotto o crudo가 되는 것이지요. 이제 원리를 이해하셨지요? 등장한 단어를 잠깐 확인해 볼게요.

etto : 100g **prosciutto** : 햄 **per favore** : 제발, 부디
cotto : 익은 **crudo** : 날것의

문법

식료품점의 한편에는 직접 만든 빵도 팝니다. 그럼 빵 안에다 좋아하는 햄, 채소 등을 넣어 달라고 해서 여러분의 기호에 맞는 샌드위치, 토스트 등을 즉석에서 사 먹을 수 있습니다. 정말 맛있습니다! 몇 가지 더 알아야 할 사항이 있습니다.

❶ 직접목적격 인칭대명사는 사람뿐만 아니라 사물을 지칭할 때도 쓰인다는 것을 염두에 두세요.

Lui compra le penne. → Lui le compra. 그는 그 펜을 삽니다.

이때 le는 penne를 받는 대명사입니다.

❷ 직접목적격 인칭대명사를 강조하고 싶을 경우 이것을 동사 뒤에 두기도 하는데 이때는 형태가 바뀝니다. 이것을 '직접목적격 인칭대명사 강조형'이라고 합니다. (조금 전에 배운 것은 '직접목적격 인칭대명사 약세형'이라고 하고요) 다음 문장을 보세요.

Lui mi ama. → Lui ama me. 그는 나를 사랑해.

즉, 'Lui ama me.'는 '그는 (다른 사람이 아니고 오로지) 나만을 사랑해.'라는 의미입니다.
다음 표에 직접목적격 인칭대명사의 강조형을 정리했습니다. 1인칭과 2인칭을 제외하고는 모두 인칭대명사를 그대로 쓴다는 것을 알 수 있습니다.

인칭	직접목적격 인칭대명사 (강조형)	예문
1인칭 단수	me (나를)	
2인칭 단수	te (너를)	
3인칭 단수 남성	lui (그를)	Ascolti me adesso? (너 내 말을 듣고 있어?)
3인칭 단수 여성	lei (그녀를)	Invito te a cena. (내가 너를 저녁 식사에 초대할게.)
1인칭 복수	noi (우리를)	Lui guarda lei. (그가 그녀를 본다.)
2인칭 복수	voi (너희를)	Papà ama voi. (아빠는 너희들을 사랑한단다.)
3인칭 복수 남성	loro (그들을)	
3인칭 복수 여성	loro (그들을)	

Grammatica

❸ 이제 설명하려는 것은 이탈리아어의 묘미라고 할 수 있습니다. 다음 예문을 보세요.

> Non devo guardare la televisione.
> = Non la devo guardare.
> = Non devo guardarla.
>
> 난 TV를 보면 안 돼.

모두 같은 뜻의 문장입니다. 마지막 문장이 아주 재미있지요? guardarla는 동사 guardare와 la가 결합한 것입니다. 동사원형과 인칭대명사를 결합시킬 때는 동사원형의 마지막 모음 –e를 생략하고 인칭대명사를 붙입니다. 발음을 쉽게 하기 위해서지요. 위의 예처럼 조동사와 동사가 있는 문장에서는 직접목적격 인칭대명사의 위치가 조동사 바로 앞이나 동사원형 뒤가 될 수 있습니다. 몇 가지 예를 더 볼까요?

> Questo caffè è buono. Anche voi volete prendere questo caffè?
> = Questo caffè è buono. Anche voi lo volete prendere?
> = Questo caffè è buono. Anche voi volete prenderlo?
>
> 이 커피 좋구나. 너희들도 마실래?

> Amo Patrizia, ma non posso vedere Patrizia adesso.
> = Amo Patrizia, ma non la posso vedere adesso.
> = Amo Patrizia, ma non posso vederla adesso.
>
> 난 빠뜨리찌아를 사랑해. 그러나 지금 그녀를 볼 수 없어.

# 기본회화

1

F Quella è Mina!

M La conosci? Chi è?

F Marco, come è possibile che non la conosci!
È una cantante famosa in tutto il mondo!
È incredibile vederla così da vicino.

F 저 사람 미나야!
M 그녀를 알아? 누구야?
F 마르꼬, 넌 어떻게 그녀를 모를 수가 있냐? 세계적으로 유명한 가수잖아! 이렇게 가까이서 그녀를 본다는 게 믿어지지 않아.

- conoscere 알다
- possibile 가능한
- cantante 가수
- famoso 유명한
- incredibile 믿을 수 없는
- così 이렇게, 그렇게
- vicino 가까운

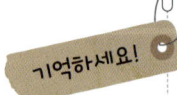

★ quella는 '저 여자'를 가리키는 인칭대명사입니다.

★ La conosci? : la는 Mina를 받는 직접목적격 인칭대명사이지요? 동사 conoscere(알다)는 sapere(알다)와 구분하셔야 합니다. conoscere는 '(사람을) 알다'이고 sapere는 '(사물을) 알다'입니다. 따라서 이 경우에 'La sai?'라고 하면 틀립니다. 규칙동사 conoscere는 conosco-conosci-conosce-conosciamo-conoscete-conoscono로 변합니다.

★ essere possibile + che~ : ~하는 것이 가능하다
　예 Come è possibile che lavora così tanto! 어떻게 그렇게 일을 많이 할 수 있단 말인가!

★ tutto il mondo는 '전 세계, 온 세상'을 말합니다.

★ essere incredibile + 동사원형 : ~하는 것을 믿을 수 없다

★ vederla는 'vedere + la'의 결합형입니다.

★ così da vicino : 그렇게 가까이서

Dialogo

2

M Fa molto freddo, oggi.

F È vero. Finalmente comincia l'inverno.

M Amore, puoi chiudere la finestra?

F Sono in cucina adesso, capisci? Perché non la chiudi tu?

M Va bene, vado a chiuderla io.

- freddo 추운, 냉기, 한기
- oggi 오늘
- finalmente 드디어
- cominciare 시작하다
- inverno 겨울
- cucina 부엌
- chiudere 닫다

M 오늘 참 춥네요.
F 그렇네요. 드디어 겨울이 시작되는군요.
M 여보, 창문 좀 닫아 줄래요?
F 지금 부엌에 있어요, 알겠어요? 당신이 그걸(창문을) 닫아 줘요.
M 좋아요. 내가 그걸(창문을) 닫으러 가지요.

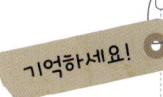

★ fare freddo : 춥다, fare caldo : 덥다

★ 사계절은 primavera(봄), estate(여름), autunno(가을), inverno(겨울)입니다.

★ amore(사랑)는 부부간에 사용하는 애칭입니다. 이외에 tesoro(보물)를 사용하기도 합니다.

★ potere(~할 수 있다)는 부탁, 권유를 의미하는 조동사로 쓰이기도 합니다. 여기서 puoi chiudere la finestra는 '창문을 닫아 줄 수 있어요?'라는 의미이지요.

★ 불규칙 동사 capire는 capisco-capisci-capisce-capiamo-capite-capiscono로 변합니다.

★ Perché non la chiudi tu? : 직역하면 "왜, 당신이 그걸 닫지 않아요?"가 되지만 여기서는 부탁의 뜻으로 "당신이 그걸 닫아 줘요"라는 뜻으로 한 말입니다. 이 문장을 'Perché la non chiudi tu?'라고 하면 안 됩니다. 직접목적격 인칭대명사의 위치는 동사의 바로 앞이지요.

★ andare a + 동사원형 : ~하러 가다

★ chiuderla는 'chiudere + la(= finestra)'의 결합형입니다.

기본회화

3

F　È buonissimo questo tiramisù!
　　Ne vuoi un po', amore?

M　Volentieri. Ne assaggio un po'.
　　Hmm è molto morbido e buono.

F　Lo prendiamo con un bicchiere di spumante?

M　È una buona idea. Lo prendo subito.

F　이 티라미수 정말 맛있는데! 당신도 좀 먹어 볼래요?
M　기꺼이. 그것들 맛 좀 볼게. 음… 아주 부드럽고 맛있는걸.
F　그걸(티라미수) 샴페인 한 잔하고 같이 먹을까?
M　좋은 생각이야. 그거 바로 마셔야지.

- buonissimo 아주 맛있는
- tiramisù 티라미수
- volentieri 주저 않고, 기꺼이
- assaggiare 맛보다
- morbido 부드러운
- bicchiere 잔, 컵
- con ~와 함께
- spumante 샴페인
- idea 아이디어
- subito 즉시

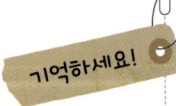

★ buonissimo는 buono의 강조형으로 최상급이라고 합니다. 영어에서 good의 최상급이 best인 것과 같습니다. 이에 대해서는 나중에 설명하지요. (→ 21과)

★ ne vuoi의 ne는 'di tiramisu'를 의미하는데, 자세한 용법은 15과(p.215) 보충학습을 참고하세요. un po'는 '좀'의 뜻으로 부사적으로 쓰였습니다. amore는 결혼한 젊은 부부가 서로를 부르는 애칭으로 '내 사랑' 혹은 '자기야' 정도로 해석하면 됩니다.

★ volentieri는 상대방의 요구에 대한 적극적인 긍정의 표현입니다. 읽을 때 -ti-의 모음 i에 강세를 두세요.

★ Ne assaggio un po'. : 여기의 ne도 'di tiramisù'를 받고 있습니다. 15과(p.215) 보충학습 참조하세요.

★ un bicchiere di~는 '한 잔의~'라는 표현입니다. 예를 들면 un bicchiere di vino(포도주 한 잔), un bicchiere d'acqua(물 한 잔)처럼 쓰이지요.

★ È una buona idea. : 좋은 생각인데.

★ lo prendo에서 lo는 샴페인 한 잔을 가리킵니다.

Dialogo

M Mamma, papà ama il suo lavoro?

F Certo. Lo ama molto. È veramente bello vederlo lavorare con entusiasmo.

M Siete una bella coppia, mamma. Sai quanto ti ama papà?

F Lo so, figliolo. Anch'io lo amo molto.

- suo 그의
- lavoro 일
- amare 사랑하다
- veramente 정말로, 진실로
- entusiasmo 열정
- coppia 쌍, 커플
- quanto 얼마나 많이
- figliolo 아들

M 엄마, 아빠는 그의 일을 사랑해요?
F 물론이지. 아빤 그걸(일을) 많이 사랑하지. 아빠가 열정을 가지고 일하는 것을 보면 참 멋지단다.
M 아빠하고 엄마는 참 멋진 쌍인 것 같아요, 엄마. 엄마는 아빠가 엄마를 얼마나 사랑하는지 알아요?
F 알지, 얘야. 나도 그를 많이 사랑한단다.

★ suo는 영어의 his로 소유격 인칭대명사입니다. 이에 대해서는 뒤에서 살펴보겠습니다. (→ 13과)

★ 'Lo ama molto = Ama molto il suo lavoro.'의 관계가 되겠군요.

★ È veramente bello의 주어는 뒤에 오는 vederlo lavorare con entusiasmo입니다. 따라서 'essere bello + 동사원형 : ~하는 것이 아름답다, 멋지다'라고 알아 두시는 것이 좋습니다. vederlo의 lo는 아빠를 가리킵니다.

★ vederlo lavorare에서 동사 lavorare가 원형 그대로 쓰였지요? 이를 영어로 표현하면 see him work인데, 'vedere + 직접목적격 인칭대명사 + 동사원형'은 '~가 ~하는 것을 보다'라는 표현입니다. 예를 들어 '그녀가 노래하는 것을 보는 것은 정말 멋지다.'는 'È molto bello vederla canatare.'입니다.

★ coppia는 '커플, 쌍'입니다. '멋진 쌍이네요.'라는 의미의 'Siete una bella coppia.'는 저도 이탈리아에서 많이 들었던 표현이지요.

★ Sai quanto ti ama papà? : quanto는 영어의 how much로 '얼마나 많이'라는 뜻입니다. ti는 '엄마를'이고, quanto ti ama papà에서 주어는 papà입니다.

★ figliolo는 '아들'인데 엄마가 아들을 이런 애칭으로 부르기도 합니다.

★ lo so의 lo는 아빠가 엄마를 사랑한다는 문장 전체를 받고, lo amo의 lo는 아빠를 가리킵니다.

Capitolo 09 **135**

실전회화

F   Pronto.

M   Pronto. La chiamo per l'annuncio.

F   Quello per l' insegnante d'italiano?

M   Sì, esatto.

F   Noi lo cerchiamo da due mesi. Lei è italiano?

M   Sì, sono italiano di Milano.

F   Bene. Ha tanta esperienza in questo lavoro?

M   Certo. Insegno l'italiano da 10 anni.

F   Bene. Quando sarebbe disponibile?

M   Subito.

F   Benissimo. Le chiedo una cosa. Mio figlio non parla nessun'altra lingua straniera. Però può impararlo senza problemi?

M   Certo, signora. Anzi, è meglio.

F   Ok, allora ci vediamo oggi pomeriggio?

M   Ok, ci vediamo fra poco.

Dialogo pratico

F   여보세요.
M   여보세요, 공고 때문에 당신에게 전화 드립니다.
F   이탈리아어 선생님 공고 말이지요?
M   네, 맞아요.
F   저희는 두 달 전부터 찾고 있었지요. 이탈리아 사람이세요?
M   예, 밀라노에서 온 이탈리아 사람입니다.
F   좋습니다. 이 일에 경험이 많으신가요?
M   물론이지요. 10년 전부터 이탈리아어를 가르치고 있습니다.
F   좋아요. 언제부터 가능하시지요?
M   즉시 가능합니다.
F   아주 좋아요. 당신에게 한 가지 여쭈어 볼게요.
      제 아이는 다른 외국어를 못한답니다.
      그래도 문제없이 이탈리아어를 배울 수 있을까요?
M   물론이지요, 부인. 아니 오히려 (그게) 더 나아요.
F   좋아요, 그럼 오늘 오후에 뵐까요?
M   좋습니다, 조금 후에 뵙도록 하지요.

- **pronto** 여보세요   **chimare** 부르다, 전화하다
- **annuncio** 공고, 알림   **insegnante** 선생님
- **esatto** 정확한, 옳은   **mese** 달   **esperienza** 경험
- **insegnare** 가르치다   **disponibile** 이용할 수 있는
- **benissimo** 아주 좋은   **nessuno** 어떤~도~않다
- **altro** 다른   **lingua** 언어   **straniero** 외국인의, 이방의
- **imparare** 배우다   **senza** ~없이   **anzi** 오히려
- **meglio** 더욱 좋은, 더 나은 (buono의 비교급 → 21과)

기억하세요!

★ **Pronto**는 전화 상으로 '여보세요' 할 때의 표현입니다

★ **La chiamo**의 la는 공고를 낸 사람으로 Lei(당신)의 직접목적격입니다. **per l'annuncio**의 per는 원인을 나타내는 전치사이므로 '공고 때문에'의 의미가 됩니다.

★ **Quello per l' insegnante d'italiano**의 quello는 공고를 받는 지시대명사입니다. insegnante d' italiano는 '이탈리아어(를 가르치는) 선생님'입니다.

★ **Sì, esatto**. 이 표현은 '바로 그겁니다'에 해당하는 표현이라고 알아 두세요.

★ **da due mesi**는 '두 달 전부터'의 뜻입니다.

★ **disponibile**는 원래 무언가가 '사용 가능한, 이용 가능한'의 뜻인데 여기서는 '영어를 가르칠 수 있는'이라는 의미로 쓰였습니다.

★ **senza problemi** = 문제없이

★ **è meglio**는 다른 외국어를 배우지 않고 이탈리아어를 배우는 것이 더 낫다는 뜻입니다.

연습문제

A 다음 빈칸에 알맞은 직접목적격을 써 넣으세요.

01 Giovanna ama io ed Maria. 지오반나는 나와 마리아를 사랑해.

→ Lei _____ ama molto. 그녀는 우리를 사랑해.

02 Chi porta la Coca-Cola? 누가 코카콜라를 가져올래?

→ _____ porta Giuseppe. 쥬세뻬가 그걸 가져온대.

03 Possiamo incontrare il dottor Dini? 디니 박사님을 만날 수 있을까요?

→ No, non potete incontrar _____ adesso perché non c'è.
지금은 그를 만날 수 없어요. 왜냐하면 안 계시거든요.

04 Volete prendere un cappuccino? 너희들 카푸치노 한잔 마실래?

→ Sì, vogliamo prender _____ 응, 우린 그걸 마시고 싶어.

05 Mamma, posso guardare il film. 엄마, 그 영화 봐도 돼요?

→ Mamma, posso guardar _____ ? 엄마, 그것을 봐도 돼요?

06 Signora, posso vedere Mario? 부인, 제가 마리오를 볼 수 있을까요?

→ No, non puoi veder _____ adesso perché sta male.
안 돼요. 당신은 지금 그를 볼 수 없어요. 왜냐하면 그가 아프거든요.

· stare male 아프다

Esercizi

B 다음 빈칸에 동사 capire, conoscere, sapere의 적당한 형태를 써 넣으세요.

01 Io _____ perché sei così stanca. 난 네가 왜 피곤한지 이해가 돼.

02 Io _____ _____ 나 너 알아.

03 Non voglio vedere Marco perché lui non _____ _____
난 마르꼬를 보고 싶지 않아. 왜냐하면 그는 날 도무지 이해 못 한다고.

04 _____ molto bene l'ingegnere Lee. 우린 엔지니어 리 씨를 아주 잘 알지요.

05 Il direttore non _____ _____ bene. 그 사장은 우릴 잘 몰라요.

06 Noi _____ dove è Carlo. 우린 까를로가 어디 있는지 알지.

07 _____ il numero di telefono? 그들이 그 전화번호를 알고 있는 거야?

· **direttore** 사장 · **numero** 번호 · **numero di telefono** 전화번호

Capitolo

10

Vuoi venire con me?

학습 목표

- 나에게, 너에게, 그에게, 우리에게
- 간접 인칭대명사의 용법

문법

1 간접목적격 인칭대명사

9과에 이어 10과에서는 간접목적격 인칭대명사를 공부해 봅시다. 다음 문장을 보세요.

Telefono a voi domani. 내가 내일 너희들한테 전화할게.
= Vi telefono domani.

아래 문장은 위 문장의 a voi(너희들에게)를 vi로 받아서 표현한 것입니다. 이와 같이 '~에게'를 뜻하는 인칭대명사를 간접목적격 인칭대명사라고 하지요. 예문에서 알 수 있듯이 간접목적격 인칭대명사도 직접목적격 인칭대명사와 같이 동사의 앞에 위치합니다.

Chi porta un caffè a noi? 누가 우리에게 커피 한잔을 갖다 줄래?
= Chi ci porta un caffè?

이 문장에서도 a noi를 ci(우리에게)로 받아 표현했으며, ci의 위치가 동사의 앞이라는 것을 확인할 수 있습니다. 아래 표에서 간접목적격 인칭대명사의 형태와 예문을 살펴보세요.

인칭	약세형 간접목적격 인칭대명사	예문
1인칭 단수	mi (나에게)	
2인칭 단수	ti (너에게)	Lui le telefona subito. (그가 곧 그녀에게 전화를 한다.)
3인칭 단수 남성	gli (그에게)	Gli chiedo scusa. (난 그에게 사과를 한다.)
3인칭 단수 여성	le (그녀에게)	Gli posso spiegare tutto. (난 그들에게 전부 설명한다.)
1인칭 복수	ci (우리에게)	Lui vi regala un libro.
2인칭 복수	vi (너희들에게)	(그는 너희들에게 책 한 권을 선물한다.)
3인칭 복수 남성	gli (그들에게)	Mario ci può spiegare tutto.
3인칭 복수 여성	gli (그녀들에게)	(마리오가 우리에게 모든 것을 설명할 수 있어.)

3인칭 단수/복수만 제외하고 나머지는 모두 직접목적격 인칭대명사와 형태가 같다는 것을 알 수 있습니다.

Grammatica

앞의 표에 정리한 간접목적격 인칭대명사를 문법적으로 '약세형'이라고 부릅니다. 그렇다면 '강세형'도 있을 것 같지요? 아래 예문을 보세요.

Vuoi andare al bar con me? 나하고 바에 갈래?

여기서 전치사 뒤에 오는 인칭대명사 me도 문법적으로 간접목적격 인칭대명사로 구분하는데, 이때는 강세형 간접목적격 인칭대명사라고 합니다. 아래 표에 간접목적격 인칭대명사와 몇 가지 예문을 정리했습니다.

인칭	강세형 간접목적격 인칭대명사	예문
1인칭 단수	me	
2인칭 단수	te	
3인칭 단수 남성	lui	Marco dice tutto a me. (마르꼬는 모든 것을 내게 말한다.)
3인칭 단수 여성	lei	Faccio questo per lui. (난 그를 위해 이것을 한다.)
1인칭 복수	noi	Questo è il libro di noi. (이것은 우리의 책이다.)
2인칭 복수	voi	Vado a Seul con loro. (그들과 함께 서울에 간다.)
3인칭 복수 남성	loro	
3인칭 복수 여성	loro	

모든 전치사 뒤에 오는 인칭대명사는 강세형을 사용해야 하는 것이지요.
<u>간접목적격 인칭대명사도 동사원형 바로 뒤에 올 수 있습니다.</u> 다음 예문을 보세요.

Io devo dare questo a loro. 난 그들에게 이것을 주어야 해.
= **Io gli devo dare questo.**
= **Io devo dargli questo.**

위의 세 문장은 모두 같습니다. 마지막 문장에서는 dare와 gli가 결합하여 dargli가 된 것입니다. 동사원형에서 마지막 모음인 –e를 생략하고 간접목적격 인칭대명사를 결합시키는 것 또한 잊지 마시고요.

문법

2. piacersi의 용법

마지막으로 간접목적격 인칭대명사를 수반하는 동사 중에 빈번하게 사용되는 **piacere**의 용법을 배워 봅시다. 이 동사의 뜻이 참 특이한데 '~에게 좋다, ~에게 마음에 들다'로 해석됩니다. 따라서 우리말로 '넌 이 책을 좋아하니?'를 piacere를 사용하여 표현하려면 '이 책이 너에게 좋니? 이 책이 너에게 마음에 드니?'라고 해야 하는 것입니다. 즉,

> Ti piace questo libro?

가 되지요. 이 문장에서 주어는 questo libro이므로 piacere도 3인칭 단수 변화를 해서 piace가 되었습니다. 이 문장을 해석하면 '넌 이 책을 좋아하니?'로 libro가 목적어인 것 같지만, 이탈리아어로 표현할 때는 libro가 주어가 된다는 점을 기억하세요.
'너 이 펜들(queste penne) 마음에 드니?'를 이탈리아어로 표현해 보세요.

> Ti piacciono queste penne?

주어가 3인칭 복수이므로 piacere가 3인칭 복수형으로 변했습니다. 동사 **piacere**는 약간 불규칙 동사인데 변화는 다음과 같습니다.

> piaccio-piaci-piace-piacciamo-piacete-piacciono

1인칭 단수/복수, 3인칭 복수에서는 c가 겹자음인 점을 주의하세요.
여기서는 이 정도로 해 두지요. 앞으로 자주 접하게 될 테니까요.

보충학습

이탈리아어의 서수

첫 번째의, 두 번째의… 등을 표현하는 서수는 다음과 같습니다.

1°	primo	11°	undicesimo	21°	ventunesimo	40°	quarantesimo
2°	secondo	12°	dodicesimo	22°	ventiduesimo	50°	cinquntesimo
3°	terzo	13°	tredicesimo	23°	ventitreesimo	60°	sessantesimo
4°	quarto	14°	quattordicesimo	24°	ventiquattresimo	70°	settantesimo
5°	quinto	15°	quindicesimo	25°	venticinquesimo	80°	ottantesimo
6°	sesto	16°	sedicesimo	26°	ventiseiesimo	90°	novantesimo
7°	settimo	17°	diciasettesimo	30°	trentesimo	100°	centesimo
8°	ottavo	18°	diciottesimo	31°	trentunesimo	101°	centunesimo
9°	nono	19°	diciannovesimo	32°	trentaduesimo	102°	centoduesimo
10°	decimo	20°	ventesimo	33°	trentatreesimo	103°	millesimo

10번째까지만 알면 이후는 기수에 -esimo를 붙여 만들면 되니까 어렵지 않게 익히실 수 있습니다. 서수는 명사의 성수에 따라 형태를 일치시켜야 합니다.

몇 가지 예문을 보겠습니다.

la prima donna. 주연배우, 프리마돈나
Noi abitiamo al sesto piano. 우린 6층에 살고 있어요.
Il ventunesimo secolo (21° secolo, XXI secolo) inizia nell'anno 2001. 21세기는 2001년에 시작한다.

기본회화

1

F Pino, ho la febbre molto alta. Posso chiederti un favore?

M Certo cara.

F Puoi portarmi un'aspirina?

M Sì, ma secondo me, devi andare dal medico.

F No, non voglio. Voglio stare a casa con te.

F 삐노, 나 열이 많이 나는걸. 뭐 하나 부탁해도 돼요?
M 물론이지, 여보.
F 내게 아스피린 1개만 갖다 줄래요?
M 그래요. 그런데 내 생각에 당신은 의사한테 가야 해.
F 싫어요, 그러고 싶지 않아요. 집에서 당신하고 있을래요.

- febbre 열
- chiedere 묻다, 요구하다
- favore 호의, 친절
- portare 가지고 오다
- aspirina 아스피린
- secondo ~을 따라, ~에 의하면
- medico 의사
- casa 집

★ avere febbre : 열이 나다, 열이 있다

★ 이탈리아 사람들은 무언가 부탁을 할 때는 항상 favore를 사용합니다. chiedere un favore 는 '호의를 청하다', 즉 '부탁하다'라는 의미이지요. fare un favore와 같이 쓰이기도 합니다. 즉, 'Posso chiederti un favore?'는 'Puoi farmi un favore?'라고 해도 됩니다.

★ cara는 '여보'의 애칭입니다.

★ Puoi portarmi un'aspirina? = Mi puoi portare un'aspirina? = Puoi portare a me un' aspirina? 모두 같은 문장입니다.

★ secondo + 간접목적격 인칭대명사 강세형 : ~(생각)에 의하면. 아주 빈번하게 사용되는 표현 입니다. 예를 들어 '네 생각에는 그 남자가 잘생겼니?'는 'Secondo te, lui è bello?'라고 하지 요. 다른 예는 'Secondo noi, questo libro è interessante(우리 생각에 이 책은 흥미롭다).' 입니다.

★ con te : 너와 함께

Dialogo

2

F　Mario, sei libero adesso?

M　Per adesso sì, perché?

F　Ti devo dire una cosa. Cosa regaliamo a papà e mamma per l'anniversario del loro matrimonio?

M　Allora… gli regaliamo un mazzo di fiori?

F　마리오, 너 지금 한가하니?
M　지금은 한가해, 왜?
F　너한테 한 가지 말해야 되거든. 부모님 결혼기념일에 아빠하고 엄마에게 무엇을 선물하지?
M　글쎄… 그들에게 꽃 한 다발을 선물할까?

- **libero** 자유로운, 한가한
- **anniversario** 기념일
- **matrimonio** 결혼
- **regalare** 선물하다
- **mazzo** 다발
- **fiore** 꽃

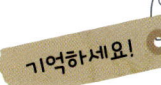

★ 여기서 libero는 '(특별히 하는 일 없이) 한가한'이라는 의미인데 '(자리가) 비다'라는 뜻으로 쓰이기도 합니다.
　예 'Signore, questo posto è libero? 선생님, 이 자리 비었어요?'

★ per adesso의 직역은 '지금을 위하여'인데 '(당장) 지금 이 순간은'이라는 뜻으로 한 말입니다.

★ Ti devo dire una cosa. = Devo dirti una cosa. = Devo dire una cosa a te.

★ Cosa regaliamo a papà e mamma~ : 이 문장을 간접목적격 인칭대명사를 이용해서 고쳐 보세요. 'Cosa gli regaliamo~'가 되겠지요?

★ anniversario del loro matrimonio는 '그들의 결혼기념일'을 뜻합니다.

★ allora는 '글쎄…, 자…'라는 의미입니다. gli는 '부모님에게'를 받는 간접목적격 인칭대명사이지요.

★ un mazzo di fiori는 '꽃 한 다발'이고, fiori는 fiore의 복수형입니다.

기본회화

3

M Vuoi venire a prendere un gelato con me?

F No grazie. Mi piace molto il gelato, ma sono a dieta.

M Che peccato. Allora, ti offro un buon dolce, so che ti piace.

F I-o s-o-n-o a d-i-e-t-a a-d-e-s-s-o!!!

- gelato 아이스크림
- dieta 다이어트
- peccato 불행, 불운
- dolce 디저트, 단 과자류

M 너 나하고 아이스크림 하나 먹으러 갈래?
F 아니 고마워. 난 아이스크림을 굉장히 좋아해. 그렇지만 다이어트 중이야.
M 아쉽다. 그럼 너한테 맛있는 돌체를 사 줄게. 네가 그거 좋아하는 거 알거든.
F 나-지-금-다-이-어-트-중-이-라-고!!!

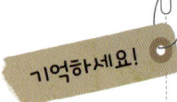

★ venire a + 동사 : ~하러 오다

★ 전치사 con(~와 함께) 뒤에 간접목적격 인칭대명사 강세형이 쓰였습니다. '내가 너희들하고 아이스크림 먹으러 갈까?'는 어떻게 표현할까요? 그렇지요. 'Vengo a prendere un gelato con voi?'입니다.

★ Mi piace molto il gelato. : 주어는 il gelato이지요. 그렇다면 '그는 아이스크림을 아주 좋아해.'를 이탈리아어로 표현해 보세요. 맞아요. 'Gli piace molto il gelato.'입니다.

★ a dieta : 다이어트 중인

★ che peccato : 안됐다, 유감스럽다, 아쉽다

★ ti offro un buon dolce : offro un buon dolce a te

★ un buon dolce에서 buon은 dolce를 꾸며 주는 형용사인데, 원형은 buono입니다. 마지막 모음 -o가 생략되었지요? buono가 명사 앞에서 명사를 수식할 때는 그 형태가 마치 정관사처럼 변합니다. 예를 들면 una buona festa(멋진 파티), un buon libro(좋은 책)입니다. 그러나 buono가 명사 뒤에서 명사를 꾸며 줄 때는 일반 형용사의 변화를 합니다. 즉, un dolce buono, una festa buona, un libro buono가 되지요.

★ so che ti piace에서 che~는 하나의 절로 영어의 that 절과 같습니다. 그래서 so che~는 '~인 것을 알다'라는 뜻이지요.
예 So che lui dorme tanto. 그가 많이 자는 것 알아.

Dialogo

F   Ti piacciono i film western?

M   No, non mi piacciono tanto.

F   Allora, che genere di film ti piacciono?

M   Mi piacciono i film d'avventura o comici.

F   넌 서부 영화를 좋아하니?
M   아니, 많이 좋아하지는 않아.
F   그럼 넌 어떤 종류의 영화를 좋아하는데?
M   난 모험 영화나 코믹 영화를 좋아해.

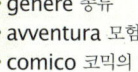

- film 영화
- genere 종류
- avventura 모험
- comico 코믹의

★ Ti piacciono i film western? : 주어가 복수 i film이므로 piacciono가 되었습니다.

★ che genere di~ = che tipo di~ : 어떤 종류의~
  예 Che genere di sport ti piace? 어떤 종류의 스포츠를 좋아해요?

★ i film d'avventura o (i film) comici : 모험 영화나 코믹 영화

실전회화

F Enrico, cosa vuoi fare dopo la laurea?

M Non lo so, professoressa.

F Ma cosa mi dici? Come è possibile non saperlo?

M Le dico la verità. Io non so ancora cosa voglio fare.

F È un problema grave, Enrico! Ti chiedo una cosa, preferisci lavorare o studiare?

M Non mi piace nessuna delle due cose.

F Allora cosa ti interessa fare?

M Non lo so, prof. Un attimo, mi viene in mente una cosa.

F Va bene. Che cosa e'?

M Mi interessa viaggiare per tutto il mondo. Mi piace incontrare persone diverse e visitare varie città.

F Quindi adesso è tutto chiaro. Vuoi viaggiare.

M Sì, ma sono al verde.

F Allora prima devi lavorare e guadagnare.

M Ma io non voglio.

F Mamma mia.

Dialogo pratico

F 엔리꼬, 자네는 졸업 후에 무엇을 하고 싶나?
M 전 그걸 모르겠어요, 교수님.
F 내게 무슨 말을 하는 건가? 자네가 어떻게 그걸 모를 수 있지?
M 교수님께 사실을 말하면요, 아직도 전 무엇을 원하는지 모르겠어요.
F 심각한 문제로군, 엔리꼬. 자네한테 한 가지 물어보겠네. 자네는 일을 하고 싶나, 공부를 하고 싶나?
M 전 둘 중 아무것도 하고 싶지 않아요.
F 그럼 자네는 무엇을 하는 데 관심이 있나?
M 모르겠어요, 교수님. 잠깐만요. 제게 한 가지가 떠올랐어요.
F 좋아, 무엇인가?
M 세계를 여행하고 싶어요. 다양한 사람들을 만나고 싶고, 다양한 도시들을 방문하고 싶어요.
F 그렇다면 지금 모든 것이 명확하군. 자네는 여행을 하고 싶은 거야.
M 예, 그런데 전 돈이 없어요.
F 그럼 먼저 일을 해서 돈을 벌어야지.
M 그렇지만 그건 하고 싶지 않아요.
F 이런.

- dopo ~후에 · laurea 졸업 · professoressa (여자) 교수님
- verità 진실 · grave 심각한 · interessare 흥미를 갖게 하다
- attimo 순간, 찰나 · mente 정신 · viaggiare 여행하다
- incontrare 만나다 · persona 사람 · diverso 다른, 다양한
- visitare 방문하다 · vario 다른 · città 도시 · chiaro 명확한
- prima 첫째, 우선 · guadagnare 돈을 벌다

- ★ dopo la laurea : 졸업 후에. 다른 예를 들면 dopo la festa(파티 후에), dopo un giorno(하루 후에)입니다.

- ★ professore는 (남자) 교수인데 어미 -essa를 붙이면 (여자) 교수가 됩니다. 마찬가지로 dottore는 (남자) 의사, dottoressa는 (여자) 의사입니다.

- ★ Le dico la verità. : Le는 a Lei(교수님에게)를 받는 대명사입니다. 만약 친구에게 '너한테 사실을 말할게.' 라고 할 때는 'Ti dico la verità.'가 됩니다.

- ★ nessuna는 lavorare나 studiare 두 경우 중 하나를 받습니다.

- ★ interessare도 용법이 piacere와 비슷합니다. 항상 간접목적격 인칭대명사와 함께 쓰여 '~에게 흥미가 있다'라는 의미가 되는데 여기서는 fare가 주어로 쓰였군요.

- ★ mi viene in mente una cosa는 직역하면 '나에게 한 가지가 마음속으로 오다'이므로 '내게 한 가지 생각이 떠오르다'라는 표현입니다.

- ★ persone diverse는 persona diversa의 복수형이고, varie città는 varia città의 복수형입니다. città는 단수, 복수가 동일한 형태입니다.

- ★ prima는 서수 '첫째'이지만 여기서는 '(무엇보다도) 먼저'의 뜻으로 쓰였습니다.

연습문제

A 다음 빈칸에 알맞은 인칭대명사를 써 넣으세요.

01 Lui _____ dice la verità. 그가 우리에게 그 사실을 말한다.

02 Carla _____ fa un favore. 까를라가 너에게 호의를 베푼다.

03 Chi _____ porta un caffè? 누가 그에게 커피 한잔 갖다 줄래?

04 Secondo me, tu _____ devi chiedere scusa.
내 생각에는 네가 그녀에게 사과를 해야 해.

> • chiedere scusa 사과를 하다

B 다음 빈칸에 알맞은 인칭대명사를 써 넣으세요.

01 Io dico questo solo per _____ 난 오직 너희들을 위해 이것을 말하는 거야.

02 Lui non vuole andare con _____ 그는 너와 함께 가기를 원치 않아.

03 Secondo _____ , Maria è una cantante brava.
그에 의하면, 마리아는 훌륭한 가수다.

04 _____ viene in mente un'idea. 그에게 한 가지 생각이 떠오른다.

Esercizi

C 다음 빈칸을 채워 문장을 완성해 보세요.

01 Simone, ti piace Botticelli? 너 보띠첼리를 좋아하니?

→ Sì, _____ piace molto. 그럼, 아주 좋아해.

02 Signora, _____ piace questo pittore? 부인, 이 화가 좋아하세요?

03 Ragazzi, _____ _____ le musiche classiche? 얘들아, 고전음악들 좋아하니?

→ Sì, _____ _____ tanto. 예, 아주 좋아해요.

04 Tu _____ _____ 난 네가 좋아.

05 Io _____ _____ 넌 내가 좋니?

Capitolo

11

Dove sei andato ieri?

학습 목표

- 과거 표현
- 동사의 과거분사형
- 직접목적격 + 근과거

문법

🔴 근과거

이제부터 동사의 과거형을 배워 봅시다. 이탈리아어의 과거형은 크게 세 가지 -근과거, 반과거, 원과거-로 구분됩니다. 이탈리아 사람들이 어떻게 과거를 표현하는지 아래의 예문을 보세요.

Io mangio un panino. 난 빵을 먹는다.
→ Io ho mangiato un panino. 난 빵을 먹었다.

즉, 이탈리아 사람들은 동사의 과거형을

avere + 과거분사

로 표현합니다. 이런 과거형을 문법적으로 근과거라고 합니다. 현 시점으로부터 아주 먼 과거가 아니라 가까운 과거를 표현하는 법이라는 것이지요. 아주 먼 과거를 표현하는 과거 형태를 원과거라고 하는데 이는 이 책에서 다루지 않습니다. 사실 가까운 과거 혹은 먼 과거의 개념은 주관적입니다. 예를 들어 한 노인이 어릴 적 얘기를 할 때 근과거를 써서 표현하면 그 사건이나 행위가 가깝게 느껴지는 것이고, 원과거를 쓰면 아주 먼 옛날이라고 생각하는 것이지요. 위의 예문에서 보듯이 근과거의 형태는 avere 동사를 주어에 따라 현재 인칭 변화를 시킨 다음 동사의 과거분사를 뒤에 붙여서 만듭니다.

예문에서 mangiare가 mangiato가 되었지요? 동사의 이런 형태를 과거분사라고 합니다. mangiare가 동사원형이듯이 mangiato는 과거의 원형이라고 생각하시면 됩니다. 그리고 과거분사와 함께 쓰는 avere는 보조동사라고 부릅니다.

이제 동사의 과거분사를 만드는 법을 살펴봅시다. -are, -ere, -ire로 끝나는 동사의 과거분사는 아래와 같이 만듭니다.

-are → -ato	-ere → -uto	-ire → -ito
mangiare(먹다) → mangiato	credere(믿다) → creduto	finire(마치다) → finito
lavorare(일하다) → lavorato	volere(원하다) → voluto	dormire(자다) → dormito
tornare(돌아오다) → tornato	dovere(해야 한다) → dovuto	uscire(나가다) → uscito

Grammatica

간단하지요? 몇 가지 예문을 보지요.

Perché ascolti questa musica? 넌 왜 이 음악을 듣는 거야?
→ Perché hai ascoltato questa musica? 넌 왜 이 음악을 들었던 거야?

Paolo riceve una lettera. 빠올로는 편지 한 장을 받는다.
→ Paolo ha ricevuto una lettera. 빠올로는 편지 한 장을 받았다.

Finiamo di lavorare alle 5. 우리는 5시에 일을 마친다.
→ Abbiamo finito di lavorare alle 5. 우리는 5시에 일을 마쳤다.

모두 avere의 주격 인칭 변화형에다가 앞에서 본 과거분사를 붙여서 과거를 표현했습니다. 여기서 잠깐 이탈리아 사람들의 사고방식을 생각해 봅시다. 동사의 과거형, 즉 과거분사가 있다면 'Io mangiato un panino.'라고 표현할 수도 있을 텐데 왜 avere의 현재형을 쓰는 것일까요? 그 이유는 과거의 행위를 지금 '소유하고' 있기 때문입니다. 다시 말해 과거의 행위에서 경험한 것을 현재 '가지고' 있다는 것입니다. 따라서 그들이 'Io ho mangiato un panino.'라고 말할 때는 '(과거에) 빵을 먹은 경험을 (지금) 가지고 있어.'리고 표현하는 것과 같습니다. 재미있지 않나요? avere를 사용한 근과거 형태 외에 또 다른 형태가 있습니다. 다음 예문을 보세요.

Vado a vedere un film. 난 영화를 보러 간다.

이 문장을 어떻게 근과거로 표현할까요? 위에서 배운 대로라면 다음과 같고

Ho andato a vedere un film. (X)

그 근본적인 의미는 '(과거에) 영화를 보러 간 행위 혹은 경험을 지금 가지고 있다.'가 될 것입니다. 그러나 이탈리아 사람들은 어디에 간 행위에 대해서는 가지고 있다라고 표현하지 않고 그냥 갔었던 하나의 '상태'로 생각합니다. 따라서 다음과 같이 과거를 표현하지요.

Sono andato a vedere un film. 난 영화를 보러 갔다.

문법

즉, '(과거에) 영화를 보러 갔었고 (현재는) 과거에 간 상태로 남아 있다.'라고 표현하는 것입니다. 이것이 더 합리적이라고 생각되지 않으요? 정리를 하면 상태나 이동을 의미하는 동사의 근과거는 조동사로 avere가 아니라 essere를 써서 다음과 같이 만듭니다.

> essere + 과거분사

예를 들어 볼까요?

> Perché parti per Milano? 왜 넌 밀라노로 떠나니?
> → Perché sei partito per Milano? 왜 넌 밀라노로 떠났니?

여기서도 partire(떠나다)가 이동을 의미하는 동사이므로 essere와 함께 과거를 표현한 것이지요. 그러나 주의해야 할 점이 있습니다. 과거분사가 essere 뒤에 오면 형용사로 취급해야 한다는 것입니다. 만약 위의 문장에서 주어가 여자라면 다음과 같이 되겠지요.

> Perché sei partita per Milano?

partito가 partita가 되었지요?
그럼 아래 문장을 과거로 고치면 어떻게 될까요? 답을 보지 말고 먼저 해 보세요.

> Torniamo a casa alle 8. 우린 8시에 집에 돌아온다.

맞았는지 아래 문장과 비교해 보세요.

> Siamo tornati a casa alle 8. 우린 8시에 집에 돌아왔다.

tornato가 형용사적으로 쓰여 성과 수를 일치시킨 것입니다. 이제 아시겠지요?
한 가지 더 배우고 근과거의 설명을 일단락 짓지요. 다음 문장을 보세요.

> Questo è il quaderno. Lo do a Milena.
> 이것은 그 공책이다. 나는 그것을 밀레나에게 준다.

Grammatica

위에서 두 번째 문장을 과거로 고치면 다음과 같이 됩니다.

Lo ho dato a Milena. → L'ho dato a Milena.

즉, 직접목적격 인칭대명사 **Lo**는 **avere** 동사 앞에 놓입니다. 그리고 모음이 겹칠 때는 위와 같이 **avere**와 결합형을 쓴다는 것을 기억하세요. 그런데 만약 직접목적격 인칭대명사가 여성일 경우에는 과거분사도 성과 수를 일치시켜 줍니다. 예를 들어

Questa penna è bella. La do a Marco.
이 펜은 멋지다. 난 그것을 마르꼬에게 준다.

에서 두 번째 문장을 과거로 쓰면

L'ho data a Marco.

가 된다는 것입니다. **dato**가 아니고 **data**입니다. 하나 더 예를 들어 보지요.

(Questi sono i quaderni.) Li compro tutti.
이것은 공책들이다. 그것들을 모두 산다.
→ Li ho comprati tutti.

즉, **comprato**가 아니고 **comprati**가 되어 수를 일치시킨 것을 알 수 있습니다.

기본회화

1

F   Matteo, ti vedo stanco. Non hai dormito bene stanotte?

M   Purtroppo no, perché ho mangiato troppo ieri sera.

F   Matteo te lo ripeto ancora, quando dormi, anche lo stomaco vuole dormire, hai capito?

M   Lo so. L'ho già sentito dire dieci volte.

- dormire 자다
- bene 잘
- stanotte 간밤에, 저녁에
- purtroppo 불행하게도, 유감스럽게도
- ripetere 반복하다
- stomaco 위
- già 벌써, 이미
- sentire 듣다, 느끼다
- dire 말하다
- volta ~번

F   마떼오, 너 피곤해 보인다. 간밤에 너 잠을 잘 못 잤니?
M   불행히도 못 잤어. 왜냐하면 내가 어제 저녁에 과식을 했거든.
F   마떼오, 내가 또 너한테 그걸 반복한다. 네가 잘 때는 위도 자고 싶어 해, 알겠니?
M   나도 그걸 안다고. 그런 말은 벌써 열 번은 들었어.

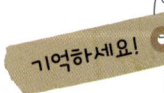

★ vedere + 직접목적격 + 동사원형 혹은 형용사 : ~가 ~한 것을 보다, ~가 ~한 상태인 것 같다
  예) Ti vedo andare in discoteca. 네가 디스코텍에 가는 것을 본다.

★ hai dormito, ho mangiato, hai capito는 모두 근과거로 가까운 과거에 일어난 행위를 말합니다.

★ te lo는 ti(너에게, 간접목적격 인칭대명사)와 lo(그것을, 직접목적격 인칭대명사)가 함께 쓰인 형태인데 발음상의 이유로 ti가 te로 변한 것입니다. lo는 quando 이하의 내용을 가리키고 있습니다.

★ hai capito는 대화체에서 자주 쓰입니다. 우리말의 '알았냐? 알겠니?' 정도의 표현이라고 생각하면 됩니다. 대답할 때도 ho capito라고 말하면 '알았다고, 알았어'라는 의미이지요.

★ L'ho già sentito dire dieci volte. : 근과거에서는 빈번하게 부사 già가 등장하는데 과거분사 앞에 놓여 과거분사를 강조하는 용법으로 쓰입니다. 예를 들어 '벌써 먹었어.'라고 하려면 'Ho già mangiato.'라고 하면 되지요. volte는 volta의 복수형입니다. 참고로 una volta는 '한 번'입니다.

Dialogo

2

F   Dove sei andato ieri? Ti ho chiamato molte volte.

M   Sono andato in discoteca con Claudia.

F   Beati voi. Ma sai ballare?

M   Voglio imparare. Come sai, Claudia è ballerina.

F   너 어제 어디 갔었어? 내가 너한테 여러 번 전화했다고.
M   난 끌라우디아하고 클럽에 갔었어.
F   좋다, 좋아. 근데 너 춤출 줄 알아?
M   나 배우고 싶어. 너도 알 듯이 끌라우디아가 발레리나잖아.

- chiamare 부르다, 전화하다
- discotecca 디스코텍
- beato 축복받은, 행복한
- imparare 배우다
- ballerina 발레리나

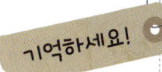 기억하세요!

★ sei andato, sono andato는 모두 근과거로 andare가 이동의 동사이므로 essere와 함께 쓰였습니다.

★ 'Ti ho chiamato~.'는 근과거이고 chiamato는 chiamare의 과거분사입니다.

★ 만약 주어가 여성이라면 'Sono andato in discoteca~.'는 'Sono andata in discotecca~.' 가 되었을 것입니다.

★ Beati voi. : 직역하면 '행복한 너희들(이구나).'인데 우리말의 '(너희들) 잘나가는데.' 정도로 이해하시면 됩니다. 상대가 2인칭 단수이면 'Beato te.'이지요.

★ come는 '어떻게'라는 의문대명사가 아니라 접속사 '~처럼'입니다. 따라서 come (tu) sai는 '너도 아는 것처럼, 너도 알 듯이'라는 의미이지요.
   예 Come sappiamo bene, lui è il direttore. 우리가 잘 알 듯이 그는 사장이다.

기본회화

3

F　Quando siete tornati dalle vacanze?

M　Siamo tornati due giorni fa.

F　Cosa avete visitato in Italia?

M　Abbiamo visitato solo Roma e Venezia. Invece di visitare tante città in pochi giorni, Patrizia ha preferito stare in un solo posto.

F　너희들 바캉스에서 언제 돌아온 거야?
M　우린 이틀 전에 돌아왔어.
F　너희들은 이탈리아 어디를 방문했니?
M　우린 로마하고 베네치아만 방문했어. 단시일 내에 많은 도시를 보는 대신, 빠뜨리찌아가 한 장소에 머무는 것을 더 좋아했어.

- tornare 돌아오다
- vacanza 휴가, 휴일, 쉼
- fa ~전에
- visitare 방문하다
- solo 단지, ~만
- invece di ~대신에
- città 도시
- preferire 선호하다, 더 좋아하다
- posto 장소

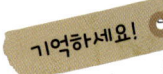

★ tornare는 이동의 동사이므로 과거분사 tornato가 essere와 함께 쓰인 것인데, 주어가 복수형이므로 수를 일치시켜 tornati가 되었습니다.

★ 시간 + fa : ~전에. una settimana fa(1주일 전에), un anno fa(1년 전에)

★ visitare는 '~을 방문하다'로 방문한 장소를 직접목적격으로 받는 동사입니다. 예를 들어 '난 서울을 방문했다.'는 'Ho visitato Seul.'이라고 하지 'Ho visitato a Seul.'이라고 하지 않습니다.

★ invece di + 동사원형 : ~하는 것 대신에
　예 Lui ha mangiato la pizza invece di mangiare un panino.
　　그는 빵을 먹는 것 대신에 피자를 먹었다.

★ città는 여성명사인데 복수형도 그대로 città입니다. 이 때문에 tanta città가 tante città로 된 것입니다.

★ in pochi giorni : 단시일 내에

★ 불규칙 동사 preferire는 preferisco-preferisci-preferisce-preferiamo-preferite-preferiscono로 변합니다. 보통 두 가지 중 하나를 더 선호한다는 의미로 쓰이는데 여기서는 이 두 가지가 어느 한 장소에 머무르는 것과 여러 도시를 다니는 것이지요. 'preferire + 동사 또는 명사'의 형태로 쓰이며 '~하는 것을 선호하다/~을 선호하다'라는 뜻입니다. 'Preferisco un caffè.'는 '커피로 할게.'라는 의미로 상대방이 커피나 카푸치노 둘 중 하나를 권한 것에 대한 대답입니다.

Dialogo

F Pronto, Marco, hai dimenticato niente oggi?

M Penso di no.

F Ti ho aspettato per due ore in quel ristorante da sola.

M Ah! L'appuntamento per cena! Ti chiedo scusa, amore. Ho lavorato sodo fin'ora. Arrivo subito.

F 여보세요, 마르꼬, 너 오늘 아무것도 안 잊었어?
M (잊은 거) 없다고 생각하는데.
F 난 그 레스토랑에서 혼자 두 시간 동안 널 기다렸는데.
M 아, 저녁 식사 약속! 미안해, 자기야. 난 지금까지 열심히 일만 했다고. 내가 곧 도착할게.

- dimenticare 잊다
- ristorante 레스토랑
- solo 혼자의, 단지
- appuntamento 약속
- cena 저녁 식사
- chiedere 묻다, 요청하다
- scusa 변명, 용서, 사과
- sodo 딱딱한, 열심히
- subito 곧, 즉시

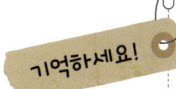

★ hai dimenticato, ho aspettato, ho lavorato는 모두 근과거 형태입니다.

★ dimenticare di + 동사원형/dimenticare + 명사 : ~하는 것을 잊다, ~을 잊다
　예 Ho dimenticato di portare il biglietto. 나는 표를 가져오는 것을 잊었다.

★ Penso di no. : 그렇지 않다고 생각해(아니라고 생각해). 반대는 'Penso di sì.'가 되겠지요.

★ per + 시간 : ~동안
　예 Ho lavorato per due mesi. 난 두 달 동안 일을 했다.

★ da solo는 '혼자서'이며 숙어로 암기해 두세요. 여자인 경우는 da sola라고 합니다.

★ appuntamento per cena : 저녁 식사를 위한 약속 → 저녁 식사 약속

★ ti chiedo scusa : 너에게 사과를 청하다 → 사과할게, 미안해

★ lavorare sodo : 열심히 일하다, 힘겹게 일하다

★ fin'ora = fino a ora : 지금까지

Capitolo 11 **163**

실전회화

F Come sta Claudio? Non lo vedo da un secolo.

M Non sai niente? Non hai sentito la notizia?

F Quale notizia? Perché solo io non so niente?

M Patrizia ha lasciato Claudio.

F No, non ci credo. Scherzi, vero?

M È la verità! Lei l'ha lasciato e ha cominciato a frequentare un altro ragazzo.

F Incredibile. Sappiamo che Patrizia è tutto per lui.

M Esattamente. Il problema è che lui non vuole fare più niente, non mangia, non dorme.

F Lo capisco, ma quello non è un comportamento da uomo. Lo chiamo subito.

Dialogo pratico

F 끌라우디오는 잘 지내? 난 걔 안 본 지 오래야.
M 너 몰라? 너 그 소식 못 들었어?
F 무슨 소식? 왜 나만 아무것도 모르는 거야?
M 빠뜨리찌아가 끌라우디오를 찼어.
F 안 돼, 그거 못 믿겠어. 너 농담하지, 그렇지?
M 진짜라고. 그녀가 그를 찼고 다른 어떤 녀석하고 사귀기 시작했다고.
F 믿을 수 없는걸. 우리 알잖아, 빠뜨리찌아가 걔한테는 전부라는 거.
M 맞아. 문제는 걔가 아무것도 하고 싶지 않다는 거야. 먹지도 않고 자지도 않아.
F 난 걔를 이해해. 그렇지만 그건 남자로서의 행동은 아니야. 내가 즉시 전화해 볼게.

- secolo 세기 · notizia 소식 · solo 단지, 다만
- conoscere 알다 · lasciare ~을 두다, ~을 두고 떠나다
- credere 믿다 · scherzare 농담하다 · cominciare 시작하다
- altro 다른(영어의 another) · frequentare 자주 찾다, 사귀다
- incredibile 믿을 수 없는 · esattamente 정확히
- comportamento 행동 · uomo 남자
- chiamare 전화하다, 부르다

★ **Non lo vedo da un secolo.** : lo는 끌라우디오를 받는 직접목적격 인칭대명사입니다. 이 문장을 직역하면 '그를 1세기로부터 못 봤다.'로 '그를 오랫동안 보지 못했다.'라는 의미입니다. 이탈리아 사람들의 표현에서는 자주 이런 과장을 볼 수 있습니다. 이 문장을 단순히 'Non lo vedo da anni.'라고 해도 뜻은 마찬가지입니다. anni는 anno(년, 해)의 복수니까 '몇 해 동안 그를 보지 못했다'가 되지요. '며칠 전부터 그를 못 봤다.'는 'Non lo vedo da giorni.'라고 하면 됩니다.

★ **hai sentito**는 근과거형이라는 것 이제 아시겠지요?

★ **Patrizia ha lasciato Claudio.** : 근과거형으로 빠뜨리찌아가 끌라우디오를 두고 떠났다는 뜻입니다. 우리말에서 누가 누구를 찼다는 표현이 바로 이것입니다.

★ **No, non ci credo.** : ci는 많은 의미가 있는데 여기서는 '그것에 관해'라는 의미입니다. 13과 (p.187) 보충학습을 참고하세요.

★ **Lei l'ha lasciato~** : Lei lo(Claudio) ha lasciato~

★ **cominciare a + 동사원형** : ~하기를 시작하다
  예) Mamma comincia a preparare la cena. 엄마가 저녁 준비하기 시작한다.

★ **altro**는 형용사처럼 변합니다. 만약 '다른 어떤 소녀'라면 'un altra ragazza'였을 것입니다.

★ **sapere che~** : ~하는 것/~인 것을 알다. sapre 동사는 뒤에 절을 목적어로 취할 수 있습니다. che~는 영어의 that 절이라고 알아 두세요.
  예) Sappiamo che tu hai già mangiato. 우린 네가 이미 먹은 거 알고 있어.

★ **il problema è che~** : 문제는 ~인 것이다
  예) Il problema è che non posso studiare più. 문제는 내가 더 공부할 수 없다는 거야.

★ **comportamento da uomo** : 남자로서의 행동

Capitolo 11

연습문제

A 다음 문장을 과거로 고치세요.

01 Io mangio un pane. → _____
   난 빵을 먹는다.　　　　　　　　　난 빵을 먹었다.

02 Tu aspetti Mario? → _____
   너 마리오를 기다리니?　　　　　　넌 마리오를 기다렸니?

03 Voi dormite fino alle dieci. → _____
   너희들은 10시까지 자는구나.　　　너희들은 10시까지 잤구나.

04 Loro non mi aspettano. → _____
   그들은 나를 기다리지 않는다.　　　그들은 나를 기다리지 않았다.

05 Tu mi ami? → _____
   넌 나를 사랑하니?　　　　　　　　넌 나를 사랑했니?

06 Balliamo insieme alla festa. → _____
   우리는 파티에서 함께 춤을 춘다.　우리는 파티에서 함께 춤을 추었다.

・pane 빵 ・fino a ~까지 ・dieci 10, 열 ・ballare 춤추다 ・insieme 함께 ・festa 파티

B 다음 빈칸에 알맞은 표현을 써 넣으세요.

01 Marco ed io _____ _____ (visitare) il parco Pagoda.
   마르꼬와 나는 파고다 공원을 방문했어.

02 Ieri _____ _____ (preparare) il pranzo. 어제 난 점심을 준비했어.

03 Ieri _____ _____ (dormire) fino a tardi? 너 어제 늦게까지 잤니?

Esercizi

04 Settimana scorsa _____ _____ (studiare) l'italiano due volte.
지난주 우린 두 번 이탈리아어 공부를 했지.

05 Ieri io e Patrizia _____ _____ (ballare) in discoteca dopo l'esame.
어제 시험 끝나고 나하고 빠뜨리찌아는 클럽에서 춤을 추었어.

06 Lui è cinese? Poco fa _____ _____ (parlato) in cinese con Hen?
그 남자 중국인이야? 조금 전 그 남자가 엔하고 중국어로 말했어?

07 Chi _____ _____ (portare) questo caffè. Non è buono!
누가 이 커피 가져온 거야? 맛이 안 좋은걸!

> • parco 공원 • preparare 준비하다 • tartdi 늦게 • settimana 주 • scorso 지난~
> • dopo ~후에 • esame 시험 • poco fa 조금 전 • portare 가지고 오다

C 다음 문장을 이탈리아어로 표현해 보세요.

01 이건 여자로서의 행동이 아니야.   → _____

02 문제는 내가 너랑 갈 수 없다는 거야.   → _____

03 난 라우라(Laura)가 너를 두고 떠난 것을 알아.   → _____

04 마리오(Mario)는 여기 오는 것을 잊었어.   → _____

05 왜 그녀는 파티에 안 갔었니?   → _____

Capitolo

12

Quando siete andati in Italia?

학습 목표

- 불규칙 과거분사
- C'è stato~, Ci sono stati~
- Ti è piaciuto~

문법

🔴 불규칙 근과거

12과에서는 과거분사의 불규칙형에 대해 공부해 봅시다. 11과에서 다룬 동사의 과거분사형은 -ato, -uto, -ito로 끝난 규칙 과거분사였습니다. 그러나 자주 쓰이는 동사는 대부분 과거분사가 불규칙 형태이고, 그래서 이탈리아어가 어렵게 느껴지는 것입니다. 그러나 이미 동사의 현재 변화에서 경험하였듯이 불규칙 과거분사도 그 나름대로의 규칙이 있다는 것을 알게 될 것입니다. 우선 대표적인 불규칙 과거분사를 살펴보지요.

Faccio una passeggiata con Marco. 난 마르꼬와 산책을 한다.
→ Ho fatto una passeggiata con Marco. 난 마르꼬와 산책을 했다.

Prendiamo un caffè. 우린 커피를 마신다.
→ Abbiamo preso un caffè. 우린 커피를 마셨다.

위의 예문에서 보듯이 fare와 prendere의 과거분사는 fato, prenduto가 아니라 fatto, preso입니다.

Vedete quella strada? 너희들 저 거리를 보니?
→ Avete visto quella strada? 너희들은 저 거리를 보았니?

이 문장에서도 vedere의 과거분사가 veduto가 아니라 visto입니다.
다음 문장을 과거로 고치면 어떻게 될까요?

Gli apro la finestra. 난 그에게 창문을 열어 준다.

다음과 같습니다.

Gli ho aperto la finestra. 난 그에게 창문을 열어 주었다.

aprire의 과거분사는 aperto이고 참고로 chiudere(닫다)의 과거분사는 chiuso입니다.
그럼 아주 간단한 다음 문장의 근과거형은 어떻게 될까요?

Grammatica

Sono a Milano. 난 밀라노에 있다.

우선 essere의 과거분사를 알아야겠지요? essere의 과거분사는 stato입니다. 그렇다면 이 동사를 근과거로 표현하기 위해서는 avere와 essere 중 어떤 보조동사를 써야 할까요? essere는 상태를 나타내는 동사이니 근과거를 나타낼 때는 당연히 essere를 써야 합니다. 따라서 위 문장의 과거형은 다음과 같습니다.

Sono stato a Milano. 난 밀라노에 있었다.

앞 과에서 과거분사가 essere 동사와 함께 쓰일 때는 형용사 변화를 한다고 했지요? 따라서 stato도 형용사의 변화를 그대로 따릅니다. 다른 예를 보지요.

I film western sono interessanti. 서부 영화들은 재미있다.
→ I film western **sono stati** interessanti. 서부 영화들은 재미있었다.

위 문장에서 과거분사 stato가 성과 수에 따라 변화한 것을 확인할 수 있을 거예요. 이해하셨으면 이제 다음 문장을 근과거로 표현할 수도 있겠군요.

C'è un albero nel giardino. 정원에 나무 한 그루가 있다.
→ **C'è stato** un albero nel giardino. 정원에 나무 한 그루가 있었다.

단순히 essere의 과거분사 stato를 써서 c'è는 c'è stato가 된 것입니다. 예문을 하나 더 볼까요?

Ci sono le persone eleganti alla festa.
그 파티에는 세련된 사람들이 있다.
→ Ci sono state le persone eleganti alla festa.
그 파티에는 세련된 사람들이 있었다.

문법

주어가 le persone로 여성 3인칭 복수이므로 stato는 state가 되었습니다. 이해하셨으면 차라리 c'è stato(a)~, c'è stato/a~, ci sono stati/e~을 반복해서 외워 두는 것이 편할 거예요. 그래야 대화할 때 생각하지 않고 바로 표현할 수 있거든요.

나머지 불규칙 과거분사들은 회화에서 보기로 하고 두 가지 동사만 더 살펴보겠습니다. 다음 문장을 근과거로 표현하려고 합니다.

Ti piace questa bicicletta? 너 이 자전거 좋니?

piacere의 과거분사는 piaciuto입니다. 더 중요한 사실은 piacere가 essere와 함께 쓰인다는 점입니다. 상태를 나타내는 것이니 당연하겠지요? 그러므로 형용사 변화를 해야 하고, 위 문장의 근과거형은 다음과 같이 됩니다.

Ti è piaciuta questa bicicletta? 넌 이 자전거 좋았니?

주어가 bicicletta로 여성명사이므로 piaciuta가 되었습니다.

잘 익혔는지 확인하는 차원에서 다음 문장을 근과거로 바꿔 보세요.

Gli piacciono gli alberi del giardino.
그는 정원의 나무들을 좋아한다.

문장을 만들어 보셨나요? 아래와 비교해 보세요.

Gli sono piaciuti gli alberi del giardino.
그는 정원의 나무들을 좋아했다.

주어가 3인칭 남성복수이므로 piaciuti가 되었습니다.

이제 근과거의 대부분을 공부하신 겁니다. 이제 마지막으로 동사 venire를 살펴보지요. venire의 과거분사는 venito가 아니라 venuto입니다. 이동을 나타내는 동사이므로 essere와 함께 쓰이고 venuto는 형용사 변화를 합니다. 그럼 다음 문장을 근과거로 표현해 보세요.

Grammatica

Questo cane, quando lo chiamo, mi viene.
이 강아지는 내가 부르면 나한테 오네.

위 문장은 이렇게 됩니다.

Questo cane, quando l'ho chiamato, mi è venuto.

이해할 수 있지요? 주어가 cane이기 때문에 venuto가 된 것입니다.

몇 가지 불규칙 과거분사와 예문을 아래에 요약해 놓겠으니 참고하시기 바랍니다.

dire(말하다)	→ detto	prendere(마시다, 잡다)	→ preso
leggere(읽다)	→ letto	rimanere(머물다)	→ rimasto
scrivere(쓰다)	→ scritto	vivere(살다)	→ vissuto
morire(죽다)	→ morto	perdere(잃다)	→ perso(perduto도 가능)
chiedere(묻다)	→ chiesto	conoscere(알다)	→ conosciuto

Finalmente lei mi ha detto la verità. 드디어 그녀가 내게 진실을 말했다.
Marco, hai già preso il caffè? 마르꼬 벌써 커피 마셨어?
Quanto tempo sei rimasto a Seul? 넌 얼마 동안 서울에 머물렀니?

여기서, Quanto tempo는 '얼마 동안'입니다.

Stamattina ho scritto un'e-mail a Luca. 오늘 아침 난 루카에게 이메일을 썼다.
Mio nonno è morto cinque anni fa. 내 할아버지는 5년 전에 돌아가셨다.

여기서, Mio는 소유격으로 '나의'입니다. 13과에서 자세히 배웁니다.

 기본회화

1

F   Marco, ieri sera dopo il lavoro, cosa hai fatto di bello con Patrizia?

M   Ci hai visti? Quando? Dove?

F   Vi ho visti vicino all'ufficio verso le 7.

M   Lei è venuta a trovarmi. Siamo andati a cena al ristorante.

F   마르꼬, 너 어제 저녁 일 마친 후에 빠뜨리찌아하고 뭐 좋은 것을 했니?
M   너 우릴 본 거야? 언제? 어디서?
F   난 7시경에 너희들을 사무실 근처에서 보았어.
M   그녀가 날 보러 왔어. 우린 레스토랑에 저녁식사를 하러 갔어.

- ieri 어제
- sera 저녁
- dopo ~후에
- lavoro 일
- ufficio 사무실
- trovare 찾다, 만나다
- ristorante 레스토랑
- cena 저녁식사

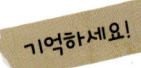

★ dopo il lavoro : 일 마친 후에

★ di bello는 주로 동사 fare와 함께 쓰여서 '좋은 것/흥미로운 것' 등의 뜻이 됩니다. 우리말로 해석하면 좀 부자연스러운 면이 있지요? 그러나 이 표현은 호기심 내지는 관심을 상대방에게 전달하는 효과가 있습니다.

★ Ci hai visti~, Vi ho visti~ : 직접목적격이 ci와 vi이므로 visto가 visti로 되었습니다.

★ vedere + 직접목적격 + 동사원형 : ~가 ~하는 것을 보다
   예 Ti ho visto parlare con lui. 난 네가 그와 말하는 것을 보았어.

★ vicino a + 장소/사람 : ~근처에/옆에
   예 Quel ristorante è vicino alla banca. 그 레스토랑은 은행 근처에 있다.
   예 Lui sta vinico a me. 그는 내 옆에 있다.

★ verso + 정관사 + 시간 : ~경에

Dialogo

2

F   Papà, sai che Luca ha comprato un nuovo motorino?

M   Sì, lo so. È un bel motorino, vero?

F   Quindi l'hai già visto?

M   Certo, cara. So anche che ha preso dieci in matematica. Quel motorino è stato un regalo per questo motivo, hai capito?

- **comprare** 사다, 구입하다
- **motorino** 소형 오토바이
- **quindi** 그러므로
- **dieci** 10점(만점)
- **su** (전치사) ~에 관해, ~위에
- **matematica** 수학
- **regalo** 선물
- **motivo** 동기, 원인

F   아빠, 루카가 새 오토바이 산 거 아세요?
M   암, 난 그걸 알지. 멋진 오토바이던데, 그렇지?
F   그러니까 아빠는 그걸 벌써 봤어요?
M   물론이지, 애야. 난 걔가 수학에서 만점을 받은 것도 안단다. 그 오토바이는 그것에 대한 선물이었지, 알았냐?

★ sai che~ : ~라는 것을 알다. che 다음에는 절이 옵니다.

★ bel의 원형은 bello(좋은, 멋진)입니다. bello는 buono와 마찬가지로 명사 앞에 놓일 때는 정관사 변화를 합니다. 예를 들면 un bello zaino(멋진 가방), una bella borsa(멋진 손가방), due belle penne(멋진 펜 두 자루), i bei capelli(아름다운 머리카락), gli begli alberi(아름다운 나무들)입니다.

★ Quindi l'hai già visto? : lo는 motorino입니다.

★ per questo motivo : 이 동기 때문에, 이것이 동기가 된

★ 이탈리아 고등학교에서 치르는 시험은 만점이 10점입니다.

★ ~è stato un regalo~의 현재는 è un regalo~인데 essere의 근과거로 è stato가 된 것입니다.

# 기본회화

3

M　Conosco questo dolce italiano, l'abbiamo mangiato a Milano l'anno scorso.

F　Ah, si? Quindi siete stati in Italia?

M　Sì, siamo stati lì per tre anni.

F　Come mai?

M　A causa del lavoro di papà.

- conoscere 알다
- dolce 단것, 과자류, 설탕류
- scorso 지난~
- lì 거기
- causa 원인, 이유

M　나 이 이탈리아 돌체 알아. 우리 작년에 밀라노에서 먹었잖아.
F　그래? 그러니까 너희들 이탈리아에 갔었니?
M　그래, 우린 거기에 3년 있었지.
F　왜?
M　아빠 일 때문에.

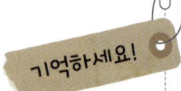

★ l'abbiamo mangiato : lo(= dolce) abbiamo mangiato

★ l'anno scorso : 지난해. 참고로 l'anno prossimo(내년)도 알아 두세요.

★ Quindi siete stati in Italia? : '이탈리아에 있었니?', 즉 '이탈리아에 갔었니?'라는 의미입니다. 과거분사 stato는 형용사 취급을 한다고 했지요? 이 문장에서는 주어가 voi이므로 복수형으로 바뀌었습니다. 다른 예문을 볼까요? Sei stato a New York(너 뉴욕에 갔었니)?

★ per + 시간 : ~동안
　예) Ti ho aspettato per due ore. 난 너를 두 시간 동안 기다렸다.

★ A causa di~ : ~ 때문에, ~의 이유로
　예) Lui è stato molto male a causa del lavoro duro. 그는 힘든 일 때문에 몹시 아팠다.

Dialogo

4

F Ragazzi, cosa è successo ieri a Daniele?

M C'è stato un incidente. La macchina è andata contro il semaforo.

F Ma no! Lui guida bene.

M Anche la scimmia può cadere dall'albero. Ha bevuto ieri.

- ragazzo 소년, 젊은 남자
- succedere 일어나다, 발생하다
- incidente 사건, 사고
- macchina 자동차
- contro (전치사) ~에 대하여, ~에 반하여
- semaforo 신호등
- scimmia 원숭이
- cadere 떨어지다
- bere 마시다

F 얘들아, 다니엘레에게 어제 무슨 일이 생긴 거야?
M 사고가 있었어. 자동차가 신호등에 부딪혔어.
F 저런! 걔 운전 잘하는데.
M 원숭이도 나무에서 떨어질 수 있는 거야. 걔 어제 술을 마셨어.

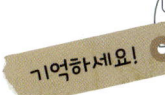 기억하세요!

★ succedere a + 사람 : ~에게 일어나다. succedere의 과거분사는 successo이고 항상 essere와 함께 쓰입니다. 왜냐하면 무엇이 일어난 것은 하나의 상태이기 때문이지요.

★ C'è stato un incidente. : 이 문장의 현재형은 'C'è un incidente.'인데 essere의 근과거형이 è stato로 변한 것입니다. 만약 이 문장이 복수라면 과거형은 'Ci sono stati~.'가 되었을 것입니다. 다른 예문을 볼까요? Ci sono stati tante persone(많은 사람들이 있었다).

★ Ma no에서 Ma는 '그러나'가 아니고, no를 강조하는 용법으로 사용되었습니다. Ma 없이 그냥 no라고 했다면 '아니야'라는 단순한 부정의 의미가 되는 것인데, Ma no라고 하면 '(그럴 리가 있어?) 절대 아니라고'라는 의미가 되는 것입니다. 같은 예로, "Ma certo"는 "(두말 할 것 없이) 물론 그렇지"가 됩니다.

★ andare contro~ : ~에 부딪히다
　예) Il treno è andato control il muro. 그 기차는 벽에 부딪혔다.

★ cadere da~ : ~에서 떨어지다

★ bevuto는 bere의 과거분사로 불규칙형입니다. 여기서는 '술을 마시다'라는 의미로 쓰였습니다.

실전회화

F Ciao, Roberto. Come è andato il concerto di ieri sera?

M Non voglio parlarne.

F Perché? Ci sei andato con Claudia, vero?

M Sì, ma non ho visto il concerto.

F Cosa vuoi dire? Cosa è successo?

M Dopo 5 minuti dall'inizio del concerto, mi è venuto un forte mal di pancia.

F Ma no! Perché non sei andato subito al bagno?

M Ma Alessia! Le porte erano state già chiuse.

F Allora? Cosa hai fatto?

M Non ho fatto nulla, ho sofferto.

F Mi fa ridere questa storia!

M Mi prendi in giro?

F No, scusami. A Claudia non hai detto nulla?

M No, ho cercato di non dirle niente per non distrubarla.

F Quindi sei stato lì senza andare al bagno e senza dirlo a nessuno per circa due ore?

M Sì, alla fine ero molto sudato.

F Non riesco a trattenere le risate.

Dialogo pratico

F 안녕, 로베르또. 어제 저녁 콘서트 어땠어?
M 난 그것에 관해 말하고 싶지 않아.
F 왜? 너 거기에 끌라우디아하고 갔잖아, 그렇지?
M 그래, 그런데 난 콘서트를 못 봤어.
F 무슨 뜻이야? 무슨 일이 생겼었는데?
M 콘서트가 시작된 지 5분 후에 심한 복통이 온 거야.
F 저런! 즉시 화장실에 가지 그랬어?
M 그렇지만 알레시아! 출입구들은 닫혀 있었다고.
F 그래서? 넌 무엇을 한 거야?
M 난 아무것도 안 했어. 참았어.
F 이 이야기 정말 웃긴다!
M 너 나 놀리는 거야?
F 아니, 미안. 끌라우디아한테 아무 말도 안 했어?
M 아니, 그녀를 방해하지 않으려고 난 아무것도 말하지 않으려고 했어.
F 그러니까 넌 거의 두 시간 동안 거기서 화장실에도 안 가고 아무한테 얘기도 안 하고 있었단 말이군.
M 그래, 결국 땀을 많이 흘렸어.
F 웃음을 참을 수가 없구나.

- **concerto** 콘서트 **parlare** 말하다
- **inizio** 시작, 개시 **forte** 강한
- **pancia** 배 **porte** porta(문)의 복수
- **chiuse** chiuso(chiudere)의 복수형
- **sofferto** soffrire(참다)의 과거분사
- **ridere** 웃다 **storia** 이야기, 역사
- **giro** 한 바퀴 **distrubare** 방해하다
- **circa** 대략, 약~ **fine** 끝, 마지막
- **sudato** sudare(땀 흘리다)의 과거분사
- **trattenere** 지니다, 간직하다, 억제하다
- **risate** risata(웃음)의 복수

★ come è andato~ : ~가 어땠어? Come è andato l'esame(시험 어땠어?)

★ parlarne : ~에 관해 말하다. ne = di quello(그것에 관해) 15장 (p.215) 보충학습을 참고하세요.

★ Ci sei andata con Claudia, vero? : ci는 '그 장소에'를 받는 말입니다. p.187 보충학습을 참고하세요.
   Vai al concerto? Sì, ci vado volentieri. 너 콘서트 갈래? 그럼, 난 기꺼이 거기에 갈래.

★ Cosa vuoi dire? : 직역하면 '넌 무엇을 말하려고 하니?'이므로 '무슨 말이야?' 또는 '무슨 뜻이야?'라는 의미가 됩니다.

★ dopo + 시간 + da~ : ~로부터 ~후에
   dopo due anni da quando l'ha lasciata 그녀를 떠난 지 2년 후에

★ un mal di pancia : 복통, mal di denti : 치통

★ Le porte erano state già chiuse. : 주어가 복수형이므로 과거분사 chiuso가 복수형이 되었습니다. erano는 반과거라는 과거 형태인데 나중에 다루겠습니다. 14과에서 배웁니다.

★ Mi fa ridere questa storia! : fare 직접목적격 인칭대명사 + 동사원형 : ~를 ~하게 하다
   이 문장에서 주어는 questa storia로 직역하면 '이 얘기가 나를 웃기게 한다!'이지요.
   다른 예문을 볼까요? Mi fai sapere dove sei(네가 어디 있는지 알려 줘).

★ prendere + 직접목적격 인칭대명사 + in giro : ~를 놀리다

★ ho cercato di non dirle niente per non distrubarla. : le는 a Claudia, la는 Claudia입니다.
   cercare di~는 '~을 하려고 하다'이지요.

★ senza + 동사/명사 : ~하는 것 없이/~없이
   Non posso vivere senza ascoltare questa musica. 난 이 음악을 듣지 않고는 살 수 없어.

★ nessuno(어느 누구도)는 대명사로 영어의 nobody입니다.

연습문제

A 다음 빈칸에 알맞은 형태를 써 넣으세요.

01 Che cosa _____ _____ (bere) Marco al bar?
 바에서 마르꼬는 뭘 마셨니?

02 Lono non mi _____ _____ (vedere) sulla strada.
 그들은 거리에서 나를 못 봤다.

03 Chi _____ _____ (bere) questo vino italiano?
 누가 이 이탈리아 포도주를 마셨니?

04 Perché gli _____ _____ (scrivere) la lettera? 넌 왜 그에게 편지를 썼니?

05 Quando _____ _____ (aprire) la finestra, il vento è entrato.
 내가 창문을 여니 바람이 들어왔다.

> • strada 거리, 길 • lettera 편지 • vento 바람 • entrare 들어오다

B 다음 문장을 근과거로 표현해 보세요.

01 Sei un buon amico. 넌 좋은 친구야.

→ _____

02 Siete veramente amichevoli. 너희들은 정말 친구답다.

→ _____

Esercizi

03 Papà è una persona molto simpatica. 아빠는 아주 호의적인 사람이다.

→ _____

04 C'è un buon ristorante in questa città. 이 도시에는 좋은 레스토랑이 하나 있다.

→ _____

05 Ci sono gli studenti stranieri all'università. 대학에는 외국인 학생들이 있다.

→ _____

• amichevole 친구다운, 친절한 • simpatico 호의적인 • straniero 외국인의

C 다음 빈칸에 알맞은 형태를 써 넣으세요.

01 Questa è proprio una _____ (bello) idea. 이건 정말 좋은 생각이다.

02 Ci sono i _____ (bello) reagli. 멋진 선물들이 있다.

03 Hai le _____ (bello) gonne. 너는 멋진 치마를 가졌구나.

04 _____ _____ lui è stato molto grasso. 지난해 그는 살이 쪘었다.

05 Non capisco perché _____ _____ (succedere) quell'incidente.
난 왜 그 사건이 일어났는지 이해하지 못하겠다.

• idea 생각, 아이디어 • regalo 선물 • gonna 치마 • grasso 살이 찐 • incidente 사건

Capitolo

13

Questi sono i miei guanti.

학습 목표

- 조동사를 포함한 근과거
- 소유형용사
- 소유대명사

# 문법

1 조동사의 근과거

13과에서는 조동사가 포함된 문장의 근과거에 대해 배워 봅시다. 먼저 조동사 potere, dovere, volere의 과거분사는 다음과 같습니다.

potere → potuto
dovere → dovuto
volere → voluto

그렇다면 다음 문장은 근과거로 어떻게 표현할까요?

A quella festa posso incontrare Marina.
난 그 파티에서 마리나를 만날 수 있다.

먼저 avere와 essere 중 어떤 보조동사를 쓸지를 결정해야겠군요. 재미있는 사실은 avere를 쓰기도 하고 essere를 쓰기도 한다는 것입니다. 즉, 어떤 보조동사를 쓸 것인가는 보조동사 뒤에 오는 동사에 따라 결정됩니다. 여기서는 조동사 potere 뒤에 오는 동사가 incontrare이고 이 동사는 근과거로 변환될 때 조동사 avere를 사용합니다. 따라서 위의 문장은

A quella festa ho potuto incontrare Marina.
난 그 파티에서 마리나를 만날 수 있었다.

가 되는 것입니다. 단, 조동사 뒤의 본동사 incontrare는 원형 그대로 씁니다. 원리를 이해했으면 다음 문장을 근과거로 고쳐 보세요.

Posso andare a vedere un film con Claudia?
내가 클라우디아와 영화 한 편 보러 갈 수 있을까?

이 문장에서는 조동사 뒤에 오는 동사가 andare이고, 그에 대한 근과거용 보조동사는 essere이지요? 따라서 위의 문장은 다음과 같이 됩니다.

Grammatica

Sono potuto andare a vedere un film con Claudia?
내가 클라우디아와 영화 한 편 보러 갈 수 있었을까?

조금 어렵나요? 조동사 뒤에 오는 동사를 보고 근과거의 보조동사를 결정한다라고 알아 두시면 됩니다. 다른 조동사 dovere, volere의 근과거도 같은 방법으로 결정합니다. 이것은 뒤의 연습문제를 풀어 보면서 익히시기 바랍니다.

② 소유형용사/소유대명사

우리말의 '나의, 너의, 그의, 그녀의, 우리의, 너희들의, 그들의'에 해당하는 대명사를 소유형용사라고 합니다. 각 인칭에 따른 이탈리아어의 소유형용사를 아래에 정리했습니다.

인칭	단수 남성명사/여성명사 앞에서	인칭	복수 남성명사/여성명사 앞에서
1인칭 단수	mio/mia	1인칭 단수	miei/mie
2인칭 단수	tuo/tua	2인칭 단수	tuoi/tue
3인칭 단수	suo/sua	3인칭 단수	suoi/sue
1인칭 복수	nostro/nostra	1인칭 복수	nostri/nostre
2인칭 복수	vostro/vostra	2인칭 복수	vostri/vostre
3인칭 복수	loro	3인칭 복수	loro

복잡한 것처럼 보이지만 각 인칭에 대한 남성형 소유형용사만 기억하시면 됩니다. 즉, '나의'는 mio, '너의'는 tuo, '그의/그녀의'는 suo, '우리의'는 nostro, '너희들의'는 vostro, '그들의'는 loro라고 기억하세요. 그리고 이 소유형용사가 형용사처럼 성/수에 따라 변한다고 생각하면 됩니다. 단, mio와 suo는 복수가 될 때는 mii와 sui가 아니라 발음상 miei와 suoi가 되고, loro는 성/수에 영향을 받지 않고 항상 같은 형태인 점만 예외입니다. 나머지는 모두 형용사처럼 취급하여 변화시키는 것입니다. 아시겠지요? 예를 들어 보지요.

La gonna è nera. 그 치마는 검은색이다.

문법

이 문장을 '그녀의 치마는 검은색이다.'로 바꿔 보겠습니다. '그녀의'는 suo인데 뒤에 오는 명사 gonna가 여성이므로 sua가 되어서

La sua gonna è nera.

가 됩니다. 다른 예를 볼까요?

Questi sono i guanti. 이것은 장갑(들)이다.
→ Questi sono i miei guanti. 이것은 나의 장갑이다.
→ Questi sono i nostri guanti. 이것은 우리의 장갑이다.
→ Questi sono i loro guanti. 이것은 그들의 장갑이다.

항상 소유형용사가 꾸며 주는 명사의 성과 수를 파악하는 것이 중요합니다. '나의'는 mio인데 장갑이 남성 복수이므로 miei가 된 것이고, '우리의'는 nostro인데 같은 이유로 nostri가 되었습니다. loro는 변하지 않는다고 했으므로 loro 그대로이고요. 이제 원리를 이해할 수 있겠지요? 이제 마지막으로 다음 문장을 보세요.

Di chi è questa penna? 이 펜은 누구 거야?
È la mia. 내 거야.

아래 문장의 완전한 형태는 'È la mia penna.'입니다. 여기서는 mia가 마치 대명사처럼 쓰였기 때문에 이것을 소유대명사라고 합니다. 형태가 소유형용사와 같고 단지 뒤에 꾸며 주는 명사가 생략되었기 때문입니다. 다른 예를 들어 볼까요?

I miei sono sempre gentili con me.
나의 부모님은 항상 나에게 친절하시다.

여기서 i miei는 숙어적으로 쓰여 i miei genitori(나의 부모님)을 의미합니다. 이때의 i miei도 소유대명사입니다.

보충학습

Ci의 용법

Ci는 여러 가지 용법으로 쓰입니다. 중요한 용법을 아래와 같이 정리하겠습니다.

1. '우리를' (직접목적격 인칭대명사)
Marco ci ha visti sull'autobus. 마르꼬는 버스에서 우리를 보았다.

2. '우리에게' (간접목적격 인칭대명사)
Lui ci porta due caffè. 그는 우리에게 커피 두 잔을 가져온다.

3. 재귀대명사
Ieri mattina ci siamo alzati molto presto. 어제 아침 우리는 아주 일찍 일어났다.

4. '이/그 장소에, 여기, 저기'
C'è una penna nella borsa. 가방에 (그 장소에) 펜이 한 개 있다.
Ci sono tanti libri nel mio ufficio. 내 사무실에는 (거기에) 많은 책들이 있다.

이처럼 C'è~/Ci sono~는 '~이 있다'라는 숙어로 사용됩니다. 또는 다음과 같이 앞 문장의 장소를 받아 이/그 장소에, 여기, 거기 등으로 쓰이기도 합니다.

Vieni al cinema com me? – No, non ci posso venire perché ho da fare.
너 나하고 영화관 갈래? - 아니, 나 거기 갈 수 없어 왜냐하면 할 일이 있거든.

5. '이것에 대해, 이것에, 이것에 관해'
Ti sei abituato a vivere qua? 넌 여기 사는 데 익숙해졌니?
– Sì, ci sono abituato. 그래, 이것에 대해 익숙해졌어.

6. 이 장소/사람과, 그 장소/사람과
Claudio era molto simpatico, io ci stavo molto bene!
클라우디오는 상당히 호감이 갔다. 난 그와 함께 아주 잘 지냈다.

즉, 앞 문장의 '장소, 사람과 함께'라는 뜻으로 사용됩니다.

7. Ci vuole~/Ci vogliono~ (시간, 돈 등이) 들다, 소요되다, 필요하다.
Ci vuole 뒤에는 단수가 오고, Ci vogliono 뒤에는 복수가 옵니다.

Ci vuole un'ora per andare in ufficio. 사무실에 가기 위해서는 한 시간이 걸린다.
Ci vogliono molti soldi per questo viaggio. 이 여행에는 많은 돈이 필요하다.

 **기본회화**

1

F　Mi scusi, signore, poco fa, Lei è stato in questa banca?

M　Sì, perché?

F　Per caso ha lasciato un ombrello?

M　Un ombrello? Un attimo... sì, è vero. Forse l'ho lasciato lì.

F　Questo è il suo?

M　Sì, è proprio il mio, signorina. Lei è molto gentile.

F　Si figuri, signore. Buona giornata.

M　Buona giornata anche a Lei!

- banca 은행
- lasciare 놔두다, 남겨두다
- ombrello 우산
- proprio 바로, 정확히

F　실례합니다, 선생님, 조금 전에 이 은행에 계셨나요?
M　그렇습니다, 왜 그러시지요?
F　혹시 우산을 두고 가셨나요?
M　우산이요? 잠깐만요. 예, 맞아요. 아마 그걸 거기 두고 왔나 보네요.
F　이게 당신 것인가요?
M　예, 바로 제 거군요, 아가씨. 정말 친절하시네요.
F　천만에요, 선생님. 좋은 하루 보내세요.
M　아가씨도 좋은 하루 되세요.

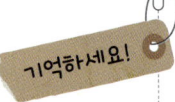

★ poco fa 조금 전에
　예 Sono arrivato a Daegu poco fa. 난 조금 전에 대구에 도착했어.
★ Lei è stata in questa banca는 Lei è in questa banca의 근과거입니다.
★ Per caso 우연히, 혹시
　예 Per caso tu mi hai chimato? 혹시 네가 나를 불렀니?
★ Questo è il suo (ombrello)
★ Si figuri 천만에요, 별 말씀을 다 하시네요.

Dialogo

2

M   Mamma, dove sono i miei pantaloni?

F   Li ho lavati ieri.

M   Ma no, devo metterli proprio oggi.

F   Tuo fratello li ha uguali. Non puoi metterti i suoi?

M   Forse é una buona idea, grazie.

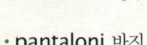

- **pantaloni** 바지
- **mettere** 입다, 두다, 놓다
- **fratello** 형
- **uguale** 같은, 동일한
- **idea** 생각

M   엄마 내 바지가 어디 있어요?
F   내가 그거 어제 빨았는데.
M   안 돼요, 바로 오늘 그걸 입어야 한단 말이에요.
F   네 형이 같은 것이 있지 않니, 네 형 것을 입을 수 없을까?
M   아마 좋은 생각인데요, 고마워요.

기억하세요!

★ pantaloni(바지)는 복수로만 쓰입니다. 남성이므로 i miei pantaloni가 되었습니다.

★ Li(= pantaloni) ho lavati ieri.

★ Tuo fratello li ha uguali. = Tuo fratello ha i pantaloni uguali.

★ metterti는 재귀동사라고 합니다. 나중에 자세히 다룰게요.

기본회화

3

F   Signor Lee, a cosa è dovuto il suo successo?

M   Tutto è dovuto a mio padre. Lui ha sacrificato la sua vita per me.

F   Quando è mancato?

M   L'anno scorso. Non ho potuto fare molto per lui perché sono dovuto stare sempre all'estero.

F   Mi dispiace davvero.

- **mamma** 엄마
- **chi** (의문대명사) 누구
- **veramente** (부사) 정말, 진짜로
- **carino** 귀여운
- **Londra** 런던
- **perché** (의문대명사) 왜
- **in vacanza** 휴가 중
- **forse** 아마

F   이 선생님, 당신의 성공은 무엇에 기인합니까?
M   모든 것은 나의 아버지에 의해서입니다. 그는 저를 위해서 자신의 인생을 희생했습니다.
F   언제 타계하셨지요?
M   지난해입니다. 전 그를 위해 많은 것을 할 수 없었지요. 왜냐하면 전 항상 외국에 머물렀어야 했어요.
F   정말 유감입니다.

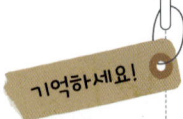

★ **essere dovuto a**~는 '~에 기인한, ~에 돌려야 할'로, 따라서 'a cosa è dovuto il suo successo?'는 '그의 성공은 누구에 기인합니까(누구에게 돌려야 합니까, 누구 때문입니까)?'라는 뜻입니다.

★ **mancato**는 **mancare**의 과거분사로 여기서는 '타계한, 죽은'이라는 뜻입니다.

★ **non ho potuto fare/sono dovuto stare** : 조동사 뒤의 동사를 보고 근과거의 조동사를 결정한다고 설명했지요? **stare**는 조동사 **essere**와 함께 쓰이므로 **sono dovuto stare**가 된 것입니다.

★ **all'estero** : 외국에
   예 Kim è stato all'estero per dieci anni. 김은 외국에 10년 동안 있었다.

★ **mi dispiace** : 유감스럽다

Dialogo

F Amore, è andata via la luce! La nostra torta è dentro il forno.

M Vado a vedere cosa è successo. Ho capito. Dovevi spegnere la caffettiera elettrica. Te l'ho già detto molte volte.

F Ok, però non mi sono ricordata.

- **via** 길, 저쪽으로
- **luce** 빛, 전기
- **torta** 파이, 케이크
- **dentro** (전치사) ~안에
- **forno** 오븐
- **spegnere** 끄다
- **caffettiera** 커피 끓는 주전자
- **elettrica** 전기의
- **ricordare** 기억하다

F 자기야, 전기가 나갔어! 우리 파이가 오븐 안에 있는데.
M 무슨 일이 생겼는지 보러 가야겠어. 알았어. 자기가 전기 커피포트를 껐어야지. 자기한테 내가 그걸 여러 번 얘기했다고.
F 알아, 하지만 내가 기억하지 못했어.

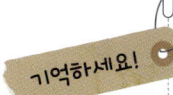

★ via는 이쪽에서 저쪽으로라는 이동을 나타내는 부사입니다. 따라서 andare via는 '가 버리다'의 의미가 됩니다. 본문에서는 luce(빛)이 나간 것이므로 '꺼지다'의 의미로 쓰인 것이지요.
　예) Marco è andato via alle sei. 마르꼬는 6시에 가 버렸다.

★ la nostra torta에서 nostro는 여성명사 torta 앞에서 nostra가 된 것입니다.

★ Dovevi spegnere ~는 deve spegnere의 과거형인데 반과거라고 합니다. (→14과)

Capitolo 13　**191**

실전회화

F Dottore, usa ancora il telefonino vecchio modello?

M Sì, ma funziona ancora bene. Le racconto una cosa. Mio figlio è rimasto molto male a causa di questo telefonino.

F Cosa è successo?

M Un giorno mio figlio mi ha detto, "Papà ti voglio regalare uno smartphone per il tuo compleanno."

F Lei cosa gli ha detto?

M Io gli ho risposto, "Ti ringrazio, ma non lo voglio."

F Ma, Dottore, perché l'ha rifiutato?

M Signorina Kim, so che il mio telefonino è ormai fuori moda. Ma è un regalo di mia moglie.

F La capisco perfettamente. Allora suo figlio, che cosa ha fatto?

M Il giorno dopo, ho visto uno smartphone sul mio tavolo con un biglietto.

F Cosa c'era scritto sopra?

M "Papà ormai nessuno usa quel vecchio modello. È per me un piacere regalarti questo. Ti voglio bene." Io l'ho chiamato e gli ho detto: "Figliolo, io non posso accettare il tuo regalo. Non posso buttare via quello vecchio."

F Per questo, suo figlio è rimasto male.

M Sì, anzi è rimasto deluso.

Dialogo pratico

F 박사님, 아직도 구형 휴대전화를 쓰세요?
M 예, 그렇지만 아직도 잘 작동해요. 당신에게 한 가지 얘기를 해 줄게요. 내 아들이 이 휴대전화 때문에 아주 마음 아파했어요.
F 무슨 일이 있었는데요?
M 어느 날 내 아들이 내게 그러더군요. "아빠, 아빠 생일을 위해서 내가 스마트폰 한 대를 선물하고 싶어요."라고요.
F 뭐라고 하셨어요?
M 그에게 대답했지요. "고맙다, 그렇지만 그걸 원하지 않아."
F 근데 박사님, 왜 그걸 뿌리치셨어요?
M 김 양, 내 휴대전화가 이미 유행이 지난 것을 나도 알고 있소. 하지만 그건 내 아내의 선물이었소.
F 잘 이해합니다. 그런데 아들은 무엇을 했나요?
M 그 다음 날 내 책상 위에서 쪽지 하나와 함께 스마트폰이 있는 것을 보았소.
F 위에 뭐라고 적혀 있던가요?
M "아빠, 이젠 아무도 그런 구형 모델을 쓰지 않아요. 이걸 선물하는 것이 제겐 큰 기쁨이에요. 아빠 사랑해요." 난 그를 불러서 그에게 말했소. "아들아, 난 네 선물을 받을 수 없단다. 이 구형 휴대전화를 버릴 수가 없어."라고 말이오.
F 이것 때문에 아드님이 마음 아파했군요.
M 그렇지요, 오히려 실망했소.

- usare 이용하다 · modello 모델 · funzionare 작동하다
- raccontare 이야기하다 · rimanere 머물다, ~이 되다 · causa 원인
- smartphone 스마트폰 · compleanno 생일 · rispondere 대답하다
- ringraziare 감사하다 · rifiutare 거절하다 · ormai 이제, 지금은
- moda 유행 · perfettamente 완전히 · biglietto 쪽지, 표 · sopra ~위에
- piacere 기쁨, 쾌락 · accettare 받아들이다, 수락하다 · buttare 버리다, 던지다
- anzi 오히려 · deluso deludere(실망시키다)의 과거분사

기억하세요!

★ vecchio modello : 구형 모델
★ le racconto에서 le는 '김 양에게'입니다.
★ rimanere male : 마음 아파하다
   Quando lui è partito, sono rimasto male. 그가 떠났을 때 난 마음 아팠다.
★ a causa di~ : ~때문에, ~의 이유로
★ un giorno : 어느 날
★ 가족 구성원 앞에 소유형용사를 쓸 때는 정관사를 쓰지 않습니다. 즉, il mio figlio, il mio padre라고 쓰지 않고 mio figlio, mio padre라고 하지요.
★ risposto는 rispondere의 과거분사입니다.
★ ringraziare + 목적격 + per : ~에 대해 ~에게 감사하다. 해석은 '~에게'이지만 직접목적격을 씁니다.
   Dottore, io La ringrazio per la sua gentilezza. 박사님, 친절에 감사드립니다.
★ fuori moda : 유행이 지난, di moda : 최신의, 유행의
★ un regalo di mia moglie : 내 아내로부터의 선물
★ il giorno dopo : 그다음 날
★ Cosa c'era scritto sopra, : c'era는 c'è의 반과거라는 과거 형태인데 나중에 다루겠습니다.
★ buttare via : 내던지다
★ anzi는 '오히려, 아니'라고 말을 바꿀 때 사용하는 표현입니다.
★ rimanere는 뒤의 형용사와 함께 '~이 되다'의 의미로 쓰입니다. deludere는 '실망시키다'라는 뜻을 가진 타동사인데 과거분사 deluso는 형용사 '실망한'이 됩니다.

연습문제

A 다음 문장을 근과거형으로 바꿔 보세요.

01 Devo andare da Luca. 루까한테 가 봐야 한다.

→ _____

02 Perché vuole regalare questo libro a lui? 왜 이 책을 그에게 선물하고 싶니?

→ _____

03 Non possiamo stare più insieme. 우린 더 이상 함께 있을 수 없어.

→ _____

04 Vuoi andare a Seul con lui? 그와 함께 서울에 가고 싶니?

→ _____

B 다음 빈칸에 적당한 소유형용사를 써 넣으세요.

01 _____ _____ maglione è nero. 나의 스웨터는 검은색이다.

02 _____ _____ calze sono gialle. 너의 양말은 노란색이다.

03 _____ _____ gonna è di seta. 그녀의 치마는 명주로 지어졌다.

04 _____ _____ pantaloni sono di cotone. 우리의 바지는 면으로 지어졌다.

Esercizi

05 _____ _____ scarpe sono di pelle. 그 남자의 신발은 가죽으로 만들었다.

06 Professore, _____ _____ lavoro è interessante?
교수님, 당신의 일은 흥미롭나요?

07 _____ _____ amici sono simpatici? 그들의 친구들은 호감이 가나요?

08 _____ _____ macchina è un Fiat? 당신들의 차는 피아트인가요?

• maglione 스웨터 • calze 양말 • di seta 명주로 • cotone 면

C 다음 질문의 답을 이탈리아어로 써 보세요.

01 Di chi è quel libro? → _____
그 책은 누구 거니?   그것은 그 여자 거야.

02 Di chi è quell'ombrello? → _____
그 우산은 누구 거니?   그것은 내 거야.

03 Di chi è quello zaino? → _____
그 가방은 누구 거니?   그것은 그 사람 거야.

Capitolo 14

Mentre guardavo la TV, tu sei entrata.

학습 목표

- 과거의 지속성 표현
- 반과거 형태
- 반과거 용법

문법

 반과거 – 규칙/불규칙, 조동사의 반과거

14과에서는 과거형의 하나인 반과거를 공부해 보겠습니다. 지금까지 다룬 과거는 근과거로, 가까운 과거에 일어난 행위나 상태를 표현하는 어법이었습니다. 그렇다면 반과거는 무엇일까요? 반과거는 과거에 일어난 일이나 상태를 나타낸다는 점은 근과거와 같지만 그 사건이 일정 기간 지속된다는 점이 다릅니다. 예를 들어 어떤 사람이

Ho guardato la TV. 난 TV를 봤어.

라고 하면 단순히 과거의 어느 한 시점에 TV를 보았고 그 사실만을 지금 기술하는 것입니다. 그렇지만 과거를 다음과 같이 기술할 수도 있습니다.

Guardavo la TV. 난 TV를 보고 있었어.

여기서 guardavo는 guardare의 반과거형입니다. 반과거의 형태는 조금 있다가 다루고 지금은 그 의미를 살펴보지요. 위의 문장은 과거에 있어난 사실임에는 변함이 없습니다. 그러나 그 행위가 일정 기간 동안 지속되고 있습니다. 화자는 '(과거 일정한 기간 동안) TV를 보고 있었다.'라고 말하고 있는 것입니다. 영어의 과거진행형과 비슷하지요? 이탈리아 사람들은 과거의 행위나 상태가 지속성을 가질 때는 반과거의 형태로 표현합니다. 이 '과거의 지속성'이 반과거의 핵심 개념입니다.

이제 반과거의 형태를 어떻게 만드는지 알아봅시다. 반과거는 동사원형의 어미 –are, –ere, –ire를 주어에 따라 아래와 같이 변화시켜 만듭니다.

주어	–are 동사	–ere 동사	–ire 동사
Io	mangiavo	avevo	dormivo
Tu	mangiavi	avevi	dormivi
Lui/Lei	mangiava	aveva	dormiva
Noi	mangiavamo	avevamo	dormivamo
Voi	mangiavate	avevate	dormivate
Loro	mangiavano	avevano	dormivano

Grammatica

모두 발음에 -v-가 들어간다는 점, 각 변화형의 끝소리가 이미 익숙한 -오, -이, -아, -아모, -아떼, -아노라는 점만 기억하시면 어렵지 않습니다. 물론 앞의 표에서 제시한 것은 규칙 동사에 한합니다. 불규칙 반과거형은 나올 때마다 익히실 수밖에 없습니다.

이제 반과거의 형태를 이해하셨을 테니 반과거의 쓰임새를 좀 더 자세히 살펴보겠습니다.

Mentre dormivo, ha suonato il telefono.
내가 자고 있는데, 전화기가 울렸다.

이 문장에는 과거에 일어난 두 가지 사건이 나타나 있습니다. 전화기가 울린 사건, 내가 잤다는 사건이지요. 그런데 내가 자고 있는 것은 반과거로 표현되어 있으므로 과거에 일정 기간 동안 지속되었다는 것이고, 전화기가 울렸다는 것은 어느 한 시점에서 일어난 일이므로 근과거로 표현했습니다.

Mentre mangiavo, guardavo la TV. 난 먹으면서 TV를 보았다.

이 문장에도 역시 두 가지 사건 — 먹었던 것, TV를 보았던 것 — 이 나타나 있습니다. 모두 반과거로 표현되었으니 두 가지 사건이 같은 시간 동안 지속되었다는 것을 의미합니다. 즉, 먹으면서 동시에 TV를 보았다는 것이지요. 반과거의 묘미를 아시겠지요? 그렇다면 반과거의 용법을 좀 더 살펴보지요.

Durante le vacanze ho dormito molto. 휴가 중에 난 잠을 많이 잤다.
Durante le vacanze dormivo molto. 휴가 중에 난 잠을 많이 자곤 했다.

두 문장의 차이가 파악되었나요? 처음 문장은 휴가 중 어느 한 시점에 잠을 많이 잤다는 의미이고, 두 번째 문장은 휴가 기간 동안 일정한 지속성을 가지고 잠을 잤다는 것이니 습관적으로 그랬다는 의미입니다. 다음 두 문장을 보세요.

Mio nonno è stato molto ricco. 우리 할아버지는 참 부자였어요.
Mio nonno era molto ricco. 우리 할아버지는 참 부자였지요.

문법

첫 문장은 과거의 어느 한 시점에 할아버지가 부자였다는 의미입니다. 그 시점의 전과 후에는 부자가 아닐 수도 있다는 것이지요. 그러나 두 번째 문장은 과거에 지속적으로 부자였다는 의미입니다. 어쩌면 화자가 기억하는 한, 할아버지는 가난한 적이 없는 부자 할아버지였는지도 모릅니다. 이 책에서 다루고 싶은 반과거는 이 정도입니다. 여러 가지 용법을 설명했지만 핵심은 '지속성'이라는 것을 기억하세요.

그럼 몇 가지 중요한 불규칙 반과거를 알아보지요. essere와 fare가 그것인데 아래 표에 그 변화형을 정리했습니다.

주어	essere	fare
Io	ero	facevo
Tu	eri	facevi
Lui/Lei	era	faceva
Noi	eravamo	facevamo
Voi	eravate	facevate
Loro	erano	facevano

몇 가지 예문을 살펴봅시다.

Ero molto intelligente. 난 아주 지적이었어.
Non c'era nessuno. 아무도 없었어.

두 번째 문장의 현재형은 Non c'è nessuno(아무도 없다)입니다.

Eravamo sempre felici. 항상 우리는 행복했어.
Cosa facevi quando sono arrivato a casa?
내가 집에 도착했을 때 넌 무엇을 하고 있었어?

마지막으로 조동사 potere, dovere, volere의 반과거는 규칙입니다. 아래 표와 같이 규칙적으로 변합니다.

Grammatica

주어	potere	dovere	volere
Io	potevo	dovevo	volevo
Tu	potevi	dovevi	volevi
Lui/Lei	poteva	doveva	voleva
Noi	potevamo	dovevamo	volevamo
Voi	potevate	dovevate	volevate
Loro	potevano	dovevano	volevano

몇 가지 예문을 들어 보겠습니다.

Non potevo fare nulla quando lui ha detto così.
Non ho potuto fare nulla quando lui ha detto così.
그가 그렇게 말했을 때 난 아무것도 할 수 없었어.

처음 문장을 보세요. '그가 말했을 때'는 과거의 한 시점이고, '아무것도 할 수 없었다는' 것은 그 행위가 한동안 지속된 것을 의미합니다. 아마 화자가 한동안 멍하니 아무것도 못 하고 서 있었나 봅니다. 그러나 둘째 문장에서는 '아무것도 할 수 없었을 때'는 '그가 말했을 바로 그때'였습니다. 어쩌면 곧이어 다른 행동을 취했을 수도 있습니다. 근과거와의 차이를 이해하셨나요?

Quando sei venuto da me, cosa volevi?
네가 나에게 왔을 때, 넌 뭘 원했던 거니?

이 문장도 '나에게 왔을 때'는 과거의 한 시점에 일어난 일이고, '원했던' 상태는 일정 기간 동안 지속된 것을 의미합니다.

Ieri, non potevo uscire con loro perché dovevo lavorare.
어제 난 그들과 나갈 수 없었어. 왜냐하면 일을 해야 했거든.

'그들과 나가고', '일하는' 두 행위가 모두 일정기간 지속되었으므로 모두 반과거로 표현했습니다.

기본회화

1

F Giuseppe, ti posso chiedere una cosa?

M Certo, anche due.

F Perché sei uscito senza dirci niente ieri?

M Io? Quando?

F Non ricordi? Quando prendevamo il caffè al bar dopo il lavoro?

M Ho capito. Sono uscito perché non sopportavo il fumo della sigaretta.

- chiedere 묻다
- cosa 일, 것, 사물
- uscire 나가다
- senza ~없이
- ricordare 기억하다
- sopportare 참다, 지탱하다
- fumo 연기
- sigaretta 담배

F 쥬세뻬, 너한테 한 가지 물어봐도 돼?
M 물론, 두 가지도 괜찮아.
F 왜 어제 우리에게 아무 말도 안 하고 나간 거야?
M 내가? 언제?
F 기억 안 나? 일 마치고 우리가 바에서 커피를 마실 때 말이야.
M 알겠어. 담배 연기를 참을 수가 없어서 나왔어.

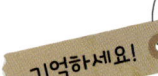

★ ti posso chiedere = posso chiederti

★ senza + 동사 : ~하는 것 없이
  예 Ero a casa senza fare niente. 난 아무것도 하지 않고 집에 있었다.

★ 함께 커피를 마셨던 지속성 있는 과거이므로 반과거 형태 **prendevamo il caffè**를 썼습니다.

★ perché non sopportavo il fumo della sigaretta : 담배 연기를 일정 기간 동안 계속 참을 수 없었기 때문에 반과거로 표현했습니다.

Dialogo

2

F Signore, che cosa pensa dei giovani d'oggi?

M Secondo me, loro non sanno cosa vogliono. Hanno troppe cose.

F Cioè?

M Per esempio ai miei tempi non c'erano i divertimenti di oggi, non c'erano i computer e gli smartphone. Eravamo sempre al verde. Ma sognavamo ed eravamo felici lo stesso.

- **pensare di** ~에 대해 생각하다
- **giovane** 젊은이
- **tempo** 시간, 시절
- **divertimento** 놀이, 오락
- **computer** 컴퓨터
- **smartphone** 스마트폰
- **sognare** 꿈꾸다
- **felice** 행복한
- **verde** 녹색(의), 초록(의)
- **stesso** 동일한, 같은 (영어의 same)

F 선생님, 요즘 젊은이들에 대해 어떻게 생각하십니까?
M 내 생각에는 그들은 무엇을 원하는지 모릅니다. 너무 많은 것을 가졌어요.
F 그러니까?
M 예를 들어 내 시절에서는 오늘날의 놀이들이 없었어요. 컴퓨터도 스마트폰도 없었지요. 우린 돈도 없었어요. 그렇지만 우린 꿈을 가졌고 항상 행복했어요.

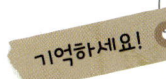

★ **i giovani d'oggi** : 오늘날의 젊은이

★ **secondo** : ~에 따르면, ~의 말에 의하면, ~의 생각으로는
   secondo lui(그에 의하면), secondo loro(그들에 의하면)

★ **troppe cose**는 **troppa cosa**의 복수형입니다.

★ **Cioè?** : 다른 말로 하면? 즉?

★ **per esempio** : 예를 들어

★ **ai miei tempi** : 내 시절에는

★ **non c'erano~. Eravamo sempre al verde, ma sognavamo ed eravamo felici** : 노인의 기억 속에서 지속성을 갖는 추억이므로 모두 반과거로 표현했습니다.

★ **essere al verde** : 돈이 없다, 무일푼이다

★ **ed eravamo**의 **ed**는 발음 때문에 **e**에다가 **d**를 붙인 것입니다.

★ **lo stesso** : 마찬가지로, 동일하게

Capitolo 14 **203**

기본회화

3

M Come è bella questa nuova casa!

F È vero, amore. È grande, luminosa e silenziosa. Sono veramente contenta.

M Ricordi come era rumorosa quella precedente? Dormivamo sempre con i tappi perché c'era tanto traffico.

F Non solo. Dovevamo sempre accendere la luce durante il giorno perché era buio!

- luminoso 밝은
- silenzioso 조용한
- rumoroso 시끄러운
- precedente 이전의
- tappo 마개
- traffico 교통
- solo 유일의, 단독의/오직, 단지
- accendere 켜다
- luce 불
- buio 어두운

M 이 새집 정말 예쁘다.
F 그래, 자기야. 크고 밝고 조용해. 나 정말 만족스러워.
M 이 전의 집이 얼마나 시끄러웠는지 기억나? 차가 많아서 항상 귀마개를 하고 잤었지.
F 그것뿐이 아니야. 어두워서 낮 동안에도 항상 불을 켜야만 했잖아!

★ come : 얼마나 많이(= quanto)

★ Ricordi come era rumorosa quella precedente? : quella는 casa를 받는 지시대명사입니다. come 이하의 절이 ricordi의 목적어입니다.

★ durante il giorno : 낮 동안에

★ era rumoroso/c'era tanto traffico : 모든 상태가 과거에 지속성을 갖기에 반과거로 표현했습니다.

★ tappo는 마개인데 여기서는 귀마개를 뜻합니다.

★ Non solo : 본문에서 solo는 부사로 '오직, 유일하게'의 의미로 쓰였습니다. 즉, '(귀마개를 하고 잤었던) 그것 뿐만이 아니라'라는 뜻이지요. solo가 형용사로 쓰이면 '혼자의, 단독의'라는 의미가 됩니다.
   예 Claudio è andato solo. 클라우디오는 혼자 갔다.

Dialogo

4

M Kim, sai che hanno aperto un nuovo bar qua vicino?

F No, non lo sapevo. Fanno qualcosa di speciale?

M Certo. Puoi prendere un caffè originale italiano.

F Veramente? Perché non ci andiamo subito? Oggi te lo offro io.

M Volentieri. Prendevi il caffè al bar ogni mattina quando vivevi in Italia?

F Certo. Ci andavo spesso per fare una pausa, cioè prendevo un cappuccino e una brioche e davo uno sguardo al giornale o incontravo gli amici.

- aprire 열다
- vicino 근처에
- speciale 특별한, 독특한
- originale 원래의, 고유의
- offrire 내다, 제공하다
- spesso 자주
- pausa 휴식
- brioche 브리오슈
- sguardo 시선

M 김, 여기 근처에 새 바 오픈한 거 알아?
F 아니, 그것 몰랐어. 뭐 특별한 것을 한대?
M 물론이지. 정통 이탈리아 커피를 마실 수 있어.
F 정말? 즉시 거기 가 보자. 오늘 내가 낼게.
M 기꺼이 가지. 너 이탈리아에 살 때도 매일 아침 바에서 커피를 마셨니?
F 물론이지. 휴식을 취하러 거기에 자주 갔었어. 그러니까 카푸치노와 브리오슈를 먹기도 하고, 신문을 뒤적거리기도 하고, 친구들을 만나기도 했지.

 기억하세요!

★ hanno aperto⋯/Fanno qualcosa⋯의 동사가 복수 3인칭 현재인 이유는 주어가 막연한 일반인이기 때문입니다. 굳이 주어를 가리킨다면 bar를 오픈한 사람들 정도가 되겠네요.

★ non lo sapevo : 과거 일정 기간 동안 몰랐으니 반과거로 표현했습니다.

★ qualcosa di speciale : 특별한 무엇, 뭔가 특별한 것
   예) Lui mi ha regalato qualcosa di speciale. 그는 내게 뭔가 특별한 것을 선물했다.

★ caffè originale italiano : 이탈리아 정통 커피

★ Oggi te lo offro. : lo는 caffè를 가리킵니다.

★ Prendevi il caffè ~ quando vivevi in italia? : 지속성을 나타내는 과거이므로 반과거입니다.

★ Ci andavo spesso~ : ci는 al bar입니다.

★ fare una pausa : 휴식을 취하다

★ cioè는 '즉, 다시 말하면'을 뜻하는 부사입니다. 대화 중에 부연 설명이 필요할 때 자주 사용되지요.

★ dare uno sguardo a~ : ~을 훑어보다
   예) Kim ha dato uno sguardo alle mie scarpe. 김은 내 신발을 훑어 보았다.

실전회화

M Signore e signori. C'è una sorpresa per voi. Oggi è qui con noi la nostra cantante Gianna Divina. Le chiedo alcune cose personali. Come sta, signora Divina?

F Anche se sono diventata vecchia, sto ancora bene. È da tanto tempo che non salgo su un palcoscenico.

M Signora Divina, per lei che cosa vuol dire 'cantare'?

F Per me 'cantare' è la mia vita. Io canto fin da bambina. Mi piaceva tanto cantare, anzi non volevo parlare, preferivo cantare.

M Quindi è nata proprio cantante.

F Sì, si può dire anche così. Però a mio marito, non piaceva molto questo.

M Può spiegarsi meglio?

F Vi racconto una cosa. Un giorno abbiamo litigato di brutto. Non ricordo per quale motivo. Ma mentre litigavamo, io cantavo!

M No, non ci credo, signora.

F È sì. Lui l'ha presa molto male. Poi mi ha detto, "Tu sai bene come litigare. Hai vinto tu."

Dialogo pratico

M 신사 숙녀 여러분. 여러분에게 깜짝 놀랄 일이 하나 있습니다. 오늘 여기 우리의 가수 쟌나 디비나가 우리와 함께 있습니다. 그녀에게 몇 가지 개인적인 질문을 해 보도록 하지요. 잘 지내세요, 디비나 부인?

F 제가 비록 늙었어도 아직 잘 지냅니다. 무대에 안 선 지도 꽤 오래되는군요.

M 디비나 부인, 당신에게 노래한다는 것은 무엇을 의미합니까?

F 내게 노래는 내 인생입니다. 전 어린아이 때부터 노래를 하지요. 노래하는 것이 아주 좋았어요. 아니 전 말을 하고 싶지 않아 했어요. 노래를 더 좋아했지요.

M 그러니까 진짜 가수로 태어나신 거군요.

F 예, 그렇다고도 할 수도 있지요. 그렇지만 제 남편은 그걸 아주 좋아하지는 않았어요.

M 좀 자세히 설명해 주세요.

F 여러분에게 제가 한 가지 얘기할게요. 어느 날 우린 심하게 다투었지요. 왜 싸웠는지는 저도 기억이 안 나요. 그런데 다투는 동안에 전 노래를 했어요.

M 아니, 믿지 못하겠어요, 부인.

F 그렇다니까요. 그이는 정말 그것을 안 좋게 받아들였어요. 그러고는 저에게 말했어요. "당신은 어떻게 싸우는지 정말 잘 아는구려. 당신이 이겼소."라고요.

- sorpresa 놀라운 것 · cantante 가수 · alcuno 약간의, 몇 개의
- cosa 사물, 것 · personale 개인적인 · diventare ~되다
- vecchio 늙은 · palcoscenico 무대 · proprio 바로
- spiegare 설명하다 · meglio 더욱 잘 · raccontare 얘기하다
- litigare 싸우다, 다투다 · motivo 원인 · mentre ~하는 동안
- vinto vincere(이기다)의 과거분사 · brutto 나쁜, 추한

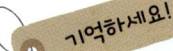

★ alcune cose personali : 몇 가지 개인적인 것들. alcuna cosa personale의 복수형입니다.

★ anche se~ : 비록 ~할지라도. 많이 쓰는 표현입니다.
　예) Anche se piove, ci vado lo stesso. 비가 오더라도 난 마찬가지로 거기에 간다.

★ È da tanto tempo che~ : ~한 지가 꽤 오래되다
　예) È da tanto tempo che non vengo qua. 제가 여기 안 온 지 꽤 오래되었죠.

★ che cosa vuol dire~ : ~은 무엇을 의미합니까?

★ fin da : ~로부터
　예) fin da domani 내일부터

★ si può dire anche così. : 그렇다고 말할 수도 있지요. si는 재귀대명사라고 합니다. (→16과)

★ Però a mio marito, non piaceva molto questo. : questo는 내가 항상 노래한다는 것을 받습니다.

★ Può spiegarsi meglio? : 우리에게 더 잘 설명해 줄래요? si는 재귀대명사 입니다. (→16과)

★ melio는 buono의 비교급입니다. (→21과)

★ un giorno : 과거의 어느 하루, di brutto : 심하게, 거칠게

★ Non ricordo per quale motivo. : 어떤 원인 때문에 (싸웠는지) 기억이 안 납니다

★ Lui l'ha presa molto male. : la는 노래한 것을 말하고, prendere male는 '~을 안 좋게 받아들이다'라는 뜻입니다.

연습문제

A 다음 빈칸에 동사를 알맞은 형태로 써 넣으세요.

01 Mentre (tu) _____ (mangiare), Carlo è venuto.
네가 먹는 동안, 카를로가 왔다.

02 La mia amica non è venuta da me perché _____ (avere) mal di testa.
내 여자 친구가 내게 오지 않았다. 왜냐하면 그녀가 두통이 있었기 때문이었다.

03 Mentre (tu) _____ (leggere), i bambini giocavano in giardino.
네가 읽는 동안, 아이들은 정원에서 놀고 있었다.

04 Mentre (voi) _____ (mangiare), Minsu _____ (guradare) la TV.
너희들이 먹고 있는 동안에, 민수는 TV를 보고 있었다.

05 Mentre (noi) _____ (leggere), il bambino ci distrubava.
우리가 읽는 동안, 그 아이가 우릴 방해했다.

· **giocare** 놀다 · **giardino** 정원 · **distrubare** 방해하다

B 다음 빈칸에 essere의 알맞은 형태를 써 넣으세요.

01 Da bambino _____ molto vivace, adesso sono tranquillo.
어릴 때 난 아주 활발했는데 지금은 아주 조용하다.

02 Da bambino Maria _____ grassa, adesso è magra.
어릴 때 마리아는 뚱뚱했는데 지금은 말랐다.

03 Da bambino loro _____ allegri, adesso sono tristi.
어릴 때 그들은 명랑했는데 지금은 우울하다.

Esercizi

04 Nella borsa _____ (c'è) tante penne.

가방 안에 많은 펜들이 있었다.

05 Ti ho telefonato ma tu non _____ (c'è)!

내가 너한테 전화했을 때 넌 없었다.

> · vivace 활발한, 생기 있는 · tranquillo 조용한 · grasso 뚱뚱한 · magro 마른
> · allegro 명랑한 · triste 우울한

C 반과거의 용법을 생각하면서 동사를 근과거나 반과거로 고쳐 보세요.

01 (Io) _____ (aprire) l'ombrello perché _____ (piovere).

비가 오고 있었기 때문에 난 우산을 폈다.

02 Quando _____ (arrivare) Gino, (io) _____ (studiare).

지노가 도착했을 때, 난 공부하고 있었다.

03 (Io) _____ (accendere) il fuoco perché _____ (fare) freddo.

추웠기 때문에 난 불을 지폈다.

04 Ieri, mentre io _____ (studiare), mio fratello _____ (ascoltare) la radio.

어제 내가 공부하는 동안 내 동생은 라디오를 들었다.

05 Da ragazzo (io) _____ (andare) al mare tutti i venerdì.

소년 때부터 난 금요일마다 바다에 갔었다.

> · ombrello 우산 · piovere 비 오다 · accendere 지피다, 켜다 · fuoco 불
> · freddo 차가운 · fratello 형제 · radio 라디오 · venerdì 금요일 · mare 바다

Capitolo 14

Capitolo

15

Il treno era già partito.

학습 목표

- 오래전 얘기 구사하기
- 대과거의 형태
- 대과거의 용법

문법

 대과거

지금까지 우리는 두 가지 형태의 과거, 즉 근과거와 반과거에 대해 공부했습니다. 15과에서는 과거의 과거라고도 할 수 있는 대과거에 대해 알아봅시다. 먼저 아래의 문장을 보세요.

> So che Mario ha già preso un caffè.
> 난 마리오가 이미 커피를 마셨다는 걸 알아.

이 문장에는 2개의 시점이 있습니다. '안다'는 현재와 '마셨다'는 과거 두 시점이 화자의 마음속에 있는 것이지요. 이제 위 문장을 모두 과거로 표현하려고 합니다. 그러니까 '난 마리오가 이미 커피를 마셨다는 걸 알았어.'라고 표현하고 싶은 것이지요. 화자의 마음속에는 '알았어'라는 과거와 '마셨다'라는 과거가 있지만 '마셨다'라는 과거는 '알았어'라는 과거보다 더 먼저 일어난 과거, 즉 대과거가 되는 것입니다. 따라서 단순히

> Ho saputo che ha già preso un caffè. (x)

라고 표현하면 안 됩니다. 이때 이탈리아 사람들은 다음과 같이 대과거를 표현합니다.

> Ho saputo che aveva già preso un caffè.
> 난 마리오가 이미 커피를 마셨다는 것을 알았어.

즉, 근과거 조동사 avere를 반과거로 나타냄으로써 대과거를 표현하는 것입니다. 이것은 근과거의 이치를 생각하면 쉽게 이해할 수 있습니다. 즉, hai preso에서 과거분사 preso는 과거의 행위를 나타내고 이 행위를 '지금 가지고 있다(hai)'라고 표현하는 것이 근과거라면, 이 행위를 '과거에 가지고 있었다(avevi)'라고 표현하는 것이 대과거라는 사실은 꽤 논리적입니다. 이해를 돕기 위해 위 문장을 언급한 화자의 마음속에 형성된 과거를 아래와 같은 그림으로 나타내 보았습니다.

Grammatica

즉, 시간축 상에서 화자의 기억 속에는 마리오가 커피 마신 사실을 안(ho saputo) 시점이 있고, 이 시점보다 앞선 마리오가 커피를 마신 시점(aveva preso)이 있는 것입니다. 한 가지 예를 더 들어 보겠습니다.

> Quando aveva finito di cenare, mio papà faceva una passeggiata con me.
> 저녁 식사를 마치고 아빠는 나와 산책하시곤 했다.

이 문장에서도 역시 화자의 기억 속에는 두 가지 과거가 공존하고 있습니다. 이 상태를 그림으로 나타내면 아래와 같습니다.

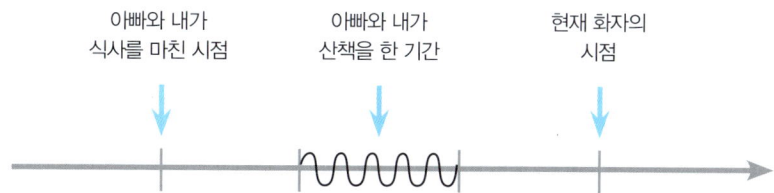

아빠와 화자가 산책을 한 시간은 저녁 식사 이후이지요? 따라서 식사를 마친 시간이 대과거로 표현된 것입니다. 이제 아래의 문장도 이해할 수 있을 것 같군요.

> Quando sono arrivato alla stazione, il treno era già partito.
> 내가 역에 도착했을 때 그 기차는 이미 떠나 버렸다.

내가 역에 도착한 시간보다 기차가 떠난 시간이 먼저이므로 대과거로 표현되었습니다. 물론 여기서 사용한 대과거 조동사는 avere가 아니고 essere입니다. partire가 이동을 나타내는 동사이기 때문입니다.

문제를 하나 내지요. 다음 문장을 과거로 표현해 보세요.

> Sono molto triste perché Claudio non è tornato da me.
> 끌라우디오가 돌아오지 않아 난 매우 우울하다.

문법

그래요, '끌라우디오가 돌아오지 않아 난 매우 우울했다.'라고 표현하려는 것입니다. 우울한 것은 지속성을 갖는 과거이므로 ero triste라고 하면 되고, 끌라우디오가 돌아오지 않은 것은 더 이전에 일어난 일이므로 대과거로 표현해야 합니다.

Ero molto triste perché Claudio non era tornato da me.

여기서도 tornare가 이동을 나타내는 동사이므로 대과거의 조동사는 essere입니다.
이탈리아 사람들은 이 대과거를 독립적으로 사용하기도 합니다. 예를 들어

Non sono mai andato in Corea. 한국에는 한 번도 안 가 봤어.

라고 하면 화자가 지금까지 한 번도 한국에 가 보지 못했다고 말하는 것입니다. 그러나 화자가

Non ero mai andato in Corea.

라고 말했다면 최근에는 가 보았는데 그 이전에는 한 번도 한국에 가 보지 못했다는 의미가 됩니다.

Non avevo mai bevuto il vino così buono.
그렇게 맛 좋은 포도주는 마셔 본 적이 없어.

위의 문장도 지금이나 최근에는 마셔 보았지만 그 이전에는 마셔 본 적이 없다는 뜻입니다.
어렵나요? 그렇지 않습니다. 여러분도 이탈리아 사람들처럼 사고하고 그 어법을 각인시켜서 반복하다 보면 그들처럼 말할 수 있습니다.
대과거를 정리하면, 과거의 과거를 표현하는 방법인데 그 형식은 다음과 같습니다.

avere의 반과거 + 과거분사 혹은 essere의 반과거 + 과거분사

보충학습

Ne의 용법

Ne는 여러 가지 용법으로 쓰입니다. 주요 용법을 아래와 같이 정리합니다. 우리말로 해석해서 이해하는 것도 좋지만 가능하면 이탈리아어 표현대로 이해하는 것이 응용에 도움이 됩니다.

1. di questa cosa/persona, di quella cosa/persona '이것/이 장소/이 사람에 대해, 저것/저 장소/저 사람에 대해'를 표현할 때 쓰입니다.

Lui viene dalla corea e ne (= della corea) ha molta nostalgia.
그는 한국에서 왔는데 한국에 대해 많은 향수를 가지고 있다.

Ti piace la mia idea? Che cosa ne dici?
내 아이디어 맘에 들어? 그 아이디어에 대해 어떻게 생각해?

2. da questo posto/da quel posto '이 장소로부터/저 장소로부터'의 의미로 사용됩니다.

Ho fatto questo lavoro ma non ne (= da questo) ho guadagnato niente.
난 이 일을 했지만 그것으로부터 하나도 벌지 못했다.

Non posso stare più qui: me ne vado!
난 더 이상 여기 못 있겠어: 여기서부터 가 버릴 거야!

3. di questo, di questa, di questi, di queste 이것(들) 중, 저것(들) 중

Vuoi un po' di gelato? 너 아이스크림 좀 먹을래?
– Sì, ne vorrei un po'. 그래. 그것 좀 먹으면 좋겠는걸.

4. 무언가의 한 부분을 나타냄

Mangi tutta la pasta? 이 밥을 다 먹니?
– No, ne prendo solo un piatto. 아니, 그 중 한 접시만 먹어.

# 기본회화

1

M Sono già partiti tutti per Milano. Perché non sei andata con loro?

F La colpa è mia. Quando sono arrivata alla stazione, il treno era già partito.

M Che peccato! Ma non potevi prendere un altro mezzo per arrivarci?

F Sinceramente non volevo andarci perché c'ero già stata diverse volte.

- partire 떠나다, 출발하다
- colpa 잘못
- peccato 죄, 잘못
- altro 다른
- mezzo 수단, 매체, 교통수단
- sinceramente 솔직하게, 정직하게
- diverso 다른, 여러 가지의
- volta 번, 때

M 모두 이미 밀라노로 떠났어. 왜 넌 그들하고 안 간 거니?
F 제 잘못이에요. 역에 도착했을 때 기차가 이미 떠났다고요.
M 저런! 그럼 거기에 가기 위해 다른 교통수단을 이용할 수 있지 않았니?
F 솔직히 전 거기에 가고 싶지 않았어요, 왜냐하면 전 거기에 이미 여러 번 갔었거든요.

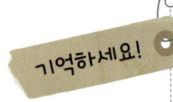
★ partire per + 도시/partire per + 정관사 + 나라 : ~을 향해 출발하다
  예) Io parto per Seul. 난 서울로 출발해.
  예) Io parto per la Corea. 난 한국으로 출발해.

★ Quando sono arrivata alla stazione, il treno era già partito. : 역에 도착한 시점보다 앞서 기차가 떠났으므로 대과거로 표현되었습니다.

★ Che peccato! : '저런, 정말 유감이군요.'라는 표현입니다.

★ non potevi prendere un altro mezzo per arrivarci? : 이 문장에서 반과거로 표시된 이유는 다른 교통수단을 이용할 가능성이 과거에 지속적으로 있다고 판단했기 때문입니다. 이 문장을 non hai potuto prendere~로 표현했다면 그 가능성이 있던 과거를 어떤 시점으로만 본 것입니다.

★ non volevo andarci perché c'ero già stata diverse volte. : 밀라노에 가고 싶지 않다는 마음이 과거에 지속적으로 들었기 때문에 반과거로 표현한 것이며, 그 시점보다 앞서서 이미 밀라노에 간 적이 있으므로 대과거로 표현했습니다. ci는 '밀라노에'를 의미합니다.

★ diverse volte : 여러 번

Dialogo

2

F　Giuseppe, l'anno scorso in Grecia, è successa una cosa molto strana.

M　Ci siete andati in vacanza, vero?

F　Sì, quando siamo arrivati nell'albergo, sono rimasta a bocca aperta.

M　Perché? Era così orribile?

F　No, quell'albergo, lo avevo già visto in sogno.

- strano 이상한
- vacanza 휴가
- albergo 호텔
- rimanere 머물다, ~이다
- bocca 입
- orribile 끔찍한
- sogno 꿈

F　쥬세뻬, 지난해 그리스에서 아주 이상한 일이 생겼어.
M　너희들이 거기에 휴가를 갔었지, 그렇지?
F　그래, 우리가 호텔에 도착했을 때, 입을 벌린 채 서 있었다니까.
M　왜? (호텔이) 끔찍해서?
F　아니, 그 호텔 말이야, 그걸 꿈에서 봤었다고.

★ una cosa molto strana : 아주 이상한 한 가지

★ andare in vacanza : 휴가 가다

★ rimanere는 '어떤 상태로 ~있다'라는 의미입니다. 뒤에 보통 상태를 나타내는 형용사나 과거분사가 오게 됩니다.
　예 'Sono rimasto male. 난 기분이 상한 채로 있었다.

★ a bocca aperta : '입을 벌린 채로'이므로 '놀라서'라는 의미이지요.

★ lo avevo già visto in sogno. : 여기서 lo는 quell'albergo입니다. 꿈에서 호텔을 본 시점이 호텔에 도착한 시점보다 이전이므로 대과거로 표현했습니다.

기본회화

3

M   C'è una cosa che devo confessarti, amore.

F   Sono pronta ad ascoltarti.

M   Ricordi la prima sera del nostro matrimonio quando io ti ho dato quell'anello.

F   Certo, amore. È stato un momento indimenticabile.

M   Quell'anello, in realtà non l'ho comprato io.

F   Lo sapevo, è l'anello di tua madre.

M   Come l'hai saputo?

F   Tuo padre me lo aveva già detto prima del matrimonio.

- confessare 고백하다
- pronto 준비된
- prima sera 첫날밤
- matrimonio 결혼식
- anello 반지
- momento 순간
- indimenticabile 잊을 수 없는
- realtà 사실, 현실

M   자기야, 내가 한 가지 고백할 것이 있어.
F   난 들을 준비 완료야.
M   넌 내가 너한테 그 반지를 주던 우리 결혼식 첫날밤 기억해?
F   물론이지, 자기야. 잊을 수 없는 순간이었지.
M   그 반지 말이야, 사실 내가 그걸 산 것이 아니었어.
F   그거 나도 알고 있었어, 당신 엄마 반지지.
M   당신 그걸 어떻게 알았어?
F   당신 아버님이 결혼 전에 내게 벌써 말씀하셨어.

★ **una cosa che devo~** : che는 나중에 배울 관계대명사입니다. 여기서는 영어의 that 절처럼 쓰여서 che devo~가 cosa를 꾸며 주고 있습니다.

★ **essere pronto a/per~** : ~할 준비가 되다
   ⓔ Siamo pronti per partire. 우린 출발할 준비가 되었어.

★ **in realtà** : 사실, 실제로

★ **lo sapevo**는 과거에 지속적으로 알았다는 것이니 반과거로 썼고, 'l'hai saputo?'는 과거의 한 시점에 알았다는 의미로 근과거를 사용했습니다.

★ **Tuo padre me lo aveva già detto prima del matrimonio.** : 아버지가 말해 준 것이 결혼 전에 일어났으므로 대과거로 표현되었습니다.

Dialogo

M Pronto, ciao, Elena.

F Ciao, Giuseppe. A che ora finisci di lavorare?

M Fra poco, finisco. Ma oggi è piovuto tanto qua, anche lì?

F Sì, anche qua è piovuto a dirotto.

M I bambini si sono bagnati tutti? Sono usciti senza ombrello?

F No, quando è cominciato a piovere, i bambini erano già tornati a casa.

- **pronto** 여보세요
- **piovuto** piovere(비 오다)의 과거분사
- **dirotto** 과도의, 대량의
- **bagnato** bagnare(젖다)의 과거분사
- **ombrello** 우산

M 여보세요, 안녕, 엘레나.
F 안녕, 쥬세뻬. 몇 시에 일 마쳐?
M 조금 있다 마쳐. 근데 오늘 여기 비가 많이 왔어. 거기도 그래?
F 응, 여기도 비가 엄청 왔어.
M 애들 다 젖었겠네? 다들 우산도 안 가지고 나갔지?
F 아니, 비가 오기 시작했을 때 애들은 이미 집에 돌아왔었어.

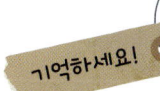

★ **a che ora** : 몇 시에
  예 A che ora aprite il vostro negozio? 당신들 가게는 몇 시에 열어요?

★ **fra poco** : 곧, 조금 있다가
  예 Ti arrivo fra poco. 곧 너에게 도착해.

★ **piovere a dirotto** : 비가 엄청 오다. a dirotto : 억수같이

★ **si sono bagnati**는 si bagnano의 근과거형입니다. si는 재귀대명사라고 하는데 나중에 학습합시다. (16과)

★ **quando è cominciato a piovere, i bambini erano già tornati a casa.** : 아이들이 집에 돌아온 시점이 비가 온 시점보다 앞서므로 대과거로 표현했습니다.

실전회화

M Signorina Pasquale, lei ha studiato ingegneria ambientale all'Università, ma ha lavorato sempre in ospedale dopo la laurea.

F Sì, ho lavorato in ospedale per dieci anni.

M Ma, non aveva difficoltà a lavorare lì?

F Assolutamente no. Non mi serviva la conoscenza della medicina.

M Siamo molto curiosi di sentire il perché.

F Prima della laurea, avevo scritto la tesi 'ambiente ospedaliero e sanità. Il direttore dell'ospedale era interessato alla mia tesi e mi ha assunto.

M Bene, signorina Pasquale. Ma adesso perché ha fatto la domanda alla facoltà di medicina?

F Mi è venuta voglia di studiare medicina, penso che si possano salvare vite umane e vale la pena studiarla a tutti i costi.

Dialogo pratico

M 빠스꽐레 양, 대학에서 환경공학을 공부하셨군요. 그런데 졸업 후에는 줄곧 병원에서 일했고요.
F 예, 10년간 병원에서 일했습니다.
M 그런데 거기서 어려움이 없었나요?
F 전혀 문제 없었습니다. 저에겐 의학 지식이 필요 없었지요.
M 그 이유를 듣고 싶군요.
F 졸업 전에 '병원의 환경과 건강'이라는 논문을 썼었습니다. 병원장님이 저의 그 논문에 관심을 가지셨고 저를 채용하셨습니다.
M 좋아요, 빠스꽐레 양. 그런데 지금 왜 의학과에 지원하셨나요?
F 저에게 의학을 공부하고 싶은 욕구가 생겼어요. 의학은 제 생각에 인간의 생명을 구할 수 있고 모든 희생을 치르더라도 그것을 공부할 가치가 있습니다.

- **ingegneria ambientale** 환경공학 · **ospedale** 병원
- **laurea** 졸업 · **difficoltà** 어려움 · **medicina** 의학
- **assolutamente** 절대로 · **servire** 도움이 되다 · **conoscenza** 지식
- **curioso** 호기심이 있는 · **tesi** 논문 · **ambiente** 환경
- **ospedaliero** 병원의 · **sanità** 건강 · **direttore** 사장, 지휘자
- **interessato** 흥미를 일으킨, 관심을 보인
- **assunto** assumere(품다, 지니다, 채용하다)의 과거분사
- **domanda** 의문, 요구, 지원 · **facoltà** (대학의) 학부, 재능
- **voglia** 의지 · **salvare** 구원하다 · **vita** 생명 · **umana** 인간의
- **valere** 가치가 있다 · **pena** 고생, 형벌 · **costo** 손실, 희생

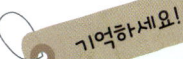

★ **avere difficoltà a~** : ~하는 데 어려움이 있다
★ 간접목적격 인칭대명사 + **servire** : ~에게 도움이 되다
　예 Non mi serve niente! 내겐 전혀 도움이 안 돼!
★ **conoscenza della medicina** : 의학 지식
★ **essere curioso di** + 동사 : ~하는 데 호기심이 있다, ~하고 싶다
　예 Sono molto curioso di sapere il movito. 난 그 동기를 알고 싶구나.
★ **avevo scritto la tesi~, era interessato** : 졸업 전에 일어난 일이므로 대과거로 표현했습니다.
★ **fare la domanda a/per** : ~에 지원하다
★ **facoltà di medicina** : 의학부
★ **possa salvare** : possa는 potere 동사의 접속법이라는 형태인데 20과에서 다룹니다.
★ **vita umana** : 인간의 생명
★ **valere la pena** + 동사 : ~할 가치가 있다
★ **a tutti i costi** : 모든 희생을 치르더라도
★ **~che si possano ~** : ~ che si possano ~의 접속법입니다. (→20과)

연습문제

A 다음 문장을 대과거로 표현해 보세요.

01 Ho mangiato un panino. 난 빵을 먹었다.

→ _____

02 Perché siete uscite così presto? 너희들을 왜 그렇게 일찍 나간 거야?

→ _____

03 È stata la colpa mia. 내 잘못이었어.

→ _____

04 Non c'era nessuno in quella scuola. 그 학교에는 아무도 없었다.

→ _____

05 Mia moglie ha dovuto spegnere la luce. 내 아내가 불을 껐어야 했다.

→ _____

- colpa 죄, 과실 · spegnere 끄다

B 다음 빈칸에 동사의 적당한 형태를 써 넣으세요.

01 Professore ha capito che Mario non _____ studiato.
교수님은 마리오가 공부하지 않은 것을 아셨다.

Esercizi

02 Quando siamo arrivati al cinema, il film _____ già finito.
우리가 극장에 도착했을 때 영화는 이미 끝났다.

03 Papà sapeva che _____ stati molto mali.
아빠는 우리가 아주 아팠다는 것을 알고 있었다.

04 Quando ho visto Angela, io non l'ho riconosciuta perché _____ cambiata molto. 내가 안젤라를 보았을 때 그녀가 너무 변했기에 난 그녀를 알아보지 못했다.

· riconoscere 알아보다

C 다음 문장의 시점을 과거로 고쳐 표현해 보세요.

01 Mamma sa bene che eravamo in viaggio.
엄마는 우리가 여행 중이라는 것을 잘 알아.

→ _____
엄마는 우리가 여행 중이라는 것을 알고 있었어.

02 Non lo faccio guidare la mia macchina perché ha bevuto.
술을 마셨기 때문에 그가 내 차를 몰지 못하게 할 거야.

→ _____
술을 마셨었기 때문에 그가 내 차를 몰지 못하게 했었다.

Capitolo

16

A che ora ti alzi la mattina?

학습 목표

- 재귀동사
- 재귀동사의 근과거
- 재귀동사와 조동사

문법

 재귀동사

이탈리아어에서는 어떤 동사가 지칭하는 행위의 대상이 화자 자신인 동사가 있는데 이를 재귀동사라고 합니다. 예를 들어 다음 문장을 보세요.

Io lavo i piatti. 난 접시들을 씻는다.

아주 평범한 문장이지요? 여기서 동사 **lavare**는 '~을 씻다'라는 뜻의 타동사, 즉 목적어가 필요한 동사이고, 위 문장에서 목적어는 '접시들'입니다.

이번에는 이 동사를 써서 '난 씻는다.'라고 말해 보려고 합니다. **lavare**는 항상 목적어가 필요한 동사인데 이 동사를 써서 '난 씻는다.'라고 말하려면 '난 나 자신을 씻는다.'라고 표현할 수밖에 없습니다. 이때 필요한 '나 자신을'에 해당하는 대명사를 재귀대명사라고 합니다. '나 자신'은 mi인데, 그렇다면 위 문장을 아래와 같이 표현하면 되겠군요.

Io lavo mi. (x)
Io mi lavo. (o) 난 씻어.

그렇다고 첫 번째 문장처럼 표현하면 안 됩니다. 재귀대명사는 직접목적격/간접목적격 대명사와 마찬가지로 동사 앞에 놓인다는 점을 기억하세요. 이와 같이 재귀대명사와 함께 쓰여 행위의 대상이 주어 자신으로 돌아오는 동사를 재귀동사라고 합니다. 재귀동사에 쓰이는 재귀대명사를 몇 가지 동사와 함께 아래 표에 정리했습니다.

주어	lavarsi (씻다)	svegliarsi (깨다)	alzarsi (일어나다)
Io	mi lavo	mi sveglio	mi alzo
Tu	ti lavi	ti svegli	ti alzi
Lui/Lei	si lava	si sveglia	si alza
Noi	ci laviamo	ci svegliamo	ci alziamo
Voi	vi lavate	vi svegliate	vi alzate
Loro	si lavano	si svegliano	si alzano

Grammatica

표에서 동사 svegliare는 '~을 깨우다', alzare는 '~을 일으키다'라는 뜻의 타동사인데 모두 재귀대명사와 함께 쓰여 '깨다', '일어나다'라는 의미의 재귀동사가 된 것입니다.

재귀대명사의 형태가 3인칭 단수/복수를 제외하고는 직접목적격 인칭대명사와 유사하므로 기억하기 어렵지 않지요? 표에는 lavarsi, svegliarsi, alzarsi라고 재귀대명사의 원형이 표기되어 있습니다. 예를 들어 사전에서 lavare를 찾으면 반드시 lavarsi라는 표제어가 함께 있는 것을 볼 수 있는데 이는 재귀동사라는 의미이지요.

표에서 볼 수 있는 것처럼 재귀동사라고 해서 특이한 동사 변화를 하는 것은 아닙니다. 지금까지 배웠던 동사변화를 그대로 적용하되 재귀대명사를 동사 앞에 붙여 주기만 하면 됩니다. 예를 들어 표를 참고해서 '너 몇 시에 일어나니?'를 이탈리아어로 표현해 보세요.

A che ora ti alzi?

자, 재귀동사의 개념을 어느 정도 이해하셨으면 재귀동사를 좀 더 자세히 살펴봅시다.

① 재귀동사의 근과거 조동사는 essere입니다. 예를 들어

Mi sveglio alle 6. 난 6시에 잠에서 깨.

를 근과거로 표현하려면

Mi sono svegliato alle 6. 난 6시에 잠에서 깼어.

가 된다는 말입니다.

② 조동사가 있는 문장에서 재귀대명사는 재귀동사와 결합하거나 분리하여 쓸 수도 있습니다. 예를 들어 보지요.

Domani devo alzarmi molto presto perché devo prendere il treno. 나 내일 아주 일찍 일어나야 해. 왜냐하면 기차를 타야 하거든.

문법

앞의 문장에서 재귀동사 alzarmi가 조동사 바로 뒤에 왔는데 위 문장을 아래와 같이 써도 됩니다.

Domani mi devo alzare molto presto perché devo prendere il treno.

즉, 재귀대명사를 분리해도 됩니다.

③ 타동사 중에 재귀동사처럼 쓰여 '서로서로'를 의미하는 동사가 있습니다. 예를 들어

Io ti bacio e tu mi baci. 난 너에게, 넌 나에게 키스를 한다.

라는 문장을 하나로 만들면 '우린 서로 키스한다.'가 됩니다. 그렇다면 위 문장을 재귀적으로 표현하면 되지요. 즉,

Ci baciamo. 우린 서로 키스한다.

앞서 '우리 또 보자(또 만나자).'를 'Ci vediamo.'라고 했지요? 이게 바로 그 용법입니다. vedere를 재귀적으로 표현해서 '서로서로를 보자, 즉 또 보자'라는 의미로 쓰인 것입니다. 그렇다면 재귀동사 guardarsi를 써서 '그들은 서로서로를 바라보았다.'라고 표현해 보세요. 과거시제이므로 조금 생각을 해야 할 겁니다. 답은 다음과 같습니다.

Si sono guardati.

④ 재귀동사의 간접형이라는 형태가 있습니다. 예를 들어 '나는 손을 씻는다.'라고 말하려면 이탈리아 사람들은 일단 mi lavo라고 한 뒤에 신체의 일부인 손을 말합니다. 즉, 이탈리아 사람들은

Mi lavo le mani. 난 손을 씻는다.

라는 식으로 생각하는 것입니다. 그렇다면 '난 이를 닦는다.'는 어떻게 말할까요?

Mi lavo i denti. 난 이를 닦는다.

Grammatica

아시겠지요?
중요한 재귀동사가 너무 많아서 일일이 열거하기가 어렵습니다만 그 중 몇 가지를 보여드리겠습니다.

⑤ **trovarsi** : 기분이 ~하다, (어떤 장소, 조건에) 이다, 있다
trovare는 '찾다, 발견하다'이지만 다음과 같이 재귀동사로 쓰이기도 합니다.

> **Mi trovo molto bene nel nuovo ufficio.**
> 새 사무실에서 기분이 꽤 좋다.

직역하면 '새 사무실에서 나 자신을 잘 발견하다'가 되어 '기분이 꽤 좋다'가 됩니다.

> **Sei anni fa mi trovavo a Genova in Italia.**
> 6년 전에 난 이탈리아의 제노바에 있었다.

이 문장도 직역하면 '제노바에서 나 자신을 찾았다'가 되므로 결국 '제노바에 있었다'라는 의미가 됩니다. 이 표현은 일상 생활에서 상당히 자주 사용하므로 잘 익혀 두세요.

⑥ **sentirsi** : sentire(느끼다)가 재귀동사로 쓰이면 '자신을 느끼다' → '~의 기분이 되다'가 됩니다.

> **Mi sento bene/male/triste/solo.** 난 기분이 좋아/안 좋아/우울해/외로워.

Capitolo 16

 **기본회화**

F Ti conosco da tanto tempo. Ma ancora non so il tuo nome. Tu come ti chiami?

M Mi chiamo Giuseppe. So che ti chiami Marina.

F Sì, ma come hai fatto a saperlo?

M Ho chiesto a qualcuno perché mi piacevi.

F 오래전부터 난 너를 알아. 그런데 아직 네 이름을 모르겠네. 너 이름이 뭐니?
M 난 쥬세뻬라고 해. 네 이름이 마리나라는 거 알아.
F 그래, 그런데 어떻게 그걸 알아?
M 누군가에게 물어봤지. 난 네가 좋았거든.

- tempo 시간
- nome 이름
- chiamarsi ~라고 부르다
- chiedere 묻다
- qualcuno 누군가(someone)

★ **Tu come ti chiami?** : 네 이름이 뭐야? 재귀동사 chiamarsi의 2인칭 현재 변화이지요? 이 것은 친구 사이에 사용하는 표현이고 '성함이 어떻게 되세요?'라는 표현은 'Come si chiama (lei)?'입니다. 대답은 'Mi chiamo + 이름(난 ~이야)'의 형태로 합니다.

★ **come hai fatto a saperlo?** : 여기서 lo는 이름을 안 사실을 의미합니다. 이 문장을 '그것을 알기 위해 무엇을 했니?'라고 하지 말고 '무엇을 해서 그것을 알았니?'로 해석해야 이탈리아 사람들이 생각하는 순서대로 한 것입니다.

★ **chiedere a~** : ~에게 묻다

★ **piacevi**는 piacere의 반과거입니다. 과거에 일정 기간 동안 계속 좋았던 것이니 반과거로 표현했습니다.

Dialogo

2

F   È da tanto che non ci vediamo, Giuseppe. Come va? Tutto bene?

M   Mi sento a terra.

F   Cosa è successo?

M   Sono arrivato poco fa dall'America, il viaggio è stato molto lungo e mi sono stancato troppo. Voglio riposarmi a casa.

F   Ti capisco. Perciò oggi ti lascio andare a casa, ok?

- sentirsi ~라고 느끼다
- terra 땅
- fa ~전에
- viaggio 여행
- lungo 긴
- stancarsi 과로하다
- riposarmi 쉬다
- perciò 그러므로
- lasciare ~을 두다

F   쥬세뻬, 우리 안 본 지 오래되었는걸. 잘 지내? 모든 게 잘 돼 가?
M   나 아주 피곤해.
F   무슨 일이야?
M   미국에서 조금 전에 돌아왔는데, 여행도 길었고 너무 과로했어. 집에서 쉬고 싶어.
F   이해된다. 그러니까 오늘은 널 집에 가게 해 주지, 오케이?

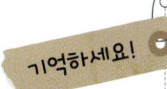

★ È da tanto che non~ : ~안 한 지 오래다. 이 구문을 암기하면 유용하게 써먹을 수 있습니다.
    예 È da tanto tempo che non vado in libreria. 서점에 안 간 지 오랜걸.

★ 재귀동사 sentirsi는 상태를 나타내는 형용사나 형용사구와 함께 '~라고 느끼다'가 됩니다.
    예 Mi sento stanco. 피곤을 느껴 → 피곤해.

★ a terra : 땅에 주저앉을 정도로 육체적/감정적으로 피곤하다, 고갈되다

★ 시간 + fa : ~전에. 예를 들면 due giorni fa(이틀 전에), un anno fa(1년 전에)입니다. 본문의 poco fa는 '조금 전에'라는 의미이지요.

★ mi sono stancato는 mi stanco의 근과거형입니다. 재귀동사이지요?

★ voglio riposarmi : mi voglio riposare

★ lasciare + 직접목적격 인칭대명사 + 동사원형 : ~을 ~하게 하다/내버려 두다
    예 Ti lascio stare da solo. 내가 널 혼자 있게 해 줄게.

기본회화

3

F　Oggi, mi sono molto arrabbiata con quella signora sulla metro.

M　Chi era?

F　Mi sono seduta vicino alla porta con questo bambino. Quando la metro si è fermata a Jonro, quella signora è passata davanti a noi per scendere, in quel momento ha colpito il bambino con la sua borsa. Mamma mia, quanto ha pianto!

M　Ma, quella signora non ti ha chiesto scusa?

F　No, è uscita dalla metro senza dirci niente.

M　Che maleducata!

- arrabbiarsi con~ ~에게 화나다
- metro 전철
- sedersi 앉다
- fermarsi 멈추다
- passare 지나가다
- colpire 일격을 가하다, 치다, 때리다
- pianto piangere(울다)의 과거 분사
- scusa 사과
- maleducato 버릇없는, 교양 없는

F　오늘 난 전철에서 그 여자에게 엄청 화가 났어요.
M　그 여자가 누군데요?
F　내가 이 아이하고 문 옆에 앉았거든요. 전철이 종로에 정차했을 때, 그 여자가 내리려고 우리 앞을 지나갔어요. 그 순간 가방으로 이 아이를 친 거예요. 아이구 애가 얼마나 울었던지!
M　그런데 그 여자는 당신에게 사과도 안 했어요?
F　아니요, 아무 말도 안 하고 내렸어요.
M　정말 교양 없군!

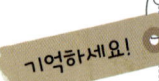

★ mi sono molto arrabbiata, mi sono seduta, si è fermata : 모두 재귀동사의 근과거입니다.

★ Chi era? : 반과거로 표현한 것은 두 사람의 마음속에 그 사건이 일어난 기간 동안 등장했던 그녀를 지칭하기 때문입니다.

★ quella signora è passata ~ : passare의 근과거인데 이동을 나타내는 동사이므로 보조동사로 essere를 사용했습니다.

★ davanti a~ : ~앞에
　예 Lei mi aspettava davanti alla porta. 그녀는 문 앞에서 나를 기다렸다.

★ chiedere scusa : 사과를 하다

★ senza dirci niente : 우리에게 아무 말 하지 않고

★ Che maleducata. : 'che + 형용사'로 감탄의 표현입니다.

Dialogo

4

F Hai mai visto Mario ridere?

M Neanche una volta da quando lo conosco, perché?

F Lui in questi giorni ride.

M Mario ride? No, è impossibile.

F Sì, cammina sorridendo, ride mentre parla. Sua madre dice che dorme sorridendo.

M No, cosa gli è accaduto?

F È innamorato di Gioia!!

- **ridere** 웃다
- **neanche** 결코 ~않다
- **volta** 번
- **camminare** 걷다
- **sorridere** 미소를 짓다
- **accaduto** accadere(일어나다, 발생하다)의 과거분사
- **innamorato** 사랑에 빠진 (innamorare의 과거분사)

F 너 마리오가 웃는 거 본 적 있어?
M 그를 안 이후로 난 한 번도 못 봤는데, 왜?
F 걔가 요즘 웃어.
M 마리오가 웃는다고? 아니, 그건 불가능해.
F 그렇다니까. 미소를 머금고 걷고, 말할 때도 웃는다고. 걔 엄마가 그러는데 미소를 머금고 잔대.
M 그럴 리가, 걔한테 무슨 일이 생긴 거야?
F 걔가 조이아와 사랑에 빠졌대!!

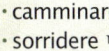

★ Neanche una volta da~ : ~로부터 한 번도 ~않다

★ da quando lo conosco : 그를 안 이후로

★ sorridendo는 영어의 -ing(동명사)에 해당합니다. -ere로 끝나는 동사는 -ere를 -endo로 바꾸어 동명사를 만드는데 '~하면서'의 의미가 되지요.

★ cosa gli è accaduto? : cosa è successo?

★ essere innamorato di ~ : ~와 사랑에 빠지다

Capitolo 16 **233**

실전회화

(Sull'autobus)

F   Ciao, Mario.

M   Ciao, Claudia. Come stai?

F   Bene e tu?

M   Niente male, grazie.

F   Vai a lavorare?

M   Sì, anche tu?

F   Sì. Lavori qua vicino o fuori città?

M   Fuori città, quindi devo alzarmi molto presto.

F   Anche io. Ma io devo alzarmi prima di te perché sono un po' lenta. Ci vogliono almeno due ore per alzarmi, lavarmi, fare colazione, truccarmi e vestirmi eccetera, eccetera.

M   Capisco. Claudia, io scendo qua. Buon proseguimento.

F   Ok, buona giornata, a presto.

Dialogo pratico

(버스에서)
- **F** 마리오, 안녕.
- **M** 안녕, 끌라우디아. 잘 지내니?
- **F** 잘 지내, 너는?
- **M** 나쁘지 않아, 고마워.
- **F** 너 일하러 가니?
- **M** 응, 너도?
- **F** 그래, 여기 근처에서 일하니 아니면 교외에서 일하니?
- **M** 교외, 그래서 상당히 일찍 일어나야 해.
- **F** 나도. 그렇지만 내가 너보다 일찍 일어나야 한다니까, 왜냐하면 난 좀 느리거든. 적어도 두 시간을 걸려야 일어나고, 씻고, 아침식사하고, 화장하고, 옷 입고 뭐 그런다니까.
- **M** 이해해. 끌라우디아, 나 여기서 내려. (오늘 하루) 잘 보내.
- **F** 알았어, 하루 잘 보내. 또 봐.

- autobus 버스 · male 나쁜 · fuori 밖에, 외부에
- alzarsi 일어나다, 기상하다 · lento 느린 · almeno 적어도
- lavarsi 씻다 · vestirsi 옷 입다 · eccetera 등등
- scendere 내리다 · proseguimento 계속

기억하세요!

★ fuori città 교외에서 예 Vogliamo vivere fuori città. 우린 교외에서 살고 싶다.

★ prima di ~보다 먼저 예 Ho finito il lavoro prima di lei. 난 그 일을 그녀보다 먼저 끝냈다.

★ Buon proseguimento 직역하면 '좋은 진행이 있기를'이라는 뜻으로 하루 일과의 모든 일들이 잘 진행되기를 바란다는 의미의 인사입니다.

A 다음 일상생활을 주어를 바꾸어 가며 말해 보세요.

(svegliarsi) _____ tutte le mattine alle 7, (farsi) _____ la doccia, (asciugarsi) _____ , (lavarsi) _____ i denti e (pettinarsi) _____ (mettersi) _____ il vestito, nell'ingresso (guardarsi) _____ un attimo nello specchio.

난 매일 아침 7시에 깨서, 샤워를 하고, 수건으로 닦고, 이를 닦고 빗질하고, 옷을 입고, 현관의 거울 앞에서 잠깐 거울을 본다.

> • asciugarsi 닦다 • lavarsi 씻다 • denti 이, 치아 • pettinarsi 머리를 빗다 • vestito 옷
> • ingresso 입구 • specchio 거울 • attimo 순간, 찰나 • un attimo 잠깐

B 괄호 안의 재귀동사를 알맞은 형태로 바꿔 보세요.

01 (Voi) _____ (divertirsi) alla festa di ieri? 어제 파티 재미있게 놀았니?

02 Come _____ (chiamarsi) quel gatto? 그 고양이 이름이 뭐지?

03 Vedi là come _____ (vestirsi) male Lucia?
루치아가 얼마나 옷을 못 입는지 저기 보이니?

04 Non _____ (salutarsi) da tanto tempo. 오래전부터 우린 인사 안 해.

> • divertirsi 즐기다 • salutarsi 인사하다

Esercizi

C 해석을 보고 시제를 따져서 동사를 알맞은 형태로 바꿔 보세요.

01 Antonio ed io _____ _____ _____ (laurearsi) in 2013 in ingegneria elettronica.
안또니오와 나는 2013년에 전자공학과를 졸업했다.

02 Quando Luca ha incontrato Alice, _____ _____ innamorato subito di lei.
루까가 알리체를 만났을 때 그는 즉시 사랑에 빠졌어.

03 _____ _____ arrabbiato con te perché hai portato il mio quaderno senza dirmi niente. 네가 말도 안 하고 내 공책을 가져가서 너한테 화가 났었어.

• **laurearsi** 졸업하다 • **arrabbairsi con** ~에게 화가 나다 • **quaderno** 공책

Capitolo

17

Andrò in italia con Mario.

학습 목표

- 미래 표현
- 동사의 미래형
- 선립미래

문법

 미래형

① 단순미래

동사의 미래형을 공부해 봅시다. 영어에서는 동사의 미래를 나타낼 때 will이라는 조동사를 사용하지만 이탈리아 사람들은 동사의 형태를 변화시켜 미래를 표현합니다.

Domenica parto per Milano con il treno.
일요일에 난 기차로 밀라노로 떠난다.

화자가 자신의 생각을 위 문장처럼 말할 때는 미래를 표현한다기보다는 일요일에 떠난다는 변하지 않는 사실을 말하는 것입니다. 즉, 화자는 일요일에 떠납니다. 그러나 위 문장을

Domenica partirò per Milano con il treno.
일요일에 난 기차로 밀라노로 떠난다.

와 같이 표현하면 화자의 마음은 미래의 어느 한 시점에 있으면서 그때 떠날 것이라는 예측 내지는 의지를 나타내게 됩니다. 즉, 화자는 일요일에 떠나지 않을 수도 있는 것입니다.
그렇다면 어떻게 미래를 만들까요? 동사의 형태를 바꾸어 주면 됩니다. 아래에 규칙 동사를 정리했습니다.

주어	-are(ascoltare)	-ere(prendere)	-ire(aprire)
Io	ascolterò	prenderò	aprirò
Tu	ascolterai	prenderai	aprirai
Lui/Lei	ascolterà	prenderà	aprirà
Noi	ascolteremo	prenderemo	apriremo
Voi	ascolterete	prenderete	aprirete
Loro	ascolteranno	prenderanno	apriranno

공통적으로 동사의 어미에 -r- 소리가 포함되지요? 그리고 동사의 끝소리가 꽤 익숙할 겁니다.

Grammatica

아래 표에는 중요한 불규칙 동사 몇 개를 정리했습니다. 모두 암기해서 익숙해져야 하는 동사들이지요.

주어	essere	avere	fare	stare
Io	sarò	avrò	farò	starò
Tu	sarai	avrai	farai	starai
Lui/Lei	sarà	avrà	farà	starà
Noi	saremo	avremo	faremo	staremo
Voi	sarete	avrete	farete	starete
Loro	saranno	avranno	faranno	staranno

자, 이제 예문을 통해 미래의 용법을 알아봅시다.

❶ 앞서 설명했듯이 미래형은 가까운 미래에 일어날 행위나 상태를 나타내는 데 쓰입니다.

> Io ti amerò per tutta la mia vita e ci sposeremo.
> 난 너를 영원히 사랑할 거고 우린 결혼할 거야.

화자가 사랑하고 결혼한다는 것은 미래의 어느 한 시점이므로 화자는 이 동사를 미래형으로 표현한 것입니다. 위와 같은 미래를 문법적으로 단순미래라고 합니다. 즉, 화자의 마음속에 미래의 시점이 하나만 존재할 때를 단순미래라고 하는 것입니다.

❷ 미래형은 의심을 나타내는 데 쓰이기도 합니다.

> Papà sarà in ufficio a quest'ora ?
> 아빠는 이 시간에 사무실에 계실까?

이 문장을 'Papà è in ufficio a quest'ora?'라고 표현한다면 단지 의문문일 뿐 의심이 반영되지는 않습니다. 그러나 시점을 미래로 옮겨 표현함으로써 의심을 나타내는 것입니다.

문법

❸ 미래형은 가정 또는 추측을 나타내는 데 쓰이기도 합니다. 다음 예문을 볼까요?

Queste scarpe sono di moda, ma non mi piacciono.
이 구두는 유행하는 건데 난 마음에 들지 않아.

이 문장에서 구두가 유행이라는 것은 기정 사실이므로 현재로 표현했습니다. 그러나

Queste scarpe saranno di moda, ma non mi piacciono.
이 구두는 유행할 건데 난 마음에 들지 않아.

라고 표현하면 그 구두는 미래에 유행할 것이라고 추측할 수 있다는 의미가 됩니다.

② **선립미래**

지금까지는 단순미래를 공부했고 이번에는 다른 형태의 미래를 공부해 볼까요?
다음 예문을 보세요.

Prima io tornerò in Corea e poi lavorerò in una ditta italiana. 먼저 난 한국으로 돌아갈 거야. 그다음에 이탈리아 회사에서 일할 거야.

위 문장에는 2개의 미래 — 돌아가는 것과 일하는 것 — 가 등장합니다. 그러나 돌아가는 것이 일하는 것보다 시간적으로 먼저 일어납니다. 이럴 때는 위 문장을 다음과 같이 표현할 수 있습니다.

Quando sarò tornato in Corea, lavorerò in una ditta italiana. 한국으로 돌아가면 이탈리아 회사에서 일할 거야.

다른 예를 들면

Prima imparerò l'italiano, poi andrò in Italia.
먼저 이탈리아어를 배울 거야. 그 다음에 이탈리아에 갈 거야.

→ Quando avrò imparato l'italiano, andrò in Italia.
이탈리아어를 배우면 이탈리아에 갈 거야.

Grammatica

여기서도 배우는 행위가 가는 행위가 먼저 일어나므로 이를 avrò imparato italiano로 표현한 것입니다. 이와 같은 형태를 선립미래라고 합니다. 선립미래의 형태를 다음과 같이 정리해 보겠습니다.

avere의 미래형 + 과거분사 혹은 essere의 미래형 + 과거분사

avere냐 essere냐는 근과거의 보조동사를 택하는 기준과 같습니다.

끝으로 중요한 불규칙 동사를 정리하되 1인칭 변화형만 보여 드리겠습니다. 나머지 인칭에 대한 변화는 –ò대신 –ai, –à, –emo, ete, –anno를 붙이면 됩니다.

dovere	→ dovrò	potere	→ potrò
sapere	→ saprò	vedere	→ vedrò
volere	→ vorrò	dare	→ darò
dire	→ dirò	venire	→ verrò

예를 들어, dire의 미래형은 dirò, dirai, dirà, diremo, direte, diranno가 됩니다.

몇 가지 예문을 들면 다음과 같습니다.

Dovrò andare in ufficio a piedi perché sono senza macchina. 차가 없어서, 난 사무실에 걸어 가야만 할 거야. (a piedi : 걸어서)

Marco darà l'ultimo esame prima della laurea.
마르꼬는 졸업 전에 마지막 시험을 치를 거야.

Mia sorella verrà al cinema con voi.
내 여동생이 너희들과 극장에 갈 거야.

# 기본회화

1

F   Manca solo un mese. Sono molto preoccupata per quell'esame.

M   Dai, andrà tutto bene, vedrai!

F   Come fai ad esserne così sicuro, papà.

M   So che hai studiato tanto. Ho fiducia in te.

F   Le tue parole mi danno molto coraggio.

- mancare ~이 남다, 부족하다
- preoccupare 걱정하다, 염려하다
- esame 시험
- sicuro 확신하는, 확실한, 안전한
- fiducia 믿음
- parola 말
- dare 주다
- coraggio 용기

F   한 달 남았어요. 그 시험 정말 걱정이 돼요.
M   힘내, 잘될 거야. (그렇게 된다는 것을) 보게 될 거야!
F   어떻게 그렇게 확신할 수 있어요, 아빠?
M   네가 공부 많이 한 것을 나도 알아. 난 너를 믿는다.
F   그 말이 제게 용기를 주네요.

★ preoccupare per : ~에 대해 걱정하다
　예 Sono preoccupato molto per il lavoro. 그 일에 대해 걱정을 많이 했다.

★ dai는 감탄사로 격려 내지는 어떤 행동을 하도록 부추기는 표현입니다. '자, 힘내.' 등으로 번역할 수 있지만 좀 어색하네요.

★ andrà tutto bene, vedrai : '모든 것이 잘 되어 갈 것이다. (그것을) 보게 될 것이다'라는 의미로 추측을 나타내는 미래형입니다.

★ fare + a + 동사원형 : 해서 ~하다, 하여 ~하다. ne는 '그것(시험)에 대해서'를 의미합니다. ad의 d는 발음을 쉽게 하기 위해 붙였습니다. 'Come~' 이 문장을 직역하면 '어떻게 해서 그것에 대해 그렇게 확신해요?'이지요.

★ avere fiducia in + 목적격 인칭대명사 : ~을 믿다
　예 Papà aveva fiducia in me. 아빠는 나를 믿었다.

★ le tue parole : 네가 한 말들

Dialogo

2

F È durato quasi due anni il tuo servizio militare, vero?

M Sì, finalmente è finito tutto. Da adesso in poi posso pensare al mio futuro con calma.

F Allora? Cosa farai da ora in poi?

M Mi metterò a studiare all'Università. Diventerò un grande ingegnere. Tu Claudia, che progetti hai?

F Mi sposerò con un grande ingegnere.

- **durato** durare(지속하다)의 과거분사
- **quasi** 거의(영어의 almost)
- **servizio** 복무, 봉사
- **militare** 군대의, 군인의
- **finalmente** 드디어
- **pensare** 생각하다
- **futuro** 미래
- **calma** 고요
- **diventare** ~이 되다
- **grande** 위대한, 큰
- **progetto** 계획
- **sposarsi** 결혼하다

F 너 군대 복무 기간이 거의 2년이었어, 그렇지?
M 그래, 드디어 모든 것이 끝났어. 지금부터 조용히 내 미래를 생각할 수 있어.
F 그럼, 이제부터 뭘 할 거니?
M 대학에서 공부를 할 거야. 난 아주 훌륭한 기술자가 될 거야. 끌라우디아, 넌 어떤 계획이 있니?
F 난 훌륭한 기술자랑 결혼할 거야.

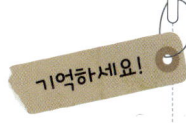 기억하세요!

★ **essere durato~** : 기간이 ~이 되었다. 주어가 il servizio militare로 단수이므로 è durato 가 되었습니다.

★ **servizio militare** : 군 복무

★ **da adesso in poi = da ora in poi** : 지금부터

★ **pensare a~** : ~에 관해 생각하다
   예) Abbiamo pensato molto a te. 우린 너를 많이 생각했다.

★ **con calma** : 조용히

★ **mettersi a~** : ~을 시작하다
   예) Mi metto a mangiare. 난 먹기 시작한다.

★ **che progetti hai?** : 무슨 계획(들)이 있니?

★ **sposarsi con~** : ~와 결혼하다

기본회화

3

F È vero che i nostri vicini apriranno un negozio di abbigliamento?

M Sì, hanno già preso in affitto quel posto.

F Andrà bene? Secondo me, la gente preferisce andare ai grandi magazzini per comprare i vestiti. Anche perché ci sono tante occasioni e sconti.

M Sì, forse non guadagneranno molto, ma lavoreranno con tranquillità.

- vicini 이웃
- negozio 가게
- abbigliamento 옷
- affitto 월세, 집세
- posto 자리, 장소
- gente 사람
- preferire 선호하다
- grande magazzino 백화점
- vestito 옷, 의류
- occasione 기회
- sconto 할인
- guadagnare 돈을 벌다
- tranquillità 안정, 안심

F 우리 이웃이 옷 가게를 연다는 게 정말이에요?
M 그래요. 벌써 그들이 그 장소를 월세로 얻었어요.
F 잘될까요? 제 생각에는 사람들이 옷을 사기 위해 백화점으로 가는 것을 선호하거든요. 또 (백화점에) 할인 기회도 많다고요.
M 그래요. 아마 돈은 많이 벌지 못할 거예요. 그렇지만 걱정 없이 일을 할 거예요.

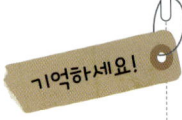

★ È vero che~ : ~하는 것이(라는 것이) 사실이다. che 다음에는 절이 옵니다.

★ un negozio di abbigliamento : 옷 가게

★ 옷 가게를 연다는 미래를 나타내기 위해 apriranno로 표현했습니다.

★ prendere in affitto~ : ~을 월세로 얻다

★ andrà bene? : (모든 것이) 잘 돼 갈까요? andrà는 andare의 미래형입니다.

★ ai grandi magazzini : 백화점으로

★ non guadagneranno molto, ma lavoreranno : 모두 추측을 나타내는 미래형입니다.

★ con tranquillità : 걱정 없이, 안정하게, 조용히

Dialogo

F Luis, da quanto tempo sei qua in Corea?
M Sono qua da 7 anni.
F Non sei mai più tornato in Inghilterra da quando sei arrivato qua?
M Mai.
F Quando tornerai nel tuo paese?
M Ci tornerò dopo che avrò finito l'università.

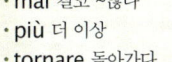

- quanto 얼마나 많이
- tempo 시간
- Inghilterra 영국
- mai 결코 ~않다
- più 더 이상
- tornare 돌아가다
- paese 나라, 조국

F 루이스, 한국에 있은 지 얼마나 오래되었어?
M 7년 되었지.
F 여기 온 이후로 한 번도 영국에 돌아가지 않았니?
M 한 번도.
F 넌 언제 너희 나라로 돌아가니?
M 난 대학 마치고 돌아갈 거야.

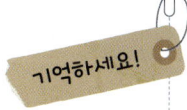

★ da quanto tempo sei : 넌 언제부터 ~이니?
   예 Da quanto tempo ti sei sposato con Mario? 마리오랑 결혼한 지 얼마나 오래되었지?
★ Non sei mai più tornato in Inghilterra da quando sei arrivato qua? : 여기에 온 것이 영국에 돌아간 것보다 이전이므로 대과거로 표현했습니다.
★ Mai. : (Non sono) mai (tornato in Inghilterra).
★ Ci tornerò dopo che avrò finito l'università. : 왜 선립미래가 쓰였는지 이해할 수 있지요? 대학을 졸업하는 것이 돌아가는 것보다 먼저 일어나기 때문입니다.

실전회화

M Alice, per l'anno nuovo, che progetti avete con Roberto?

F Cosa intendi per progetti?

M Vi conoscete da 5 anni. Ormai hai 30 anni, e lui ne ha 33. Noi lo consideriamo come un figlio, e i suoi genitori considerano te come una figlia.

F Ho capito cosa vuoi dire. Ma papà, non ci vogliamo sposare ancora. Non siamo ancora pronti.

M Cosa vuol dire non siete ancora pronti?

F Papà, dovremo guadagnare di più. Ci serviranno un sacco di soldi per il matrimonio. Poi se ci sposiamo, forse io dovrò lasciare il mio lavoro.

M Ogni cosa ha suo tempo, cara. Tu potrai trovare un lavoro dopo che vi sarete sposati.

F Se non lo trovassi? Se invecchiassi senza aver fatto nulla nella mia vita?

M Cara, la vita non è così come tu pensi. Non si può programmare tutto.

F Ma, dovremo avere progetti per ogni cosa.

M Vi amate, vero?

F Certo che ci amiamo.

M Oltre a quello, ognuno ha il suo lavoro. Cosa volete di più?

Dialogo pratico

M 알리체, 새해엔 로베르또하고 무슨 계획이 있니?
F 계획이라니요?
M 너희들은 서로 5년 동안 알았어. 지금 너는 30살이고 그는 33살이고. 우린 그를 자식처럼 생각하고 그의 부모도 너를 딸처럼 여기고 있단다.
F 무슨 말씀인지 알겠어요. 그렇지만 아빠, 우린 결혼하길 원치 않아요. 우린 아직 결혼할 준비가 되지 않았어요.
M 준비가 아직 안 됐다는 것이 무슨 뜻이냐?
F 아빠, 우린 돈을 더 벌어야 해요. 결혼하려면 엄청난 돈이 든다고요. 그리고 우리가 결혼하면 어쩌면 저의 일을 그만두어야 할 거예요.
M 모든 것이 때가 있단다. 너희들이 결혼한 이후에 일을 찾을 수 있을 거야.
F 일을 못 찾으면요? 제 인생에 아무것도 못 하고 늙어 버리면요?
M 얘야, 인생은 네가 생각하는 것처럼 그렇지 않단다. 전부 계획할 수 있는 것이 아니야.
F 그렇지만 우린 매사에 계획을 가지고 있어야 할걸요.
M 너희들 서로 사랑하지, 그렇지?
F 그럼요, 사랑하고 말고요.
M 게다가 두 사람 다 일이 있지 않니. 무엇을 더 기다릴 수 있겠니?

- **progetto** 계획 · **intendere** 의도하다
- **conoscersi** (재귀동사) 서로 알다 · **ormai** 지금
- **considerare** 생각하다 · **figlio** 아들
- **guadagnare** 돈을 벌다 · **servire** 도움이 되다
- **sacco** 주머니 · **matrimonio** 결혼식
- **lasciare** 그만두다 · **ogni** 각각의, 모든
- **tempo** 때 · **invecchiare** 늙다 · **vita** 인생
- **programmare** 계획을 세우다 · **ognuno** 각자

기억하세요!

★ **Cosa intendi per~ ?** : ~이 무슨 의미지요?

★ **considerare + 직접목적격 인칭대명사 come~** : ~을 ~로 여기다
 Mi scusi, la ho considerato come mio figlio. 죄송합니다, 당신을 내 아들로 생각했군요.

★ **Ho capito cosa vuoi dire.** : 네가 무슨 말을 하는지 알겠어.

★ **un sacco di~** : 엄청나게 많은~

★ **lasciare il lavoro** : 일을 그만두다

★ **ogni cosa** : 모든 일, 매사

★ **Tu potrai trovare un lavoro dopo che vi sarete sposati.** : 선립미래가 사용되었습니다.

★ **Se invecchiassi ~** : se(~라면)로 시작하는 조건절 안에서 동사의 형태가 변합니다. 여기서는 invecchio가 invecchiassi가 된 것입니다. 앞의 trovassi ~도 trovo가 변한 형태입니다.

★ **la vita non è così** : 인생은 그렇지 않다

★ **come tu pensi** : 네가 생각하는 것처럼

★ **oltre a~** : ~이외에도

연습문제

A 다음 문장을 주어에 맞게 미래형으로 고쳐 보세요.

01 (Io) (telefonare) _____ in Germania. 난 독일에 전화할 거야.

02 (Tu) (leggere) _____ un romanzo giallo? 넌 탐정소설을 읽을 거니?

03 (Lei) (partire) _____ la settimana prossima. 그녀는 다음 주에 떠날 거야.

04 (Noi) (mangiare) _____ una pizza con gli amici. 우린 친구들과 피자를 먹을 거야.

05 (Io) (potere venire) _____ a casa tua domani. 난 내일 너의 집에 갈게.

06 (Loro) (continuare) _____ a studiare all'università.
그들은 대학에서 계속 공부할 거야.

- romanzo giallo 탐정소설

B 다음 문장을 완성하세요.

01 Che cosa _____ (fare) quando sarai grande? 넌 커서 무엇을 할래?

02 Quando arriveremo a Roma, dove _____ (andare)?
우리가 로마에 도착하면 어디를 갈까?

Esercizi

03 Il medico _____ (venire) a visitare Paolo domani.
그 의사가 내일 빠올로를 방문하러 올 거야.

04 Ad agosto, Claudia _____ (tornare) in Italia.
8월에 끌라우디아는 이탈리아로 돌아갈 거야.

C 다음 빈칸에 알맞은 동사 형태를 써 넣으세요.

01 Quando io _____ _____ (finire) di studiare, ti _____ (aiutare) a fare pulizie. 공부를 마치고 네가 청소하는 것을 도와줄게.

02 Quando _____ _____ (smettere) di nevicare, noi _____ (potere) uscire. 눈이 그치면 우린 나갈 수 있을 거야.

03 La tua fidanzata _____ molto contenta quando tu _____ _____ (regalare) questo anello. 이 반지를 선물하면 네 애인이 대단히 만족할 거야.

- nevicare 눈 오다 · fidanzata 애인 · anello 반지

Capitolo

18

Io conosco quel ragazzo che lavora con te.

학습 목표

- 관계대명사
- cui, quale
- 전치사 + cui
- 전치사 + 정관사 + quale

문법

🔴 관계대명사

① 관계대명사 che

관계대명사는 두 문장을 이어 하나의 문장으로 만들 때 두 문장에서 공통되는 명사를 받는 대명사를 말합니다. 이탈리아어의 관계대명사는 che와 quale, 두 가지 종류가 있습니다.

Conosco quel ragazzo. Quel ragazzo lavora nel bar.
난 그 녀석을 알아. 그 녀석은 바에서 일해.

위의 두 문장에서 공통되는 부분 quel ragazzo를 관계대명사 che로 받아 다음과 같이 한 문장으로 만들 수 있습니다.

Conosco quel ragazzo che lavora nel bar.
난 바에서 일하는 그 녀석을 알아.

여기서 che는 quel ragazzo를 받는 주어로 쓰이는 관계대명사입니다.
그러나 위 문장을 해석할 때 뒤에서부터 해석하여 '난 바에서 일하는 그 녀석을 알아.'라고 한다면 올바른 해석이 아닐뿐더러, 그런 버릇을 들이면 이탈리아 사람들처럼 생각하고 말할 수 없게 됩니다. 이탈리아 사람들이 생각하는 것처럼 번역을 하면 '난 그 녀석(quel ragazzo)을 아는데, 그 녀석(che)은 바에서 일해.'가 됩니다. 그러니까 관계대명사는 앞 문장에서 어떤 명사를 받아 문장을 계속 이어 나가기 위해 필요한 것이지요.

Hai comparto il latte. Il latte è scaduto.
넌 그 우유를 샀어. 그 우유는 유통 기한이 지났어.

위의 두 문장도 관계대명사를 이용해서 한 문장으로 표현할 수 있습니다. 일단 아무 문장이나 내뱉으세요. 예를 들어 처음 문장을 먼저 말하면

Hai comparto il latte che è scaduto.

이 되어, '넌 그 우유를 샀는데, 그게(che) 유통 기한이 지났어.'라고 생각하며 말한 셈이 됩니다.

Grammatica

만약 마음속에 우유가 먼저 떠오르면

> Il latte che hai comprato è scaduto.

즉, '그 우유, 그걸 네가 샀는데 유통 기한이 지났어.'라고 생각하며 말한 셈이지요. 두 번째 예에서 che는 목적어를 받는 관계대명사입니다. 관계대명사의 묘미를 이해하셨나요?

② 관계대명사 quale

또 다른 관계대명사로 quale가 있다고 했습니다. quale의 용법은 che와 같은데 이 관계대명사는 정관사와 함께 쓰여 성/수 변화를 한다는 점이 다릅니다. 즉, 관계대명사 quale는 받는 명사의 성과 수에 따라 다음 네 가지 형태가 됩니다.

> il quale   la quale   i quali   le quali

예를 들어 다음 문장을 보세요.

> Loro sono le ragazze che abitano al piano di sotto.
> → Loro sono le ragazze le quali abitano al piano di sotto.
> 그들은 아래층에 사는 소녀들이야.

위에서 che가 받는 명사는 le ragazze입니다. 따라서 quale도 성/수 변화를 하여 le quali가 된 것입니다.

> I colleghi che lavorano con me sono molto gentili.
> → I colleghi i quali lavorano con me sono molto gentili.
> 나와 일하는 동료들은 참 친절하다.

이 문장에서 che가 받는 명사는 i colleghi(동료들)이므로 성/수를 일치시키다 보니 quale가 i quali가 된 것입니다.

문법

③ 전치사 + 관계대명사

이제 조금 복잡한 형태를 공부해 볼까요? 다음 두 문장을 합쳐 보세요.

> Marco è quel ragazzo. Tu hai parlato molto di lui.
>
> 마르꼬가 그 녀석이야. 너 그 녀석에 대해 많이 얘기했어.

공통된 부분은 quel ragazzo와 lui이지요? 그렇다고

> Marco è quel ragazzo che tu hai parlato molto di. (×)

라고 하지는 않습니다. lui가 전치사 di의 목적격이어서 따로 떼어 낼 수 없으므로 전치사까지 같이 씁니다.

> Marco è quel ragazzo di che tu hai parlato molto. (×)

그러나 위 문장도 틀렸습니다. 관계대명사 che가 전치사와 함께 쓰일 때는 cui가 됩니다. 즉, 다음과 같이 고쳐야 합니다.

> Marco è quel ragazzo di cui tu hai parlato molto.

그렇다면 이 문장을 quale를 써서 표현할 수 있을까요? 앞서 설명한 대로 받는 명사의 성과 수를 고려하여 붙여 주기만 하면 됩니다. lui를 받아야 하므로 il quale가 되고 이것이 di와 합쳐지므로

> Marco è quel ragazzo del quale tu hai parlato molto.

가 됩니다. 즉, 이탈리아 사람들은 이렇게 생각하는 것이지요. '마르꼬가 그 녀석이야. 그 녀석에 대해(del quale, di cui) 네가 많이 얘기했잖아.' 여러분도 이런 식으로 생각하세요.

> Questa è la casa (　　) cui vivo da sempre.
>
> 이것이 내가 항상 살았던 집이야.

Grammatica

괄호 안에 어떤 전치사가 들어갈까요? 이탈리아 사람처럼 생각하세요. '이게 그 집이야. 그 집 (　) 내가 항상 살았어.' 당연히 in이 와야겠지요? 이번에는 위 문장을 quale를 써서 고쳐 보세요. quale가 casa를 받으니까 la quale가 되고 in과 합쳐지면

Questa è la casa **nella quale** vivo da sempre.
이것이 내가 항상 살았던 집이야.

가 됩니다. 이제 이해하셨지요?

④ 기타 유용한 표현

Capisco bene **quello che** mi hai detto.
Capisco bene **ciò che** mi hai detto.
난 네가 나에게 말한 것을 잘 이해한다고.

quello나 ciò는 '그것'인데 위 문장은 'Capisco bene quello. Mi hai detto quello.' 두 문장이 관계대명사 che에 의해 합쳐진 것입니다. 여기서 quello che, ciò che는 '~한 것'이라는 의미로 쓰였습니다. 여러모로 쓸모가 있는 표현이니 숙어처럼 기억하세요.

기본회화

1

M Pronto, ristorante 'Boccadasse'.

F Pronto, il Boccadasse, quello che offre piatti tipici coreani?

M Sì, esatto.

F Allora ,vorrei prenotare un tavolo per 6 persone stasera.

M Purtroppo fino alle 7, il tavolo non sarà libero, va bene?

F Ok, va benissimo. Ci vediamo verso le 7.

M 여보세요, 보까다쎄 레스토랑입니다.
F 여보세요, 보까다쎄지요, 한국 전통 요리 하는 데요?
M 예, 맞습니다.
F 그럼 오늘 저녁 6인용 테이블 하나 예약하고 싶군요.
M 안타깝게도 7시까지는 테이블이 없는데, 괜찮으세요?
F 예, 좋습니다. 7시경에 보지요.

- pronto 여보세요
- ristorante 레스토랑
- offrire 제공하다
- piatto 접시, 요리
- tipico 전통적인
- esatto 정확한
- prenotare 예약하다
- tavolo 테이블
- persona 사람
- purtroppo 불행하게도, 안타깝게도
- libero (자리가) 빈

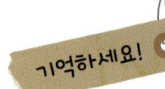

★ quello che offre piatti~.
quello는 il Boccadasse를 받는 지시대명사이고, che는 quello를 받아 주격으로 쓰인 관계대명사입니다.

★ vorrei~ : volere의 조건법 형태(19과에서 다룹니다)인데 공손한 표현에 사용됩니다.

★ il tavolo non sarà libero : 미래의 예측이므로 미래형으로 표현했습니다.

★ va bene? : 좋아요?

★ va benissimo : 아주 좋아요, benissimo는 bene의 최상급입니다.

Dialogo

2

F Dobbiamo trovare un albergo in cui riposarci.

M Ma, non deve essere troppo lontano da qua perché siamo abbastanza stanchi.

F Lo so. Allora, il navigatore dice che ce n'è uno che si trova a 2 km da qua.

M Benissimo. Riesci a sapere anche il loro numero di telefono?

F Sì, adesso lo chiamo per sapere se c'è anche un bagno. Vorrei fare una doccia calda.

- trovare 찾다
- albergo 호텔
- riposarsi 쉬다, 휴식하다
- lontano 먼
- abbastanza 충분히, 꽤
- navigatore 내비게이션
- trovarsi ~이다, ~이 있다
- riuscire a~ ~을 할 수 있다
- numero 번호
- bagno 욕실
- doccia 샤워
- caldo 뜨거운

F 우리가 쉴 만한 호텔을 찾아야겠어.
M 그렇지만 여기서 너무 멀면 안 돼. 왜냐하면 우린 굉장히 피곤하거든.
F 나도 그거 알아. 자, 내비게이션에 의하면 여기서 2km 지점에 하나 있다고 하네.
M 아주 좋아. 너 거기 전화번호도 알 수 있니?
F 응, 지금 전화해서 욕실이 있는지 알아야겠어. 내가 뜨거운 물에 샤워를 한다면 얼마나 좋을까?

★ Dobbiamo trovare un albergo in cui riposarci.
in cui는 nell'albergo입니다. cui 다음에는 절이 올 수 있지만 본문처럼 원형이 올 수도 있습니다. 단, 주어가 1인칭 복수(우리)이므로 재귀동사의 형태는 riposarci입니다.

★ essere troppo lontano da qua : 여기에서 너무 멀다

★ il navigatore dice (che) : 내비게이션이 ~라고 얘기한다 → 내비게이션에 의하면

★ ce n'è = ci ne è이고, ne는 '호텔(들) 중에'를 의미합니다. 따라서 ce n'è uno는 '(호텔 중에) 하나가 있어'라는 의미이지요.

★ che si trova~ : che는 uno를 받는 주격관계대명사입니다.

★ il loro numero di telefono : 거기(호텔)의 전화번호

★ per sapere se c'è anche un bagno : 욕실이 있는지를 알아보기 위하여

★ fare una doccia calda : 뜨거운 샤워를 하다

기본회화

3

F Vedi la ragazza con cui parla Daniele?

M Quella bionda con gli occhiali?

F No, quell'altra con la maglietta rossa che beve la birra adesso.

M Sì, la vedo, perché? La conosci?

F Sì, quella è la ragazza di cui ti parlavo poco fa e che si è sposata con l'avvocato.

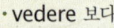
- vedere 보다
- parlare 말하다, 언급하다
- biondo 금발의
- occhiale 안경
- maglietta 스웨터
- rosso 빨간색의
- birra 맥주
- avvocato 변호사

F 너 다니엘레가 함께 얘기하고 있는 저 아가씨 보이지?
M 안경 쓴 저 금발 아가씨 말이지?
F 아니, 빨간 스웨터를 입고 있는 저 다른 아가씨 말이야. 지금 맥주를 들이키잖아.
M 그래, 보여, 왜? 그 여자를 알아?
F 그래, 저 여자가 조금 전에 너한테 말하던 그 아가씨야. 그 변호사하고 결혼한 그 아가씨 말이야.

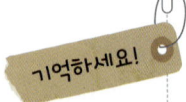 기억하세요!

★ Vedi la ragazza con cui parla Daniele?
  = Vedi la ragazza con la quale parla Daniele?
  = Vedi la ragazza? Daniele parla con lei.

★ Quella bionda con gli occhiali? : quella는 la ragazza이고, con gli occhiali는 '안경을 착용한'이라는 뜻입니다. 안경은 항상 복수형으로 쓰므로 l'occhiale가 gli occhiali로 되었습니다.

★ quell'altra : 저 다른 여자(아가씨). altra는 다른 여자를 의미합니다.

★ con la maglietta rossa : 빨간 스웨터를 입은

★ che beve la birra adesso. = la quale beve la birra adesso.
  che는 quell'altra를 받는 주격 관계대명사입니다.

★ quella è la ragazza di cui ti parlavo ~ che si è sposata ~.
  = quella è la ragazza della quale ti parlavo ~ la quale si è sposata ~.

★ parlare di~ : ~에 대해/관해 얘기하다

Dialogo

F   Cosa prendi per dessert? Ti va una torta di mele?

M   No, è pesante perché sono abbastanza sazio. Vorrei qualcosa un po' più leggero.

F   Allora, prendiamo un caffè. Io prendo un caffè espresso.

M   Allora io prendo un caffè lungo.

F   Va benissimo. Cameriera, due caffè di cui uno lungo, per favore.

- dessert 디저트
- torta 케이크
- mele 사과
- pesante 무거운, (먹기에) 부담스러운
- abbastanza 충분히, 꽤
- sazio 배부른
- qualcosa 뭔가
- leggero 가벼운
- caffè espresso 에스프레소 커피
- caffè lungo = caffè doppio 도피오 커피
- cameriera 점원

F   너 디저트로 뭘 먹을 거니? 너한테 사과 케이크 괜찮겠어?
M   아니, 너무 부담스러워. 왜냐하면 나 꽤 배부르거든. 좀 더 가벼운 것이면 좋을 텐데.
F   그럼 우리 커피 한잔하자. 난 에스프레소 커피로 할래.
M   그럼 난 커피 도피오로 할게.
F   아주 좋아. 여기요, 커피 두 잔인데 그중 하나는 도피오로 부탁해요.

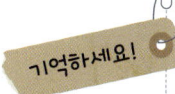

★ 간접목적격 인칭대명사 + andare : ~이 ~에게 괜찮아? ~이 ~에게 좋겠어?
  예 Ti va a ballare con me? 나하고 춤추러 가지 않을래?
  예 Non mi vanno bene questi vestiti. 이 옷들이 나한테는 별로인걸.

★ essere sazio : 배부르다

★ due caffè di cui uno lungo = due caffè dei quali un (caffè è) lungo
  간단한 문장이지만 관계대명사의 쓰임새가 잘 녹아 있는 표현이지요? di cui에서 di는 '~중에'라는 의미이고, di cui는 di due caffè(커피 두 잔 중에), uno는 un caffè입니다.

실전회화

F Dottore, non riesco a smettere di tossire.

M Ha anche mal di gola?

F Sì, ho anche quello per cui non posso lavorare. Ho bisogno di qualche medicina.

M Sicuramente ha l'influenza. Le do uno sciroppo e 6 pastiglie che vanno prese ogni giorno, ok?

F Va bene. Quando e quante devo prenderne?

M 30 minuti dopo i pasti con 50 ml di sciroppo.

F Ok, quant'è?

M 5 euro in tutto.

F Posso pagare con la carta di credito?

M Certo, ecco qua le sue medicine.

F Grazie, arrivederci.

Dialogo pratico

F 의사 선생님, 기침을 멈출 수가 없네요.
M 목도 아프세요?
F 예, 목 통증도 있어서 그것 때문에 일을 못 하겠어요. 약이 좀 필요해요.
M 독감에 걸린 게 확실하군요. 시럽 하나하고 약 6알을 드릴 텐데 그것들을 매일 드셔야 해요, 아시겠지요?
F 예, 언제 얼만큼 복용해야 하나요?
M 식후 30분에 50밀리리터 시럽하고 복용하세요.
F 예, 얼마인가요?
M 전부 5유로입니다.
F 신용카드로 지불할 수 있나요?
M 그럼요, 여기 약이 있습니다.
F 감사합니다. 또 뵙지요.

- smettere 멈추다 · tossire 기침하다 · gola 목
- medicina 약 · influenza 독감
- ml = mililitro 밀리리터 · sciroppo 시럽
- pastiglia 정, 알약 · pasta 식사
- pagare 지불하다 · carta 카드 · credito 신용

기억하세요!

★ riuscire a~ : ~할 수 있다
  예 Non riesco a risolvere questo problema. 이 문제를 풀 수가 없다.

★ smettere di~ : ~하기를 멈추다
  예 Ragazzi, non potete smettere di ascoltare quella musica? 얘들아, 그 음악 그만 들을 수 없니?

★ mal di gola : 목의 통증, mal di denti : 치통, mal di pancia : 복통

★ anche quello per cui non posso lavorare. = anche quello per il quale(il mal di gola) non posso lavorare. per는 원인을 나타내는 전치사이므로 per cui는 '그것 때문에'라는 의미입니다.

★ avere bisogno di~ : ~이 필요하다
  예 Ho bisogno di dormire. 난 잘 필요가 있어.

★ andare + 과거분사 : ~해야 한다. 중요한 용법이니 잘 익혀 두세요.
  예 Secondo me, questo articolo va letto molto attentamente. 내 생각에 이 기사는 아주 주의 깊게 읽어야 한다.
  본문에서는 주어가 복수이므로 vanno presi가 되었습니다.

★ con la carta di credito : 신용카드로

★ ecco : 이 부사는 상대방과 말하고 있는 어떤 사건이 완성되었거나, 무언가가 (여기) 있다고 할 때 쓰입니다. 예를 들어 문구점에서 펜 하나를 달라고 하면 주인이 펜을 가져와 앞에 갖다 놓으면서 '자, 여기요.'라고 할 때의 표현이지요.

 **연습문제**

A 다음 빈칸에 알맞은 관계대명사를 써 넣으세요.

01 Chi è Teresa? 떼레사가 누구야?

→ È la ragazza _____ studia con me e _____ ho conosciuto all'Università.
나하고 공부하는 애인데 그녀를 대학에서 알았어.

02 Chi sono Franco e Roberto? 프랑꼬와 로베르또가 누구야?

→ Sono i colleghi _____ _____ (lavorare) nel mio ufficio e _____ ho invitato a cena domani sera.
내 사무실에서 일하는 동료들이야. 어제 저녁에 식사에 초대했었지.

03 Chi sono Paola e Marta? 빠올라와 마르따가 누구지요?

→ Sono le ragazze _____ _____ (abitare) al piano di sotto e _____ _____ (incontrare) sempre in palestra.
아래층에 사는 애들인데 항상 체육관에서 만나지.

• palestra 체육관, 헬스클럽

B 다음 빈칸에 알맞은 관계대명사를 넣어 문장을 완성하세요.

01 Ti spiego il motivo per _____ sono qui.
네게 내가 여기에 있는 이유를 설명할게.

02 Franco è il ragazzo con _____ esce mia sorella.
프랑꼬는 내 여동생이 데이트하는 녀석이야.

• spiegare 설명하다

Esercizi

03 Ho già speso tutti i soldi _____ mi ha dato mio padre.
난 아버지가 내게 준 돈을 이미 다 썼어.

04 Non conosco il ragazzo _____ _____ hai offerto un caffè.
난 네가 커피를 대접한 녀석을 몰라.

05 Chi sono Pino e Nando? Sono i ragazzi _____ _____ ho chiesto informazioni. 삐노와 난도가 누구야? 내가 정보를 요청했던 녀석들이야?

06 Non conosco la ragazza _____ _____ vuoi comprare un regalo.
난 네가 선물을 하려고 하는 여자애를 몰라.

07 Il motorino _____ ha investito Laura andava troppo veloce.
라우라를 친 오토바이는 너무 빠르게 달리고 있었어.

- spendere 쓰다 · investire 충돌하다

C 다음 문장을 이탈리아어로 표현해 보세요.

01 난 네가 하는 것이 뭔지 알아.   → _____

02 난 네가 말했던 것 샀어.   → _____

03 난 네가 내게 말했던 것에 대해서 많이 생각했어.   → _____

Capitolo 19

Cosa vorresti fare dopo la laurea?

학습 목표

- 조건법으로 소망 표현하기
- avere, essere, fare_의 조건법 형태
- 과거에 대한 조건법

문법

조건법

① 조건법 현재

우린 종종 '만약 ~라면, ~일 텐데'라는 표현을 합니다. 이런 문장을 가정문이라고 하지요. 여기서 '~일 텐데'에만 해당하는 표현법을 조건법이라고 합니다. 즉, '만약 ~라면'의 조건이 만족되었을 때의 행위나 상태를 표현하는 기법이라고 할 수 있습니다. 이 과에서는 조건법만 배우고, 가정문은 20과에서 다루겠습니다. 조건법도 동사의 어미를 변화시켜서 만드는데 아래 표에서 그 규칙을 볼 수 있습니다.

주어	ascoltare	prendere	aprire
Io	ascolterei	prenderei	aprirei
Tu	ascolteresti	prenderesti	apriresti
Lui/Lei	ascolterebbe	prenderebbe	aprirebbe
Noi	ascolteremmo	prenderemmo	apriremmo
Voi	ascoltereste	prendereste	aprireste
Loro	ascolterebbero	prenderebbero	aprirebbero

끔찍하지요? 위의 변화는 조건법 규칙 동사들의 변화입니다. 불규칙 동사는 나올 때마다 암기하셔야 합니다. 자, 그럼 조건법이 어떠한 상황에서 어떻게 사용되는지 알아보지요. 다음 문장을 보세요.

Con questo caldo prendo una birra. 이 더위에 난 맥주 한잔을 마신다.

위 문장에서 동사는 현재로 표현되어 있으므로 화자는 더위 때문에 맥주를 마시고 있는 중입니다. 그러나 화자가 다음과 같이 조건법을 써서 표현하면

Con questo caldo prenderei una birra.

이 더위에 맥주 한잔 마시면 좋을 텐데.

화자가 맥주를 마시고 있지는 않지만 마음속으로 상황이 그랬으면 좋겠다는 욕구를 표현하게 됩니다. 다른 예를 들어 보지요.

Grammatica

Mangerei ancora un pezzo di torta. Ma sono a dieta!

케이크 한 조각 먹으면 좋겠다. 그렇지만 다이어트 중이야!

여기서도 화자는 케이크 한 조각을 먹었으면 좋겠다는 욕구를 표현하고자 조건법을 사용했습니다.
이처럼 ① 조건법은 마음의 욕구를 간접적으로 표현해 주는 격식 있는 이탈리아 화술입니다. 그리고 ② 조건법은 정중히 요구하거나 부탁을 할 때 사용하기도 합니다. 예를 들어

Ho tanta sete adesso. Mi daresti un po' d'acqua?

나 아주 목말라. 내게 물 좀 줄 수 있니?

이 문장에서도 '(네가) 내게 물을 준다면 좋을 텐데.'라는 접속법 원래의 용법이 확장되어 상대방에게 요구를 하는 의미가 되었다는 것을 알 수 있습니다. 다른 예를 보세요.

Scusa Simone, ti dispiacerebbe prestarmi 100 euro?

시모네, 미안한데 내게 100유로를 빌려 줄 수 있니?

dispiacere는 piacere의 반대말입니다. piacere와 마찬가지로 간접목적격 인칭대명사와 쓰여 '~에게 유감이 되다'라는 뜻으로 쓰입니다. 위 문장에서 dispiacere가 조건법으로 쓰였으므로 직역하면 '네가 나에게 100유로를 빌려 주는 것이 유감이 되지 않으면 좋을 텐데.'이지만 권유, 부탁을 나타내는 의미로 쓰인 것입니다.
이제 몇 가지 중요한 동사들의 조건법 형태를 살펴봅시다. 아래 표를 참고하세요.

주어	avere	essere	fare	potere	volere	stare
Io	avrei	sarei	farei	potrei	vorrei	starei
Tu	avresti	saresti	faresti	potresti	vorresti	staresti
Lui/Lei	avrebbe	sarebbe	farebbe	potrebbe	vorrebbe	starebbe
Noi	avremmo	saremmo	faremmo	potremmo	vorremmo	staremmo
Voi	avreste	sareste	fareste	potreste	vorreste	stareste
Loro	avrebbero	sarebbero	farebbero	potrebbero	vorrebbero	starebbero

문법

예문을 몇 개 들어 보지요.

Ho tanta sete. Avrei bisogno di prendere qualcosa fresca.
내가 목이 마른데. 뭐 시원한 것 좀 마셔야 할 텐데.

Sarebbe ideale comprare un nuovo smartphone.
새 스마트폰 하나 사는 게 이상적일 텐데.

Potresti mandare un email?
너 이메일 하나 보내 줄래?

Ragazzi, cosa vorreste mangiare stasera?
얘들아, 오늘 저녁 뭘 먹을래?

위 문장들도 모두 조건법을 사용하여 마음의 소망이나 욕구, 더 나아가 부탁, 요구를 표현한다는 것을 알 수 있습니다.

② 조건법 과거

Ho telefonato a Maria. 난 마리아에게 전화했다.
Avrei telefonato a Maria. 내가 마리아에게 전화했을 텐데.

위 문장은 모두 시제가 과거입니다. 첫 번째 문장은 과거 시점에 한 행동을 표현한 것이지만, 두 번째 문장은 과거 시점의 화자의 욕구, 소원을 나타내고 있습니다. 즉, 과거의 한 시점에 '~했었을 텐데, ~이었을 텐데'라는 의미이지요. 다른 예를 볼까요?

A : Perché non hai guardato il film? 너 왜 그 영화를 안 봤니?
B : Lo avrei guardato, ma dovevo fare una telefonata urgente! 내가 그걸 보았을 텐데, 급한(urgente) 전화를 했어야 했어.

화자 B는 과거의 한 시점에서 이루지 못한 소망을 표현하고 있습니다. 과거에 조건법을 적용할 때 주의할 것은 표현하고자 하는 것이 행위인지 상태인지에 따라 avere 혹은 essere의 조건법을 써야 한다는 것입니다. 예를 들면,

Grammatica

A : Perché non sei venuto alla festa? 너 왜 파티에 안 왔니?

B : Sarei venuto volentieri, ma stavo molto male.
기꺼이 왔을 텐데, 내가 많이 아팠어.

동사가 venire이므로 여기서는 essere의 조건법 형태 sarei를 썼지요?

조동사가 있을 때도 조건법을 적용할 수 있습니다. 아래의 예문을 보세요.

Sono dovuto andare dal medico. 난 의사에게 갔어야 했다.
→ Sarei dovuto andare dal medico. 난 의사한테 가야만 했을 텐데.

기본회화

1

F　Marco, cosa vorresti fare dopo la laurea?

M　Sinceramente non ci ho ancora pensato molto. Per un po', avrei voglia di riposarmi senza pensare troppo al mio futuro.

F　Ti capisco. Al posto tuo, anche io farei così.

F　마르꼬, 졸업 후에 뭘 하고 싶니?
M　사실 그것에 대해 아직 많이 생각해 보지 않았어. 난 얼마 동안은 미래에 대해 너무 생각하지 말고 쉬고 싶어.
F　널 이해해. 네 입장이면 나도 그렇게 할 거야.

- laurea 졸업
- sinceramente 진실로, 사실
- voglia 의지
- riposarsi 쉬다
- futuro 미래
- posto 자리, 입장

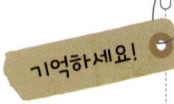

★ cosa vorresti fare : 조건법을 써서 상대의 소망을 물어보고 있습니다.
★ dopo la laurea : 졸업 후에. dopo le 11(11시 이후에)
★ ci는 '그것(졸업 후 무엇을 할 것인가)에 대해'라는 의미입니다.
★ per un po' : 얼마 동안은
　예 Ho chiuso gli occhi per un po'. 얼마 동안 눈을 감았다.
★ avere voglia di + 동사 : ～하고 싶다
　예 Ho avuto voglia di tornare al mio paese. 내 조국으로 돌아가고 싶었다.
★ pensare a : ～에 대해 생각하다
　예 Quando vado a letto, penso a te. 자러 갈 때면 널 생각해.
★ al posto tuo : 너의 입장이라면
　예 Al posto suo, io non lo farei. 그의 입장이라면 난 그걸 안 할 거야.

Dialogo

2

F Che tempaccio! Che ore sono?

M Sono le 8, cara. Ma devi andare assolutamente in ufficio. Oggi hai un appuntamento con la signora Campi, vero?

F Sì, ma io starei tutta la mattina a letto e dopo un po', vorrei andare a mangiare qualcosa di speciale. Non potresti andarci tu?

M Quindi, vorresti mangiare sola senza di me, vero?

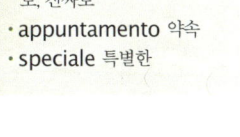
- tempaccio 아주 나쁜 날씨
- assolutamente 절대적으로, 진짜로
- appuntamento 약속
- speciale 특별한

F 무슨 날씨가 이렇담. 몇 시야?
M 8시야, 자기야. 근데 너 진짜 사무실에 가야 하잖아. 오늘 깜삐 여사와 약속이 있지, 그렇지?
F 그래, 그렇지만 아침 내내 침대에 누워 있고 좀 있다가, 뭔가 특별한 것을 먹으러 가면 좋겠다. 나 대신 네가 갈 수는 없을까?
M 그러니까 나 없이 혼자 먹고 싶단 말이지, 어?

★ tempaccio = brutto tempo : 아주 나쁜 날씨

★ avere appuntamento con + 사람 : ~와 약속을 하다

★ starei a letto : 이룰 수 없지만 마음만은 침대에 누워 있고 싶어 조건법 형태로 표현했습니다.

★ tutta la mattina : 아침 내내

★ dopo un po' : 조금 후에
  예 Sei arrivato prima, dopo un po', è entrato Mario.
  먼저 네가 도착했고, 조금 있다가 마리오가 들어왔다.

★ Non potresti andarci tu? = Non potresti andare in ufficio tu?

★ senza di me : 나 없이

기본회화

3

F Mi piacerebbe ascoltare ancora "Cercami" di Renato Zero.

M Potresti ascoltarlo sul tuo smartphone.

F Ah, sì? Ma come?

M Dovresti andare su youtube, e inserire il titolo della canzone che vorresti ascoltare.

F U-tube?

M Ma, Alessia, non avrei dovuto dirtelo!

- Renato Zero 이탈리아의 유명한 가수
- youtube 유튜브
- inserire 삽입하다, 기입하다
- titolo 제목

F 레나또 제로의 '날 찾아'를 다시 들으면 얼마나 좋을까?
M 스마트폰으로 그걸 들을 수 있을 텐데.
F 아, 그래? 근데 어떻게?
M 유투브로 가서 네가 듣고 싶은 노래 제목을 삽입하면 돼.
F 유-투브?
M 야, 알레시아, 너한테 그걸 말하지 않았어야 했는데.

★ Mi piacerebbe ascoltare~ : 소망을 나타내는 조건법의 형태입니다. piacere는 piacerei-piaceresti-piacerebbe-piaceremmo-piacereste-piacerebbero로 변합니다.

★ Potresti ascoltarlo~ : lo는 cercami이고, 여기의 조건법도 소망 내지는 가능성을 나타냅니다.

★ sul tuo smartphone는 '네 스마트폰 상에서'로 주로 전치사 su를 사용합니다.

★ Dovresti andare su youtube~ : 권유를 나타내는 조건법 형태입니다. 뒤의 inserire는 dovresti에 걸리는 동사여서 원형으로 처리했습니다.

★ il titolo della canzone che vorresti ascoltare : che는 il titolo로 주격 관계대명사입니다.

★ non avrei dovuto dirtelo : 조건법이 아니었다면 non ho dovuto dirtelo(네게 그것을 말하지 않았어야 했다)이었겠지만, 이미 말을 해 버린 상태이므로 과거에 대한 소망을 담아 조건법으로 표현한 것입니다. dirtelo = dire + ti + lo인데, 여기서 ti(너에게)는 간접목적격 인칭대명사, lo(그것을)는 직접목적격 인칭대명사입니다.

Dialogo

4

F Marco, quella è Liliana, la tua ex fidanzata.

M Sì? Chi è quello grasso accanto a lei?

F È Matteo, il tuo ex compagno di scuola.

M Mamma mia, non sarei dovuto venire a questa festa. A dire la verità, avevo uno strano presentimento prima di venire qua.

- ex 옛~
- ex fidanzata 옛 애인
- grasso 뚱뚱한
- accanto 옆에
- ex compagno 옛 동료, 옛 친구
- strano 이상한
- presentimento 예감

F 마르꼬, 쟤 릴리아나야. 네 옛 애인.
M 그래? 그녀 옆에 있는 저 뚱뚱한 녀석은 누구야?
F 마떼오잖아. 네 옛 학교 동료.
M 아이구야, 이 파티에 오지 않았어야 했는데. 사실을 말하면 여기 오기 전부터 난 이상한 예감이 있었다니까.

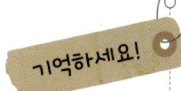

★ quello grasso : quello는 남자를 지칭하는 대명사이므로 '뚱뚱한 녀석'입니다.

★ accanto a~ : ~옆에
   예 Mi sarei potuto sedere accanto a lei. 그녀 옆에 앉을 수도 있었을 텐데.

★ non sarei dovuto venire~ : 조건법을 쓰지 않았다면 non sono dovuto venire(오지 않았어야 했다)였을 것입니다. 동사가 venire이므로 essere의 조건법 형태를 사용했습니다.

★ a dir(e) la verità = per dire la verità : 사실을 말하면, 사실은

★ avere un presentimento : 예감이 있다

★ prima di + 동사원형 : ~하기 전에

실전회화

F   Buon giorno, signore! Desidera?

M   Buon giorno. Vorrei aprire un conto.

F   Ok, prima lei dovrebbe compilare questo modulo.

M   Ma, ci sono tante cose da scrivere!

F   Sì, signore. Faccia con calma. Le do una mano io.

M   Grazie, Lei è molto gentile.

F   Poi, potrebbe darmi la sua carta d'identità?

M   Sì, certo, eccola.

F   Grazie.

M   Ecco fatto, signorina. Va bene così?

F   Perfetto, signore. Ecco il suo libretto con il numero del suo conto.

M   La ringrazio molto. Arrivederci.

F   Arrivederci.

Dialogo pratico

F 안녕하세요, 선생님. 뭘 도와 드릴까요?
M 안녕하세요. 계좌 하나를 개설하고 싶습니다.
F 그런데, 먼저 이 양식을 작성해 주셔야 합니다.
M 알겠어요, 그런데 써야 할 것이 아주 많네요!
F 예, 선생님. 천천히 하세요. 제가 도와 드리겠습니다.
M 고맙습니다. 아주 친절하시군요.
F 그리고 제게 신분증을 주시겠습니까?
M 예, 물론이지요. 여기 있습니다.
F 고맙습니다.
M 자, 다 했습니다, 아가씨. 이렇게 하면 되지요?
F 잘하셨어요, 선생님. 여기 선생님 통장하고 계좌번호가 있습니다.
M 고맙습니다. 또 뵙지요.
F 또 뵙겠습니다.

- **desiderare** 바라다, 희망하다 · **conto** 계좌 · **prima** 우선
- **compilare** 작성하다 · **modulo** 양식 · **calma** 평온, 조용
- **mano** 손, 도움 · **carta** 종이, 문서, 증명서 · **identità** 신원, 정체
- **perfetto** 완전한 · **libretto** 소책자, 통장

- ★ **Desidera?** 은행, 호텔등의 장소에서 듣게 되는 '뭘 도와 드릴까요'의 표현입니다.
- ★ **aprire un conto** 계좌를 열다, 계좌를 개설하다
- ★ **dovrebbe compilare ~** : deve compilare라고 해도 될 말을 조건법을 사용해서 정중하게 표현한 말입니다.
- ★ **Faccia con calma**에서 faccia는 동사 fare의 명령형입니다. con calma 는 '침착하게, 찬찬히'라는 뜻의 숙어입니다.
- ★ **dare una mano** 는 '도움을 주다'입니다.
  예 Signore, mi puoi dare una mano? 선생님, 저 좀 도와 주실래요?
- ★ **carta d'identità** : 신분증

연습문제

A 다음 문장을 보기처럼 조건법으로 바꿔 표현하세요.

[보기] Mangio una pizza. ➡ Mangerei una pizza.
　　　 난 피자 하나를 먹는다.　　내가 피자 하나를 먹으면 좋으련만.

01 Luca smette di lavorare perché è troppo pesante.
루까는 일을 그만둔다. 왜냐하면 너무 부담스러워서.

➡ _____

루까는 일을 그만둘 텐데. 왜냐하면 너무 부담스러워서.

02 Facciamo un giorno di vacanza. 우린 하루의 휴가를 보낸다.

➡ _____

우리가 하루의 휴가를 보낸다면.

03 Hanno visto l'ultimo film di 007. 그들은 007 마지막 영화를 보았다.

➡ _____

그들은 007 마지막 영화를 보았을 텐데.

04 Sono partiti ieri. 그들은 어제 떠났다.

➡ _____

그들은 어제 떠났을 텐데.

B 다음 문장을 보기처럼 조건법 과거로 바꿔 표현하세요.

[보기] Ho mangiato una pizza. ➡ Avrei mangiato una pizza.
　　　 난 피자 하나를 먹는다.　　내가 피자 하나를 먹었을 텐데.

01 Io potevo tornare a Seul, ma ora continuo a lavorare a Pusan.
서울에 돌아올 수도 있었다. 그러나 지금은 부산에서 계속 일한다.

➡ _____

내가 서울에 돌아올 수도 있었을 텐데, 그러나 지금은 부산에서 계속 일한다.

Esercizi

02 Ho salutato Marina prima di lasciare il mio paese.
내 조국을 떠나기 전 마리나에게 인사를 했다.

→ _____

내가 조국을 떠나기 전 마리나에게 인사를 했을 텐데.

03 In quella mattina, mi sono alzato alle 8. 그날 아침, 난 8시에 일어났다.

→ _____

그날 아침, 난 8시에 일어났을 텐데.

04 Dovevo andare dal medico quando avevo un forte mal di schiena.
심한 어깨 통증이 있었을 때 난 의사한테 갔어야 해.

→ _____

심한 어깨 통증이 있었을 때 난 의사한테 갔어야 할텐데.

C 다음 빈칸에 적당한 조건법 형태를 써 넣으세요.

01 Scusi, mi _____ (dire) dove è la biblioteca comunale?
실례합니다, 시립 도서관이 어디 있는지 말씀해 주실래요?

02 Gianna, sono nel bagno, _____ (potere) rispondere tu al telefono?
쟌나, 나 지금 욕실에 있어. 네가 전화 받아 줄래?

03 Che tempaccio! _____ (stare) tutta la mattina a letto.
날씨가 안 좋구나. 하루 종일 침대에 있으면 좋겠다.

04 Oggi, è stata una giornata splendida! _____ (essere) uscito con gli amici. Noi _____ (avere) potuto fare una gita in campagna.
오늘 날씨가 좋았는데. 난 친구들하고 나갔었으면 시골로 놀러 갔을 수도 있었을 텐데.

Capitolo

20

Spero che arrivi mio fratello.

학습 목표

- 접속법으로 세련되게 말하기
- 접속법 현재
- 접속법 과거

문법

 접속법

① 접속법 현재

접속법은 화자의 주관적인 생각이나 감정을 표현하는 데 쓰이는 어법입니다. 접속법을 구사할 줄 알게 되면 이탈리아 사람들도 '이 사람 이탈리아어 좀 하는데?'라고 생각할 것입니다. 그만큼 접속법은 문장을 세련되게 만들고 표현의 격을 한층 높여 주는 어법입니다. 아래의 문장을 볼까요?

Io so che Maria parte domenica.
내가 알기로는 마리아는 일요일에 떠나.

접속법을 설명하기 전에 절에 대해 잠깐 얘기해야 할 것 같습니다. 문법에서 주어와 동사로 구성된 문장을 절이라고 합니다. 위 문장에는 2개의 절, 즉 io so와 Maria parte domenica가 있습니다. 특히 Io so는 주절, Maria parte domenica는 종속절이라고 합니다. 종속절이라고 부르는 이유는 말 그대로 주절 뒤에 위치하여 주절과 종의 관계를 이루기 때문입니다.

여러분이 눈여겨보아야 할 것은 주절의 동사입니다. 위 문장에서는 **sapere**이지요. 이탈리아 사람들은 위 문장을 표현할 때 '난 알아(Io so), 마리아가 떠나는 것을.'이라는 순서로 생각하고 말합니다. 즉, 주절 다음에 종속절을 얘기하지요.

이탈리아 사람들은 주절에서 사용하는 동사가 자신의 주관적인 생각이나 감정에 관련된 것이면 종속절의 동사 형태를 바꾸어 표현합니다. 이탈리아 사람들은 '내가 지금부터 종속절에서 표현하고자 하는 내용은 내 주관적인 것이야. 틀릴 수도 있고 맞을 수도 있어.'라는 생각으로 말하는 것입니다. 이런 표현의 기법을 접속법이라고 합니다. 그러므로 접속법을 쓰면 듣는 사람의 감정을 상하게 하지 않으면서도 자신의 생각을 조심스럽게 표현할 수 있습니다.

다시 위 문장으로 돌아가 보지요. 마리아가 떠난 사실은 누가 보아도 객관적인 사실이기 때문에 접속법이 쓰이지 않았습니다. 그러나 주절의 동사로 **pensare**(생각하다)를 사용하면 접속법을 사용해야 합니다. 다음 문장을 보세요.

Io penso che Maria parta domenica.
내 생각에 마리아는 일요일에 떠나.

Grammatica

화자가 '내 생각에는'이라고 말을 꺼냈다는 것은 주관적인 생각을 반영합니다. 따라서 종속절의 동사 parte를 접속법 형태 parta로 바꾸어 표현한 것입니다. 즉, 마리아는 일요일에 떠날 수도 있고 아닐 수도 있습니다. 단지 위 문장은 한 개인의 주관적인 생각일 뿐입니다. 접속법의 개념을 이해하시겠지요? 그럼 동사의 접속법 형태를 만드는 법을 먼저 익힌 다음 접속법의 용법을 더 배우도록 하겠습니다. 아래에 몇 가지 동사의 접속법 형태를 정리했습니다.

주어	aspettare	prendere	aprire	essere	avere
Io	aspetti	prenda	apra	sia	abbia
Tu	aspetti	prenda	apra	sia	abbia
Lui/Lei	aspetti	prenda	apra	sia	abbia
Noi	aspettiamo	prendiamo	apriamo	siamo	abbiamo
Voi	aspettiate	prendiate	apriate	siate	abbiate
Loro	aspettino	prendano	aprino	siano	abbiano

동사의 접속법은 동사의 어미 –are, –ere, –ire를 변화시켜서 만듭니다. 단수는 그 형태가 모두 같지요? 그리고 어미에 상관없이 복수형의 변화도 어디서나 동일하므로 기억하기에 어렵지 않습니다. 불규칙적으로 변하는 대표적인 동사 essere, avere도 함께 익혀 두세요.

다음 예문도 이해할 수 있을까요?

> **Mio padre vuole che io prenda un bel voto su matematica.**
> 아빠는 내가 수학에서 좋은 성적 얻기를 바라고 계셔.

예, 주절에 아버지의 소망이 표현되어 있으므로 종속절의 동사를 접속법으로 나타낸 것입니다.

문법

② 접속법 과거

지금까지는 주절과 종속절의 시제가 현재인 경우를 살펴보았습니다. 이때 접속법을 문법적으로 접속법 현재라고 합니다. 그러나 다음 예문에서는 주절이 현재이고 종속절이 과거입니다.

So che Angelo è andato a vedere il film con Lucia.
난 안젤로가 루치아와 함께 영화 보러 간 것을 알아.

→ **Credo che Angelo sia andato a vedere il film con Lu cia.**
난 안젤로가 루치아와 함께 영화 보러 갔다고 생각해.

여기서도 주절의 동사로 credere(믿다, 생각하다)를 사용할 때는 종속절을 접속법으로 만들어 주어야 합니다. 종속절이 근과거로 표현되어 있을 때는 근과거의 조동사 essere만 접속법 형태로 바꿔 주면 됩니다. 이 형태를 접속법 과거라고 합니다. 한 가지 예를 더 들어 보지요.

Penso che lui abbia perso il portafoglio.
내 생각에 그는 지갑을 잃어버렸어.

과거에 지갑을 잃어버렸다는 것이 접속법 과거로 표현되었습니다.
접속법 관련 예문을 더 살펴보겠습니다.

È possibile che Matteo sia arrivato prima di noi?
마떼오가 우리보다 먼저 도착했다는 것이 가능해?

③ 접속법 반과거

접속법도 반과거 형태가 있습니다. 다음 예문을 보세요.

Carlo sapeva che io ero a casa. 카를로는 내가 집에 있다는 것을 알고 있었다.

→ **Carlo pensava che io fossi a casa.**
카를로는 내가 집에 있다고 생각하고 있었다.

Grammatica

주절의 동사가 **sapere**일 때는 종속절도 반과거 **ero**이지만, 주절의 동사가 **pensare**로 화자의 생각을 나타내는 동사이고 반과거일 때는 종속절의 동사도 접속법 반과거 **fossi**를 쓰게 됩니다. (복잡하지요?) 아래에 동사의 접속법 반과거를 만드는 법을 정리했습니다.

주어	tornare	perdere	partire	essere	avere	stare
Io	tornassi	perdessi	partissi	fossi	avessi	stessi
Tu	tornassi	perdessi	partissi	fossi	avessi	stessi
Lui/Lei	tornasse	perdesse	partisse	fosse	avesse	stesse
Noi	tornassimo	perdessimo	partissimo	fossimo	abbiamo	stessimo
Voi	tornaste	perdeste	partiste	foste	aveste	steste
Loro	tornassero	perdessero	partissero	fossero	avessero	stessero

tornare, perdere, partire, avere등과 같이 규칙적으로 변하는 동사도 있고, **essere, stare**와 같이 불규칙적으로 변하는 동사도 있습니다. 시간을 두고 천천히 익히시기 바랍니다. 예문 몇 개 더 볼까요?

> Luigi non voleva che tu partissi così presto
> 루이지는 네가 그렇게 빨리 떠나는 걸 원치 않았어.
>
> Maria credeva che lui stesse male. 마리아는 그가 아프다고 믿고 있었어.

④ 접속법 대과거 (= essere 또는 avere의 접속법 반과거 + 과거분사)

예문을 먼저 보겠습니다.

> Mamma sapeva che io avevo già mangiato.
> 엄마는 내가 이미 먹은 걸 알고 있었다.
>
> → Mamma pensava che io avessi già mangiato.
> 엄마는 내가 이미 먹었다고 생각하고 있었다.

문법

종속절의 시제가 주절보다 앞설 때는 대과거(essere 또는 avere의 반과거 + 과거분사)로 표현한 다는 것을 이미 배웠습니다. 그러나 주절의 동사가 pensare처럼 화자의 생각, 감정, 의지를 표현 하는 동사가 나오면 종속절의 동사도 접속법 대과거로 표현해야 합니다. 다음 예문도 이해할 수 있겠지요?

Claudio sapeva che lei era già partita.
클라우디오는 그녀가 이미 떠난 것을 알고 있었다.

→ **Claudio credeva che lei fosse già partita.**
클라우디오는 그녀가 이미 떠났다고 믿고 있었다.

⑤ 가정문

접속법 반과거와 대과거는 가정문(즉, ~이라면 ~일 텐데)을 만들 때 사용하기도 합니다. ~이라 면에 해당하는 절을 조건절, ~일 텐데에 해당하는 절을 주절이라고 하지요.

Se piove, rimango a casa. 비가 오면, 난 집에 있을 테야.

위 문장은 곧 비가 올 것 같은 상황에서 쓸 수 있는 표현입니다. 두 절 모두 직설법 현재를 사용했습니다. 그러나 비가 올 확률이 전혀 없는 상황이라면 위 문장은 다음과 같이 표현됩니다.

Se piovesse, rimanerei a casa 비가 온다면, 난 집에 있을 텐데.

조건절에 접속법 반과거를 사용했지요? 뭔가를 가정한다는 것은 화자의 생각, 상상을 표현한다는 것이므로 접속법을 쓴 것입니다. 주의할 것은 현재의 행동이나 상태를 가정할 때는 조건절에 반드시 접속법 반과거를 사용해야 한다는 점입니다. 한 가지 예를 더 들면

Se io trovassi lavoro, guadagnerei dei soli.
내가 (현재) 일을 찾는다면, (현재) 돈을 좀 벌 수 있을 텐데.

Grammatica

과거의 행동이나 상태를 가정할 때는 조건절에 접속법 대과거를 사용합니다. 다음 예문을 보세요.

> Se tu mi avessi telefonato, ti avrei invitato a cena.
> (과거에) 네가 내게 전화를 했었더라면, (과거에) 널 저녁식사에 초대했을 텐데.

'너'는 과거에 전화를 하지 않았으므로 화자가 그 행위의 반대를 가정하여 표현한 것이고, 주절은 과거에 대한 바람이므로 조건법 과거를 사용했습니다.
다음과 같은 문장도 가능합니다.

> Se io non avessi perso il treno, ora sarei già a Milano.
> (과거에) 내가 기차를 놓치지 않았더라면, (현재) 지금은 이미 밀라노에 있을 텐데.

즉, 과거의 행동에 반대되는 가정이므로 조건절에 접속법 대과거를 사용했고, 주절에는 현재의 상태를 표현한 것이므로 조건법 현재를 사용한 것입니다.

# 기본회화

1

F Che ne dici di questa giacca, Enrico?

M Penso che sia troppo scura per te.

F Allora proverò un altro colore meno scuro.

M Un attimo, c'è un'altra cosa. Ho l'impressione che ti stia un po' larga.

F Enrico, questa si porta così, è la moda.

- giacca 외투
- meno 덜
- provare 입어 보다
- scuro 어두운
- attimo 잠깐, 찰나
- impressione 인상
- largo 넓은
- portarsi 입다
- moda 유행

F 엔리꼬, 이 외투 어때?
M 너한테는 너무 어둡다고 생각해.
F 그럼 덜 어두운 다른 걸로 입어 볼게.
M 잠깐, 또 하나 있어. 너한테는 좀 큰 것 같다는 생각이 드는데.
F 엔리꼬, 이건 그렇게 입는 거야. 그게 유행이라고.

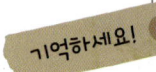

★ ne : 이것에 관해(= di questa cosa) / 그 사람에 관해(= di quella persona)
  예 Lei è un attrice famosa, ne parlano tutti. 그녀는 유명한 배우야. 모든 사람들이 그녀에 대해 얘기한다고.
  예 Ti piace la mia idea? Che ne dici? 내 생각 마음에 들어? 그것에 대해 어떻게 생각해?

★ Penso che sia troppo scura per te. : 옷이 너무 어둡다는 것은 주관적인 생각이므로 접속법이 사용되었습니다.

★ un altro colore meno scuro : 덜 어두운 다른 색깔(의 옷)

★ un attimo = un momento : 잠깐만

★ c'è un altra cosa : 다른 것(의견)이 있다

★ Ho l'impressione che~ : ~라는 인상을 받다. 주관적인 의견이므로 종속절에 접속법이 쓰입니다. stare는 stia-stia-stia-stiamo-stiate-stiano와 같이 변합니다.

Dialogo

2

F Amore, c'è una notizia buona e una cattiva per Giuseppe. Quale vorresti sentire prima, quella buona o quella cattiva?

M Prima, quella buona.

F Finalmente ha trovato un lavoro che gli piacerebbe fare.

M Sì? Sono molto contento per lui. Ma quella cattiva?

F Dovrà trasferirsi a Milano per cui non potremo stare più insieme.

M Questa non è cattiva. Credo che debba partire per vedere una città più grande. Penso che Milano sia una città molto vivace, quindi spero che possa trovarsi bene in quella città.

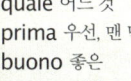

- notizia 소식
- quale 어느 것
- prima 우선, 맨 먼저
- buono 좋은
- cattivo 나쁜
- finalmente 드디어
- trovare 찾다
- trasferirsi 이주하다, 이사하다
- vivace 활발한

F 여보, 쥬세뻬에게 좋은 소식 하나와 나쁜 소식 하나가 있어요. 어느 것을 먼저 듣겠어요?
M 좋은 소식을 먼저요.
F 드디어 그 애가 자기가 좋아하는 일을 찾았어요.
M 그래? 나도 아주 기쁘구먼. 그럼 나쁜 소식은?
F 그 애가 밀라노로 가야 할 것 같아요. 그래서 우리가 더 이상 함께 있을 수 없겠네요.
M 그건 나쁜 소식이 아니야. 그 녀석은 더 큰 도시를 보러 떠나야 한다고 생각해요. 내 생각에 밀라노는 굉장히 활발한 도시예요. 그러므로 그 도시에서 잘 있기를 바라요.

★ vorresti는 volere의 조건법 형태로서 권유의 의미로 쓰였습니다.

★ un lavoro che gli piacerebbe fare : che는 주격 관계대명사로 lavoro를 받습니다. piacerebbe는 piacere의 조건법 형태입니다.

★ Dovrà trasferirsi~는 미래형으로 가능성을 나타내고 있습니다. per cui는 per il quale로 앞 문장 전체를 받습니다. potremo는 potere의 미래형입니다.

★ Credo che debba partire~, Penso che Milano sia~, spero che possa~ 모두 접속법입니다.

Capitolo 20　289

기본회화

3

F Buon giorno, fino a che ora è aperto il parco?

M Fino alle 6 del pomeriggio. È la prima volta che viene?

F Sì, mi sembra che sia molto grande. Quanto ci vuole per fare tutto il giro?

M Dipende da dove vuole andare. Ma direi circa 3 o 4 ore.

F Adesso sono le 4. Probabilmente non riuscirò a vederlo tutto.

- fino a ~까지
- parco 공원
- pomeriggio 오후
- prima 처음의
- sembrarsi ~인 것 같다
- grande 큰
- giro 한 바퀴
- dipendere 의존하다, 달려 있다
- circa 대략, 거의
- probabilmente 아마
- riuscire a ~할 수 있다

F 안녕하세요. 공원이 몇 시까지 여나요?
M 오후 6시까지요. 여기 처음 오세요?
F 예, 공원이 상당히 큰 것 같군요. 한 바퀴 다 도는 데 얼마나 걸릴까요?
M 어디에 가고 싶냐에 따라 다르지요. 대략 서너 시간 정도일 겁니다.
F 지금 4시군요. 아마 전부 볼 수는 없을 것 같네요.

기억하세요!

★ è la prima volta che~ : ~이 처음이다
  예 È la prima volta che mangi questo cibo? 이 음식을 처음 먹어 보니?

★ sembrare + 간접목적격 인칭대명사 + che : ~에게 ~처럼 보이다. 종속절은 조건법을 사용합니다.
  예 Mi sembra che gli italiani amino il calcio. 이탈리아 사람들은 축구를 사랑하는 것 같아.

★ amare의 조건법 형태는 ami-ami-ami-amiamo-amiate-amino입니다.

★ Quanto ci vuole per~? : ~하는 데 얼마나 걸리지요?
  예 Quanto ci vuole per arrivare a Milano? 밀라노에 도착하는 데 얼마나 걸리지요?

★ fare tutto il giro : 한 바퀴 전부 돌다

Dialogo

- F Pronto, Mario è in ufficio adesso?
- M È assente per il momento.
- F Mi sa dire dove sia andato?
- M È probabile che sia nell'ufficio del direttore. Di solito a quest'ora lui è lì. Comunque tornerà fra un quarto d'ora.
- F Potrei lasciare un messaggio?
- M Certo.
- F Potrebbe dirgli che ho messo la sua cena nel frigorifero?

- ufficio 사무실
- assente 부재중인
  (presente의 반대말)
- momento 순간
- per il momento 지금, 방금
- probabile 있음직한
- direttore 사장
- comunque 어쨌든
- quarto 4분의 1(¼)
- lasciare 남기다
- messaggio 메시지
- cena 저녁
- frigorifero 냉장고

- F 여보세요, 마리오가 지금 사무실에 있나요?
- M 지금은 부재중입니다.
- F 어디에 갔는지 말해 주실래요?
- M 아마 사장실에 계실 겁니다. 대개 이 시간에는 거기에 계시거든요. 어쨌든 15분 내에 돌아오실 겁니다.
- F 메시지 하나 남겨도 될까요?
- M 물론이지요.
- F 저녁을 냉장고 안에 두었다고 말해 주실래요?

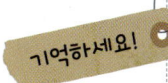

★ Mi sa dire dove sia andato? : 주절의 동사가 sapere임에도 접속법을 사용한 이유는 마리오가 어디로 갔는지를 모르기 때문입니다.

★ È probabile che sia nell'ufficio del direttore. : 가능성을 나타내는 접속법 형태입니다.

★ fra un quarto d'ora : 15분 내에

★ Potrei lasciare un messaggio? : 요청을 나타내는 조건법입니다.

★ Potrebbe dirgli che~? : 요구를 나타내는 조건법입니다.

실전회화

F Kim, mi sembra che gli italiani non possano vivere senza il calcio.

M È vero. Penso che il calcio sia lo sport nazionale e che ognuno abbia il suo giocatore preferito.

F Quindi può darsi che il calcio faccia parte della loro identità?

M Esattamente. Quando studiavo a Genova, i miei amici mi chiedevano spesso "per che squadra fai il tifo?", per cui dovevo rispondere "sono sampdoriano o genoano".

F Ho capito. Se tu rispondi 'sampdoriano', sei naturalmente contro i genoani.

M Esatto. Conoscevo una famiglia in cui il figlio era sampdoriano e il padre era genoano. Sai, cosa accadeva dopo una partita?

F Uno piangeva e l'altro rideva?

M No, litigavano. Dicevano che qualcuno aveva violato le regole per cui aveva perso eccetera, eccetera.

F Capisco la passione per il calcio. Ma non mi pare che sia una bella scena.

Dialogo pratico

F 김, 내겐 이탈리아 사람들은 축구 없이 살 수 없을 것 같아 보여.
M 맞아. 축구는 국민의 스포츠이고 개개인이 좋아하는 축구 선수들을 가지고 있다고 생각해.
F 그러니까 축구는 그들의 정체성의 일부일 수도 있겠네?
M 바로 그거야. 내가 제노바에서 공부할 때, 내 친구들이 자주 나한테 "넌 어느 팀을 응원하니?"라고 묻곤 했어. 그것에 대해 나는 '삼도리아인 혹은 제노아인'이라고 대답해야 했지.
F 알겠어. 네가 '삼도리아인'이라고 대답하면 넌 자연스럽게 제노아인과는 적이 되는 것이고.
M 그렇지. 한 가족을 알았었는데, 아들은 삼도리아인이고 아버지는 제노아인이었어. 경기가 끝나면 무슨 일이 일어나곤 했는지 알아?
F 하나는 울고, 다른 하나는 웃고?
M 아니, 그들은 말다툼을 하곤 했지. 누가 반칙을 했는데 그것 때문에 졌다느니 어쩌고 하면서 말이야.
F 축구에 대한 열정이 이해가 돼. 그렇지만 아름다운 광경은 아닌 듯 싶어.

- vivere 살다 · calcio 축구 · nazionale 국가의, 국민의 · ognuno 개개인
- giocatore 축구 선수 · preferito preferire(선호하다)의 과거분사, 선호하는
- parte 편, 부분 · identità 정체성 · squadra 팀 · tifo 열광(적 지지)
- rispondere 대답하다 · sampdoria, genoa 제노바에 있는 축구 팀. 이 축구 팀을 응원하는 사람들을 sampdoriano 혹은 genoano라고 부름.
- naturalmente 자연스럽게 · accadere 일어나다, 발생하다
- partita 경기 · piangere 울다 · ridere 웃다 · litigare 말다툼하다, 논쟁하다
- violare 어기다 · regola 규칙 · eccetera 등등 · passione 열정
- scena 광경

★ mi sembra che gli italiani non possano vivere~, il calcio sia lo sport ~ che ognuno abbia il suo giocatore~, può darsi che il calcio faccia~ : 모두 접속법 형태입니다.

★ preferito는 과거분사로 형용사적으로 쓰였습니다.
   예) Questo è il cibo preferito. 이건 내가 좋아하는 음식이야.

★ fare parte di~ : ~의 일부이다
   예) Riposarsi bene fa parte del mio lavoro. 잘 쉬는 것도 일의 일부야.

★ per che squadra fai il tifo : fare il tifo는 '열광적으로 지지하다'라는 의미입니다.

★ per cui dovevo rispondere = per quella domanda dovevo rispondere

★ contro i genoani : 제노아인에 반하는 → 제노아인이 적수인

★ Conoscevo una famiglia in cui il figlio~ = Conoscevo una famiglia nella quale il figlio~

★ Ma non mi pare che sia una bella scena. : 접속법 현재입니다.

연습문제

A 다음 빈칸에 동사의 알맞은 형태를 써 넣으세요.

01 Matteo pensa che io _____ (essere) intelligente.
마떼오는 내가 지적이라고 생각한다.

02 Mia madre crede che papà _____ (avere) ragione.
내 엄마는 아빠가 옳다고 생각한다.

03 Spero che (loro) _____ (tornare) al più presto possibile.
난 그들이 가능하면 최대한 빨리 돌아오기를 바란다.

04 Ho tanta paura che (voi) _____ (perdere) il treno.
난 너희들이 그 기차를 놓칠까 봐 정말 걱정된다.

05 Mia moglie voule che (tu) _____ (continuare) a lavorare là.
내 아내는 네가 거기서 일을 계속하기를 원해.

- avere ragione 옳다, 맞다 · al più presto possibile 가능한 한 최대한 빨리

B 괄호 안의 동사를 접속법 과거로 고치세요.

01 Mi dispiace che Claudio _____ _____ (perdere) il portafoglio.
끌라우디오가 그 지갑을 잃어버려서 유감이야.

02 È probabile che tu _____ _____ (lasciare) l'ombrello in treno.
아마 네가 그 우산을 기차에 두었을 거야.

Esercizi

03 Mamma è preoccupata che papà non _____ ancora _____ (arrivare).
   엄마는 아빠가 아직 도착하지 않았을까 걱정해.

04 Immagino che ieri in montagna, _____ _____ (piovere) tutto il giorno. 난 어제 산에서 하루 종일 비가 내렸을 것이라고 생각해.

C 다음 빈칸에 동사의 알맞은 형태를 써 넣으세요.

01 Mi pare che lui _____ (potere) smettere di fumare.
   나는 그가 담배를 끊을 수 있다고 봐.

02 Penso che tu non _____ (dovere) mangiare questo dolce.
   난 네가 이 과자를 먹어서는 안 된다고 생각해.

03 Può darsi che il ladro ci _____ (dire) la verità.
   아마 그 도둑은 우리에게 진실을 말할 거야.

04 Non credo che Maria _____ (andare) con Angelo, perché sua mamma vuole che _____ (stare) a casa oggi.
   난 마리아가 안젤로와 갈 것이라고 생각하지 않아. 왜냐하면 걔 엄마가 오늘은 집에 있기를 바라거든.

> • **smettere di** ~하기를 멈추다, 그만두다 • **ladro** 도둑

Capitolo

21

Lei è la più bella della nostra classe.

학습 목표

- 비교급/최상급
- ~보다 더 ~이다
- ~만큼 ~하다
- 가장 ~한

문법

비교급과 최상급

21과에서는 형용사나 부사를 비교하는 어법을 다루어 보겠습니다. 문법적으로는 형용사나 부사의 비교급과 최상급에 대한 내용이며 구문의 형태를 나누어 설명하겠습니다.

❶ più A di B : B보다 더 A한 / meno A di B : B보다 덜 A한

여기서 più는 '더 ~한'(영어의 more), meno는 '덜 ~한'(영어의 less), di는 '~보다'(영어의 than)인데 하나의 성질에 대해 두 가지 대상을 비교할 때 쓰입니다.

  Claudio è forte. 끌라우디오는 힘이 세다.

위 문장에 대하여

  Claudio è più forte di Paolo. 끌라우디오는 빠올로보다 더 힘이 세다.

와 같이 말하면 두 사람에 대해 누가 더 힘이 센지를 비교하는 문장이 됩니다. 이 문장의 주어를 서로 바꾸면

  Paolo è meno forte di Claudio. 빠올로는 끌라우디오보다 덜 힘이 세다.

로 표현할 수도 있습니다. 이 구분은 부사에 대한 비교를 할 때도 적용하여

  Mark corre più velocemente di Kim. 마르크는 김보다 더 빨리 달린다.

와 같이 쓸 수도 있습니다. 물론 이 구분도 meno ~ di ~ 구문을 사용하면

  Kim corre meno velocemene di Mark. 김은 마르크보다 덜 빨리 달린다.

로 쓸 수 있습니다. di 뒤에 정관사+명사가 오면 di와 정관사가 합쳐진 형태가 됩니다.

Grammatica

L'aereo è **più** veloce **del** treno. 비행기는 기차보다 빠르다.

처럼 di + il treno = del treno가 되는 것입니다.

❷ più A che B : B라기보다는 더 A

이 구문은 하나의 주어에 대해 두 가지 성질을 비교할 때 사용합니다. 예를 들어

Gli italiani mangiano **più** carne **che** pesce.
이탈리아 사람들은 어류보다는 육류를 더 먹는다.

Marta è **più** simpatica **che** carina.
마르따는 예쁘다기보다는 호감이 간다.

In estate Luca viaggia **più** volentieri **che** in autunno.
루까는 가을보다는 여름에 더 기꺼이 여행한다.

어느 구문이나 동일한 주어에 대해 명사(어류보다는 육류를), 형용사(예쁘기보다는 호감이 가는), 부사(구)(가을보다는 여름에)를 비교하고 있습니다. 이때는 비교에 di가 아니라 che를 쓴다는 점을 염두에 두세요.

❸ (così) A come B = (tanto) A quanto B : B만큼 A인

이 구문도 일종의 비교인데 동등비교라고도 부릅니다. 하나의 성질에 대해 두 가지 대상을 동일하게 비교할 때 쓰이는 구문이기 때문입니다. 앞의 così나 tanto는 생략해도 무방합니다.

L'autobus è **(tanto)** comodo **quanto** il treno.
버스는 기차만큼 편하다.

Antonio è **così** alto **come** il mio fidanzato.
안또니오는 내 애인만큼 키가 크다.

두 문장 모두 하나의 성질(comodo, alto)에 대하여 두 가지 대상을 동일하게 비교하고 있습니다.

문법

❹ **정관사 + più A (di) B : (B중에서) 가장 더 A한 /**
   정관사 + meno C (di) D : (D중에서) 가장 덜 C한

최상급의 문장에 쓰이는 구문입니다. 다음 예문을 보면 그 쓰임새를 알 수 있습니다.

Marco era il più intelligente della nostra classe.
마르꼬는 우리 반에서 가장 총명했다.

만약 정관사 뒤에 명사가 오면 순서가 '정관사 + 명사 + più(meno) A di B'가 됩니다. 예문을 보세요.

Davide è lo studente più simpatico di tutti noi.
다비데는 우리 중에서 가장 호감이 가는 학생이었다.

❺ **più di ~ : ~보다 더 / meno di ~ : ~보다 덜**

위 구문은 부사적으로 쓰이기도 합니다. 즉,

Paolo studia più di me. 빠올로는 나보다 공부를 더 해.
Lei fa sport meno di me. 그는 나보다 운동을 덜 하지.

❻ **migliore di ~ : ~보다 더 나은 / peggiore di ~ = ~보다 덜 한**

Questo gelato è migliore di quello di ieri.
이 아이스크림은 어제 것보다 더 맛있다.
Questo vino è peggiore di quello che ho bevuto ieri.
이 포도주는 어제 마신 것보다 덜 좋다.

위 문장에서 migliore = più buono, peggiore = più cattivo입니다.

❼ **maggiore di A: A보다 더 나이가 많은 / minore di B: B보다 나이가 적은**

Marco è maggiore di Luigi. 마르꼬는 루이지보다 나이가 위다.

Grammatica

여기서 maggiore = più grande, minore = più piccolo 입니다. 비교의 대상이 없을 때는 단독으로 쓰이기도 합니다. 다음 예문을 보세요.

Carlo è il figlio maggiore. 카를로가 장남(più grande)이야.

❽ 절대 최상급 : 형용사의 어간 + issimo

형용사의 어간에 issimo를 붙이면 '가장 ~한'의 뜻을 갖는 절대적 최상급이 됩니다. 다음 예문을 보세요.

Paolo è un amico simpatico. 빠올로는 호감이 가는 친구다.

이지만

Paolo è un amico simpaticissimo. 빠올로는 아주 호감이 가는 친구다.

가 되는 것입니다.

다음 표현도 알아 두세요. buono(좋은)의 최상급은 buon + issimo = buonissimo(가장 좋은, 최고의)인데 ottimo라고 쓰기도 합니다. 즉,

Lui era un ottimo(=buonissimo) amico nella mia vita.
그는 내 인생에서 최고의 친구였지.

마찬가지로 cattivo(나쁜, buono의 반대어)의 최상급은 cattiv + issimo = cattivissimo = pessimo임도 알아 두세요.

기본회화

1

M　Amore, perché non compri questa che è meno cara di quella?

F　Quella viene dall'estero per cui costa meno, ma è di bassa qualità.

M　Però, secondo me, costa troppo. C'è una differenza di 7 euro!

F　Quel sugo di carne che hai mangiato ieri ti è piaciuto o no?

M　Mi è piaciuto molto.

F　È proprio quello che voglio comprare adesso, hai capito?

- comprare 사다
- caro 비싼
- estero 외국
- costare 가격이 ~이다
- basso 낮은
- qualità 질
- differenza 차이
- sugo 소스
- carne 고기
- proprio 바로

M　자기야, 저것보다 덜 비싼 이걸 사야지?
F　저건 외국에서 온 거여서 가격이 싸지만, 질이 안 좋아.
M　그렇지만 내 생각에는 너무 비싸. 7유로 차이가 난다고.
F　당신 어제 먹은 고기 소스 좋았어, 싫었어?
M　아주 맛있었어.
F　(그게) 바로 지금 사려고 하는 이거란 말이야, 알았어?

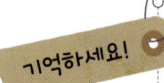

★ perché non compri~ : 의문문이 아니라 권유의 문장입니다.

★ questa che è meno cara di quella? : che는 questa를 받는 주격 관계대명사이고, meno ~ di~는 비교구문 '~보다 덜 ~한'입니다.

★ dall'estero per cui costa meno : cui는 외국에서 왔다는 문장 전체를 받는 관계대명사입니다.

★ di bassa qualità : 질이 낮은, di alta qualità = 질 좋은
　예 Io bevo il vino di alta qualità. 난 질 좋은 포도주를 마셔.

★ Quel sugo di carne che hai mangiato : che는 sugo를 받는 목적격 관계대명사입니다.

★ È proprio quello che voglio comprare adesso~ : che는 quello를 받는 목적격 관계대명사입니다.

Dialogo

2

M　Laura, questa pagella è orribile!

F　Papà, mi dispiace tanto.

M　Per quanto ne so io, tu hai studiato più di Daniele.

F　Ti giuro che da ora in poi farò del mio meglio, ok?

M　Va bene, vedremo la prossima volta.

- orribile 끔찍한
- pagella 성적표
- dispiacersi 유감이다
- giurare 약속하다, 단언하다
- meglio 잘
- prossimo 다음의
- volta 번, 때

M　라우라, 이 성적표 끔찍하다!
F　아빠, 정말 죄송해요.
M　내가 아는 바로는 넌 다이엘레보다 공부를 더 했어.
F　이제부터는 최선을 다하기로 약속할게요, 예?
M　좋아, 다음에 보자꾸나.

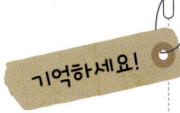

★ per quanto ne so io : 내가 아는 바, 내가 아는 한은
　예 Per quanto ne so, lui è il migliore di tutti. 제가 아는 바, 그는 모든 이들 중에 최고입니다.

★ tu hai studiato più di Daniele : '다니엘레보다 더'를 뜻하는 비교급입니다.

★ Ti giuro che~ : ~할 것을 맹세하다, 약속하다

★ da ora in poi : 지금부터
　예 Da ora in poi, cosa facciamo? 지금부터 뭘 하지?

★ fare del mio meglio : 최선을 다하다
　예 Penso che tu debba fare del tuo meglio per ogni cosa. 난 네가 매사에 최선을 다해야 한다고 생각해.

★ la prossima volta : 다음 번에
　예 Ci vediamo la prossima volta. 다음에 뵙시다.

기본회화

3

F È vero che voi coreani mangiate spesso riso a colazione?

M Lo mangiamo praticamente quasi tutti i giorni. E voi non lo mangiate?

F Sì, lo mangiamo. Però mangiamo più pasta che riso.

M Ho capito. Ma credo che quest'abitudine sia cambiata molto recentemente.

- spesso 자주
- riso 쌀, 밥
- colazione 아침 식사
- praticamente 사실, 실제
- quasi 거의
- pasta 파스타
- abitudine 습관, 습성, 관습
- cambiare 변하다
- recentemente 최근

F 정말로 너희 한국인들은 아침 식사 중에 자주 쌀을 먹니?
M 사실 우리는 거의 매일 쌀을 먹어. 너희들은 그걸 안 먹어?
F 그래, 먹지. 그렇지만 우리는 쌀보다는 파스타를 더 많이 먹지.
M 그렇구나. 그런데 이 습성은 최근에 많이 바뀌었다고 생각해.

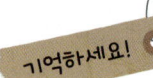

★ è vero che~ : ~인 것이 사실이다

★ quasi tutti i giorni : 거의 매일

★ mangiamo più pasta che riso : 동일한 대상에 대한 두 가지 성질을 비교하므로 più~ di~가 아니라 più~ che~가 쓰였습니다.

★ credo che quest'abitudine sia cambiata molto recentemente : 습성이 바뀐 것은 최근이므로 접속법 과거형을 사용했습니다. 참고로 avere l'abitudine di~는 '~하는 습관/습성이 있다'입니다.
예 Ho l'abitudine di alzarmi alle 6. 난 6시에 일어나는 습관이 있어.

Dialogo

M Secondo lei, quale è il modo migliore per imparare la lingua straniera?

F Credo che la cosa più importante sia studiare costantemente.

M Ma, quante ore al giorno pensa che sia necessario studiarla?

F Non importa la durata, anche 20 minuti al giorno va benissimo. Ma deve farlo ogni giorno senza saltarne neanche uno.

M Ho capito.

- modo 방법, 방식
- imparare 배우다
- lingua 말, 언어
- straniero 외국의
- costantemente 지속적으로
- importare 중요하다
- durata 기간
- saltare 뛰어넘다, 빼다
- neanche 결코

M 당신 생각에 외국어를 배우는 데 가장 좋은 방법은 무엇입니까?
F 가장 중요한 것은 지속적으로 공부를 하는 것이라 생각합니다.
M 그런데 하루에 얼마 동안 공부할 필요가 있냐고 생각하십니까?
F 얼마나 하느냐는 중요하지 않습니다. 하루에 20분도 아주 좋습니다. 그렇지만 그것을 매일 하루도 빠지지 않고 해야 합니다.
M 알겠습니다.

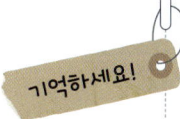

★ il modo migliore : 최상급의 형태로 '가장 좋은 방법'라는 의미입니다.

★ la lingua straniera : 외국어

★ la cosa più importante : 역시 최상급으로 '가장 중요한 것'이라는 의미입니다.

★ sia studiare costantemente : 접속법 현재입니다.

★ quante ore al giorno : 하루에 몇 시간

★ pensa che sia necessario ~ : 동사 pensapre 때문에 접속법을 사용했습니다.

★ ~studiarla에서 la는 외국어입니다.

★ ogni giorno : 하루에, ogni mese : 한 달에

★ senza saltarne neanche uno : '단 하루도 빠지지 않고'라는 의미입니다. ne는 '날들 중(di giorni)'을 뜻합니다.

Capitolo 21 305

실전회화

F   Come è andato l'incontro con i tuoi vecchi amici di scuola?

M   È stato molto bello. È stato impressionante vedere quanto siano cambiati tutti.

F   Lo immagino. Ti rendi conto che sono già passati 30 anni?

M   È vero. Ho visto Patrizia che era la più bella e affascinante della nostra scuola. Tutti i ragazzi non vedevano l'ora di uscire con lei.

F   Allora, piaceva anche a te, eh?

M   Dai, non dire così.

F   Ok, scherzavo.

M   Non appena sono arrivato, una signorina mi si è avvicinata e mi ha detto, "Ciao, Giuseppe. ti ricordi di me? Sono Claudia."

F   Allora? Cosa le hai detto?

M   Non le ho detto nulla. Io sono rimasto imbarazzato perché non l'avevo riconosciuta.

F   Perché è cambiata tanto?

M   Sì, ma mentre parlavamo insieme, mi sono ricordato di lei. Era seduta dietro di me. Non era una ragazza che si curava tanto. Cioè, era una ragazza normale.
Ma è diventata la donna più bella ed elegante che io abbia mai visto.

F   M-a-r-i-o!!!

Dialogo pratico

F 옛날 학교 친구들과 만남 어땠어요?
M 정말 좋았어. 모두가 얼마나 변했는지 보는 게 인상적이었어.
F 그럴 것 같네요. 벌써 30년이 지난 거 알아요?
M 그래. 빠뜨리찌아도 봤는데, 그녀는 우리 학교에서 가장 아름답고 매력적이었어. 모든 남자 녀석들이 그녀와 데이트하기를 학수고대했지.
F 그래서요, 당신도 그녀가 좋았다 이거지요, 예?
M 아니, 그렇게 말하지 마.
F 알았어요. 농담이에요.
M 도착하자마자 한 아가씨가 내게 다가오더니 그러는 거야. "안녕, 쥬세뻬, 날 기억해? 나 끌라우디아야."
F 그래서요? 그녀에게 뭐라고 했어요?
M 아무 말도 안 했지. 난 당황했어. 왜냐하면 난 그녀를 알아보지 못했거든.
F 너무 변해서요?
M 그래, 그런데 함께 이야기를 나누다 보니 그녀를 기억한 거야. 내 뒤에 앉았었어. 잘 꾸미고 다니는 여자는 아니었어. 그러니까 보통 여자 아이였어. 그런데 내가 본 여자 중에 가장 아름답고 우아한 여자가 되었지 뭐야.
F 마-리-오!!!

- **incontro** 만남 · **vecchio** 옛날의 · **impressionante** 인상적인 · **cambiare** 변하다
- **immaginare** 상상하다, 생각하다 · **rendersi** 주다, ~하게 하다
- **affascinante** 매력적인 · **scherzare** 농담하다 · **appena** (non과 함께)~하자마자
- **avvicinarsi** 다가가다 · **imbarazzato** imbarazzare(당황시키다)의 과거분사, 당황한
- **riconoscere** 알아보다, 식별하다 · **ricordarsi** 기억하다 · **curarsi** 꾸미다
- **normale** 보통인, 정상인 · **elegante** 우아한 · **mai** 결코 ~하지 않은

★ Come è andato~? : ~이 어땠어?
★ È stato impressionante <u>vedere quanto siano cambiati tutti</u>. : 밑줄 친 부분이 이 문장의 주어입니다.
★ rendersi conto che/di~ : ~인지 알아차리다, 깨닫다, 인지하다
　　📌 Ti rendi conto di ciò che hai fatto? 네가 뭘 한 건지 알기나 해?
★ Ho visto Patrizia che era <u>la più bella e affascinante della</u> nostra scuola. : 밑줄 친 부분이 최상급을 나타낸다는 것 이해할 수 있지요?
★ non vedere l'ora di~ : ~하기를 학수고대하다
　　📌 Non vedo l'ora di viaggiare in Italia. 난 이탈리아 여행하기를 학수고대한다.
★ uscire con~ : '~와 나가다'인데 '외출하다, 데이트하다'의 의미로도 쓰입니다.
★ non appena~ : ~ 하자마자
　　📌 Non appena sono tornato a casa, ho visto Minsu dormire. 집에 돌아오자마자 민수가 자고 있는 것을 보았다.
★ mi si è avvicinata : mi(나에게) si avvicina의 근과거형입니다.
★ Era seduta dietro di me. : 옛 친구들과의 만남보다 더 이전의 일이므로 대과거로 표현되었습니다.
★ Ma è diventata <u>la donna più bella ed elegante che</u> io abbia mai visto. : 밑줄 친 부분은 최상급의 표현입니다.

연습문제

A 다음 빈칸에 알맞은 단어를 써 넣으세요.

01 Il treno è _____ veloce _____ aereo. 기차는 비행기보다 더 빨라.

02 In Italia il golf è _____ popolare _____ calcio.
이탈리아에서 골프는 축구보다 덜 인기 있어.

03 Mio padre è _____ ricco _____ tuo.
나의 아버지는 너의 아버지보다 덜 부자야.

B 다음 빈칸에 알맞은 단어를 써 넣으세요.

01 Lui è stato _____ studioso _____ brillante.
그는 명석하기보다는 노력형이었어.

02 Perché Luca ha letto _____ romanzi _____ poesie?
루까는 왜 시보다 소설을 많이 읽었지?

03 Io credo _____ in lui _____ in me stesso.
난 나 자신보다 그를 더 신뢰하고 있어.

04 Penso che sia _____ facile parlare _____ agire.
난 행동보다 말이 쉽다고 생각해.

Esercizi

05 Lei è stata _____ bella _____ mia madre.
그녀는 나의 엄마처럼 아름다웠다.

06 L'italiano era _____ difficile _____ matematica.
이탈리아어는 수학만큼 어려웠다.

- studioso 노력형의 · brillante 명석한 · romanzo 소설 · poesia 시
- stesso 자신 · agire 행동하다

C 다음 빈칸에 알맞은 단어를 써 넣으세요.

01 Firenze è una delle _____ belle città del mondo.
피렌체는 세계에서 가장 아름다운 도시들 중의 하나이다.

02 Quello è il film _____ impressionante _____ tutti i film che ho visto prima. 그것은 내가 본 영화 중에서 가장 인상 깊은 것이다.

03 Ieri sono tornato a casa _____ (tardo). 난 어제 집에 아주 늦게 돌아왔다.

04 Ferrari è una macchina _____ (veloce). 페라리는 가장 빠른 자동차이다.

- impressionante 인상 깊은 · tardo 늦은

Capitolo

22

Andiamo a visitare l'italia.

학습 목표

- 명령법으로 말하기
- 동명사 용법

문법

1. 명령법

이탈리아어에서 동사의 명령형은 동사원형의 어미 -are, -ere, -ire를 바꾸어 표현합니다. 아래 표에서 명령형을 만드는 법을 볼 수 있습니다.

대상	aspettare	prendere	sentire	essere	avere
tu	aspett**a**	prend**i**	sent**i**	s**ii**	abb**i**
Lei(존칭)	aspett**i**	prend**a**	sent**a**	s**ia**	abb**ia**
noi	aspett**iamo**	prend**iamo**	sent**iamo**	s**iamo**	abb**iamo**
voi	aspett**ate**	prend**ete**	sent**ite**	s**iate**	abb**iate**

예를 들어

Prendi l'autobus subito. 즉시 저 버스를 타라.
Prenda il caffè, signora. 아주머니, 커피 드세요.

와 같이 tu와 lei에 대해 동사 prendere를 명령법으로 표현한 것을 볼 수 있습니다.

Andiamo a mangiare un gelato! 아이스크림 하나 먹으러 가자!
→ noi에 대한 명령

Avete fame? Mangiate questo panino. 너희들 배고프니? 이 빵 먹으렴.
→ voi에 대한 명령

noi와 voi에 대한 명령법은 현재형 변화가 동일하므로 기억하기도 쉽습니다.

Sia gentile con lui! 그에게 친절해라! → lei에 대한 명령형
Abbia pazienza, signore. 참아 주세요. → lei에 대한 명령형

앞은 essere와 avere를 이용한 명령법 문장들입니다.

Grammatica

한편, tu에 대한 동사의 부정명령을 만들 때는 동사원형 앞에 non을 붙이기만 하면 됩니다. 즉,

Non fumare. 담배 피우지 마. → tu에 대한 부정명령
Non perdiamo tempo. 시간을 낭비하지 말자. → noi에 대한 부정명령
Non usate il dizionario. 사전을 사용하지 마라. → voi에 대한 부정명령

단, lei에 대한 부정명령은 명령형 앞에 non를 붙입니다. 예문을 보세요.

Non aspetti qua. 여기서 기다리지 마세요.

아래 표에 자주 사용하는 몇 가지 불규칙 동사를 정리했습니다(noi와 voi에 대한 명령형은 현재형과 같으므로 생략했습니다).

구분	andare	dare	fare	dire	stare
tu	va'(vai)	da'(dai)	fa'(fai)	di'	sta'(stai)
lei	vada	dia	faccia	dica	stia

tu에 대한 명령은 축약형을 함께 나열했습니다.

Andrea, se stai male, va'(= vai) a casa! 안드레아, 너 아프면 집에 가!
Sta' zitto(= stai zitto), per favore. 제발 조용히 해라.
Di' a Luca di telefonarmi subito. 루까한테 즉시 나한테 전화하라고 해.

재귀동사나 직접목적격/간접목적격 인칭대명사를 수반하는 동사의 명령형도 위의 규칙을 따릅니다. 이때 재귀대명사와 인칭대명사는 명령형 바로 뒤에 옵니다. 예를 들어 보지요.

Alzati domani alle 6! 내일 6시에 일어나라!
Ricordiamoci di pagare l'affitto. 집세를 내는 거 잊지 말자.

문법

단, 여기서도 주의해야 할 것은 **lei**에 대한 명령일 때는 재귀대명사와 인칭대명사가 명령형 바로 앞에 온다는 점입니다.

Si metta questa giacca. 이 외투를 입으세요.

2 동명사

동사의 동명사는 영어의 -ing에 해당합니다. 먼저 동명사를 만드는 법을 알아보고 용법을 차례대로 설명하겠습니다. 동명사를 만드는 법은 아주 간단합니다.

-are ➡ **-ando**   -ere ➡ **-endo**   -ire ➡ **-endo**

동사의 동명사는 주절의 동사와 원인, 시간, 양식의 관계를 갖고 하나의 부사구를 만드는 데 쓰입니다.

① 원인

Visto che mangi troppo, ingrassi. 넌 너무 먹기 때문에 살이 찌는 거야.
= Mangi**ando** troppo, ingrassi.

위 예문처럼 많이 먹는다는 종속절의 원인 때문에 살이 찌는 결과(주절)가 되었습니다. 이때 종속절의 주어를 동명사로 고쳐 부사구로 만들어 표현하는 것입니다.

② 시간

Mentre andavo a casa, ho visto Luca. 집에 가던 중에 루까를 보았다.
= And**ando** a casa, ho visto Luca.

집에 가는 시간(종속절)에 루까를 만난 사건(주절)에서 종속절의 동사를 동명사로 처리하여 부사구를 만들어 표현했습니다.

Grammatica

③ 양식

Claudio non è bravo perché studia pensando ad altro.
끌라우디오는 우수하지 않다. 왜냐하면 다른 생각을 하며 공부를 하기 때문이다.

studia pensando ad altro는 다른 생각을 하며 공부를 한다는 하나의 행동 양식을 나타내는데 이를 동명사를 이용하여 부사구로 처리할 수 있습니다.

④ 조건

Se dormi così tanto, non puoi arrivare in ufficio alle otto.
→ Dormendo così tanto, non puoi arrivare in ufficio alle otto. 너 그렇게 많이 자면, 8시에 사무실에 도착할 수 없어.

'그렇게 많이 잔다면'이라는 조건절을 동명사 구문으로 표현할 수 있습니다.

⑤ 양보

Pur essendo stanco adesso, devo continuare a lavorare.
난 지금 피곤하지만, 일을 계속 해야만 한다.

pur + 동명사는 ~일지라도, ~지만의 뜻을 나타내게 됩니다.

⑥ stare + 동명사 = 진행형

Cosa stai facendo adesso? 너 지금 무엇을 하고 있니?
Sto scrivendo una lettera. 편지를 쓰고 있어.

위의 예문과 같이 **stare + 동명사**는 동사의 진행형을 나타내는 데 쓰입니다.

 **기본회화**

1

F Mario, stai andando troppo veloce. Rallenta per favore.

M Amore, sto andando molto piano. Solo 70 kilometri all'ora.

F Sì, ma rallenta ancora. Hai dimenticato che sono incinta?

M Ma, siamo in autostrada. Non posso rallentare di più. È molto pericoloso!

- veloce 빠른
- rallentare 속도를 늦추다
- piano 느린
- kilometri 킬로미터
- dimenticare 잊다
- incinta 임신한
- autostrada 고속도로
- pericoloso 위험한

F 마리오, 너무 빨리 달리고 있어. 속도를 줄여 줘 제발.
M 자기야, 지금 굉장히 천천히 가고 있는 거야. 겨우 시속 70km라고.
F 그래, 그렇지만 더 줄여. 내가 임신한 거 잊은 거야?
M 그렇지만 우린 고속도로 위라고. 더 속도를 낮출 수가 없어. 아주 위험하다고!

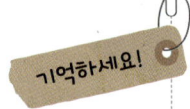

★ stai andando : 'stare + 동명사'는 '~하고 있다'의 진행형입니다.
★ all'ora : 시간당, 매시간, al secondo : 매초, al minuto : 매분
★ rallenta는 rallentare의 2인칭 명령형입니다.

Dialogo

2

F Amore, questa strada è troppo buia. Ho un po' di paura. Prendiamone un'altra.

M No, non avere paura. Sono qua vicino a te. Guarda la luna come è bella.

F Non mi piace per niente. Andiamocene subito.

M Ok, come vuoi! Ma vai da sola. Io rimango qua.

F Sei molto cattivo!

M Non ti preoccupare, amore. Sto scherzando.

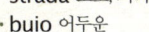

- strada 도로, 거리
- buio 어두운
- paura 두려움
- guardare 보다
- luna 달
- rimanere 머물다, 남다
- cattivo 나쁜
- preoccuparsi 걱정하다
- scherzare 농담하다

F 자기야, 이 도로는 너무 어두워. 좀 무섭거든. 다른 도로로 가자.
M 무서워할 것 없어. 내가 네 옆에 있잖아. 저 달을 봐, 얼마나 예쁜지.
F 아니 전혀 마음에 들지 않아. 여기서 당장 가자니까.
M 알았어. 네가 원하는 대로. 단, 너 혼자 가. 난 여기 남을래.
F 넌 정말 나빠!
M 걱정 마, 사기야. 농담이야.

★ avere paura : 두려워하다

★ Prendiamone un'altra (strada). : 다른 도로를 타자. '도로를 타다'라고 할 때는 동사 pendere를 사용합니다. ne는 '(여러) 도로 중에'를 나타내고 있습니다.

★ Guarda la luna come è bella. : guarda는 guardare의 2인칭 명령형입니다.

★ Andiamocene subito. : ce ne는 '여기 이 장소로부터'라는 뜻입니다.

★ per niente : 전혀

★ vai da sola : andare의 2인칭 명령형입니다.

★ Non ti preoccupare : 부정의 명령은 원형을 그대로 사용합니다.

★ Sto scherzando : 'stare + 동명사'는 현재진행형입니다.

기본회화

3

M   Claudia, dammi una sigaretta, per favore.

F   Non hai smesso di fumare?

M   Sì, ma non riesco a calmarmi per cui ne ho bisogno.

F   Sempre per colpa di quel capo?

M   Sì, non lo sopporto più, me ne vado da questo maledetto posto.

F   Calmati, calmati. Ragionaci bene, ok?

- sigaretta 담배
- fumare 피우다
- riuscire 성공하다, 해내다
- calmarsi 마음을 안정하다
- colpa 죄, 과실, 책임
- capo 상사
- sopportare 참다, 견디다, 지탱하다
- maledetto 참을 수 없는, 지긋지긋한
- posto 장소
- ragionare 합리적으로 생각하다, 이치를 따지다

M   끌라우디아, 내게 담배 한 개비 줄래.
F   담배 끊지 않았어?
M   그래, 그런데 마음이 안정이 안 돼, 그래서 한 대 피워야겠어.
F   또 그 상사 때문이야?
M   응, 그 사람을 더 참을 수가 없어. 그 진저리나는 장소에서 나갈 거야.
F   침착해, 침착해. 그리고 잘 생각해 봐, 알았어?

★ dammi una sigaretta : dare a me의 명령형입니다.

★ smettere di~ : ~하기를 그만두다

★ riuscire a~ : ~를 할 수 있다
  예 Riesci a venire senza macchina? 차 없이 올 수 있겠어?

★ per cui : 마음이 안정이 안 되기 때문에. cui는 앞 문장 전체를 받는 관계대명사이지요?

★ ne ho bisogno : ne는 di sigaretta입니다.

★ avere bisogno di~ : ~이 필요한

★ per colpa di~ : ~의 과실(잘못) 때문에, ~탓에

★ me ne vado : ne는 da questo luogo(이 장소에서)입니다.

★ calmati, ragionaci : calmarsi, ci ragionare의 명령형입니다. ci는 '그것(회사에서 나가는 것)에 관해서'의 의미로 쓰였습니다.

Dialogo

4

F La ringrazio molto per avermi dato questo incentivo.

M Ne vale la pena, signorina. Sappiamo che, pur avendo difficoltà a lavorare qua, ha realizzato questo prodotto.

F Ho fatto solo quello che potevo. Posso chiederle un favore?

M Dica pure, signorina.

F Vorrei dare ai poveri una parte del mio incentivo, potrebbe spedirglielo?

M Certo, signorina.

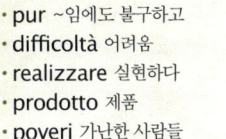

- **ringraziare per** ~에 대해 감사하다
- **incentivo** 인센티브
- **valere la pena** ~할 가치가 있다
- **pur** ~임에도 불구하고
- **difficoltà** 어려움
- **realizzare** 실현하다
- **prodotto** 제품
- **poveri** 가난한 사람들
- **spedire** 보내다

F 저에게 이런 인센티브를 주셔서 감사합니다.
M 받을 가치가 있어서입니다, 아가씨. 저희는 여기서 일하는 데 어려움이 있음에도 불구하고 당신이 이 제품을 실현한 것을 알고 있습니다.
F 할 수 있는 것을 했을 뿐입니다. 한 가지 부탁을 해도 될지요?
M 말하세요, 아가씨.
F 제 인센티브의 한 부분을 가난한 분들에게 주었으면 합니다. 그들에게 그것을 보내 주실 수 있는지요?
M 물론이지요, 아가씨.

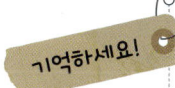

★ **per avermi dato questo incentivo** : 과거에 대한 기술이므로 동사원형 **darmi**가 근과거로 쓰였습니다.

★ **ne vale la pena** : 그것을 받을 만한 가치가 있다

★ **pur avendo difficoltà** : anche se ha difficoltà를 동명사 구문으로 표현한 것입니다.

★ **dica pure** : dice에 대한 2인칭 존칭 명령형입니다.

★ **potrebbe spedirglielo?** : gli는 ai poveri이고, lo는 '인센티브'를 나타냅니다.

Capitolo 22 **319**

실전회화

M Mi scusi una domanda. Dove si trova l'outlet 'tutto'? Il navigatore ci indicava di qua, ma non lo troviamo!

F Penso che il navigatore vada aggiornato. L'outlet si è trasferito in un altro posto.

M Oh, no. Potrebbe dirci dove dobbiamo andare?

F Non è difficile trovarlo. Segua sempre questa strada che avete preso, ok?

M Fino a dove, però?

F Fino al primo semaforo. Lì girate a destra e poi subito dopo a sinistra, ok?

M Ok, poi?

F Là vedrete un edificio di 5 piani. Quello è l'oulet 'tutto'. Parcheggiate dove volete e entrate dentro.

M Possiamo parcheggiare dove vogliamo?

F Sì, perché non ci sono i parcheggi, per cui c'è un grande caos. Godetevela ma non stancatevi!

Dialogo pratico

M   실례하지만 한 가지 여쭈어 볼게요. 아울렛 '뚜또'가 어디 있어요? 내비게이션은 여기라고 했는데, 그걸 찾지 못하겠어요.

F   그 내비게이션 업그레이드 되어야 할 것 같군요. 그 아울렛은 다른 곳으로 옮겼어요.

M   아니, 저런. 어디로 가야 하는지 말씀해 주실래요?

F   찾기가 어렵지는 않아요. 당신들이 탄 이 도로를 계속 따라 가세요, 알겠어요?

M   그런데 어디까지요?

F   첫 신호등까지요. 거기서 오른쪽으로 돌고 그다음 바로 왼쪽으로 도세요, 알겠어요?

M   예, 그다음은요?

F   거기서 5층짜리 건물을 볼 수 있을 거예요. 그것이 아울렛 '뚜또'예요. 당신들이 원하는 곳에 주차를 하고 들어가면 돼요.

M   우리가 원하는 곳에 주차를 할 수 있다고요?

F   예, 왜냐하면 아직 주차장이 없어요. 그래서 아주 엉망이지요. 그럼 즐기세요. 무리하시지는 말고요!

- domanda 질문 · trovarsi ~이 있다 · navigatore 내비게이션
- indicare 지시하다 · aggiornare 업그레이드하다
- trasferirsi 이주하다, 이사 가다 · posto 장소 · seguire 따르다
- semaforo 신호등 · girare 돌다 · destra 오른쪽
- sinistra 왼쪽 · edificio 건물 · piano 층
- parcheggiare 주차하다 · dentro 안으로 · grande 큰, 대단한
- caos 카오스, 혼란 · godersi 즐기다 · stancarsi 피곤하게 하다

기억하세요!

★ Mi scusi una domanda. : 실례합니다만 질문 하나요. 즉, 한 가지 여쭈어 볼게요.

★ andare + 동사의 과거분사(~해야 한다)가 접속법으로 쓰여 vada aggiornato가 되었습니다.

★ si è trasferito : 재귀동사 trasferirsi의 근과거형입니다.

★ Potrebbe dirci dove dobbiamo andare? : 요청을 나타내는 조건법입니다.

★ Segua sempre questa strada~. : seguire의 2인칭 존칭 명령형입니다.

★ girare a~ : ~로 방향을 돌리다

★ Là vedrete un edificio~. : vedere의 복수 2인칭 미래형입니다.

★ Parcheggiate dove volete e entrate dentro. : 복수 2인칭 명령형입니다.

★ Godetevela ma no stancatevi! : godersi, stancarsi의 복수 2인칭 명령형입니다.

연습문제

A 다음 빈칸에 알맞은 명령형을 써 넣으세요.

01 (tu) _____ (cercare) di mangiare di più. 더 먹도록 해라.

02 (tu) _____ (dormire) almeno sette ore al giorno. 하루에 적어도 7시간은 자라.

03 (tu) Non _____ (stare) sempre a casa. 항상 집에 있지 마라.

04 Ragazzi, _____ (spegnere) la TV, _____ (fare) i compiti!
얘들아, TV 끄고 숙제해라!

05 Paolo è in ritardo di 20 minuti. (noi) _____ (fare) una telefonata!
빠올로가 20분이 늦는구나. 전화해 보자.

06 Mario, _____ (stare) attento! _____ (andare) piano, non _____ (avere) fretta! 마리오, 조심해! 천천히 가, 서둘지 말라고!

> · almeno 적어도 · spegnere 끄다 · compito 숙제 · in ritardo 늦은
> · telefonata 전화 · attento 조심스러운 · avere fretta 서두르다

B 다음 서술문을 명령형으로 바꾸어 보세요.

01 Tu mi dici la verità. 넌 내게 진실을 말한다.

   → _____ la verità! 내게 진실을 말해!

Esercizi

02 Mi dai la tua macchina. 내게 너의 차를 준다.

→ _____ la tua macchina! 네 차를 내게 줘!

03 È il compleanno di Stefano. Tu gli regala un libro.
스테파노의 생일이다. 너는 그에게 책 한 권을 선물한다.

→ È il compleanno di Stefano. _____ un libro!
스테파노의 생일이다. 그에게 책 한 권을 선물해라!

04 Chi porta un caffè? Lo porti tu. 누가 커피를 가져올래? 네가 그것을 가져온다.

→ Chi porta un caffè? _____ tu! 누가 커피를 가져올래? 네가 그것을 가져와라!

C 알맞은 동명사로 문장을 완성하세요.

01 Dopo pranzo mi riposo un po', _____ (ascoltare) la musica.
점심 식사 후 음악을 들으면서 좀 쉬어야지.

02 _____ (essere) molto pigro, la mattina Giorgio non vuole mai alzarsi.
게으르기 때문에 아침마다 조르지오는 일어나고 싶어 하질 않는다.

03 Non _____ (conoscere) bene la strada, siamo arrivati tardi a casa.
길을 잘 몰라서 우린 집에 늦게 도착했다.

• pigro 게으른

부록

- 연습문제 정답
- 동사변화표

연습문제 정답

Capitolo 01

A
01 남성　　02 여성
03 여성　　04 남성

B
01 francese　　02 spagnola
03 russo　　　04 inglese

C
01 No, io non sono studente.
02 Tu sei cinese?
03 Tu non sei francese?
04 Lui è professore e gentile.
05 Io non sono studente, sono ingegnere.

D
01 gentile
02 spagnola, bella
03 tedesca, gentile

Capitolo 02

A
01 sei a　　02 Dove è
03 è a

B
01 siamo italiani.
02 siete spagnole.
03 sono tedeschi.
04 siamo greci, americani.

C
01 di, siete
02 siamo di
03 di, sei
04 sono tedeschi, sono

D
01 è　　　　02 da, tempo
03 vero　　04 sono

E
01 Chi è lei?
02 Perché Mario è in Corea?
03 Io sono qua a Seul.
04 Perché sei qua in Francia?

Capitolo 03

A
01 un　　02 una
03 un　　04 una
05 un　　06 un
07 uno　 08 una

B
01 il　　02 il
03 il　　04 la
05 Il, il

C
01 l'　　02 la
03 la　　04 il
05 il　　06 l'
07 il　　08 la

D 01 in   02 il, sopra il
    03 lo, sotto la   04 il, sopra la
    05 il, dentro il

Capitolo 04

A 01 i libri   02 le finestre
    03 gli studenti   04 gli alberi
    05 gli amici   06 le amiche

B 01 Gli studenti sono italiani
    02 I libri sono sopra il tavolo.
    03 Le macchine sono belle
    04 Dove sono le amiche di Maria?

C 01 Questa   02 Questa
    03 Questo   04 quello

D 01 i siti, classica   02 Quelli
    03 Questo   04 gratis

Capitolo 05

A 01 Io prendo un caffè macchiato.
    02 Noi prendiamo un bicchiere d'acqua.
    03 Mari prende un latte.

B 01 questi   02 questi
    03 questo   04 queste

C 01 lavori   02 lavoriamo
    03 lavora   04 lavorate

D 01 dorme, lavora
    02 lavorate, Prendete
    03 parlano
    04 Parliamo

Capitolo 06

A 01 Quegli alberi sono alti.
    02 Chi è quella dottoressa?
    03 Tu non hai quel problema!
    04 Come stanno quei ragazzi?

B 01 hanno   02 abbiamo
    03 state, Stiamo   04 fai, Sto
    05 finisce

C 01 Ha   02 ha, da
    03 Ho, mal di testa
    04 bisogno   05 ci sono
    06 verso

Capitolo 07

A 01 nella   02 nel
    03 nell'   04 sulla
    05 sul

B 01 Dove va   02 Andate
   03 Perché vai 04 Vado
   05 Andiamo

C 01 Vengo da Praga.
   02 Andrea viene da Berlino.
   03 Veniamo dalla Grecia.
   04 Vengo dalla Svizzera.
   05 Veniamo dall'Inghilterra.

Capitolo 08

A 01 vuole   02 Voglio
   03 Volete   04 vuoi

B 01 Devi   02 Dobbiamo
   03 Devo   04 Dovete
   05 Devono

C 01 posso   02 puoi
   03 potete   04 posso

Capitolo 09

A 01 ci   02 La
   03 lo   04 lo
   05 lo   06 lo

B 01 capisco   02 ti conosco
   03 mi capisce   04 Conosciamo
   05 ci conosce   06 sappiamo
   07 Sanno

Capitolo 10

A 01 ci   02 ti
   03 gli   04 le

B 01 voi   02 te
   03 lui   04 Gli

C 01 mi   02 Le
   03 vi piacciono, ci piacciono
   04 mi piaci   05 ti piaccio

Capitolo 11

A 01 Io ho mangiato un pane.
   02 Tu hai aspettato Mario?
   03 Voi avete dormito fino alle dieci.
   04 Loro non mi hanno aspettato.
   05 Tu mi hai amato?
   06 Abbiamo ballato insieme alla festa.

B 01 abbiamo visitato
   02 ho preparato   03 hai dormito
   04 abbiamo studiato

05 abbiamo ballato

06 ha parlato   07 ha portato

C 01 Questo non è un comportamento da donna
   02 Il problema è che non posso venire con te.
   03 So che Laura ti ha lasciato.
   04 Mario ha dimenticato di venire qua.
   05 Perché lei non è andata alla festa?

Capitolo 12

A 01 ha bevuto   02 hanno visto
   03 ha bevuto   04 hai scritto
   05 ho aperto

B 01 Sei stato un buon amico.
   02 Siete stati veramente amichevoli.
   03 Papà è stato una persona molto simpatica.
   04 C'è stato un buon ristorante in questa città.
   05 Ci sono stati gli studenti stranieri all'università.

C 01 bella   02 bei
   03 belle   04 L'anno scorso
   05 è successo

Capitolo 13

A 01 Sono dovuto andare da Luca.
   02 Perché hai voluto regalare questo libro a lui?
   03 Non siamo potuti stare più insieme.
   04 Sei voluto andare a Seul con lui?

B 01 Il mio   02 Le tue
   03 La sua   04 I nostri
   05 Le sue   06 il suo
   07 I loro   08 La vostra

C 01 Quello è il suo.
   02 Quello è il mio.
   03 Quello è il suo.

Capitolo 14

A 01 mangiavi
   02 aveva
   03 leggevi
   04 mangiavate, guardava
   05 leggevamo

B 01 ero   02 era
   03 erano   04 c'erano
   05 c'eri

C   01 ho aperto, pioveva
    02 è arrivato, studiavo
    03 ho acceso, faceva
    04 studiavo, ascoltava
    05 andavo

B   01 Vi siete divertiti   02 si chiama
    03 si veste   04 ci salutiamo

C   01 ci siamo laureati
    02 si è   03 Mi ero

Capitolo 15

A   01 Avevo mangiato un panino.
    02 Perché eravate uscite così presto?
    03 Era stata la colpa mia.
    04 Non c'era stato nessuno in quella scuola.
    05 Mia moglie aveva dovuto spegnere la luce.

B   01 aveva   02 era
    03 eravamo   04 era

C   01 Mamma sapeva bene che eravamo stati in viaggio.
    02 Non l'ho fatto guidare la mia macchina perché aveva bevuto.

Capitolo 16

A   Mi sveglio, mi faccio, mi asciugo, mi lavo, mi pettino, mi metto, mi guardo

Capitolo 17

A   01 telefonerò   02 leggerai
    03 partirà   04 mangeremo
    05 potrò venire 06 continueranno

B   01 farai   02 andremo
    03 verrà   04 tornerà

C   01 avrò finito, aiuterò
    02 sarà smesso, potremo
    03 sarà, avrai regalato

Capitolo 18

A   01 che, che
    02 che lavorano, che
    03 che abitano, che incontro

B   01 cui   02 cui
    03 che   04 a cui = al quale
    05 su cui = sui quali
    06 per cui = per la quale

07 che

C 01 So quello che tu fai.
02 Ho comprato quello che hai detto.
03 Ho pensato molto a quello che mi hai detto.

Capitolo 19

A 01 Luca smetterebbe di~
02 Faremmo~
03 Avrebbero~
04 sarebbero~

B 01 Io sarei potuto~
02 Avrei salutato~
03 ~ mi sarei alzato~
04 Sarei dovuto andare~

C 01 direbbe 02 potresti
03 starei 04 sarei, avremmo

Capitolo 20

A 01 sia 02 abbia
03 tornino 04 perdiate
05 continui

B 01 abbia perso 02 abbia lasciato
03 sia, arrivato 04 sia piovuto

C 01 possa 02 debba
03 dica 04 vada, stia

Capitolo 21

A 01 più, dell' 02 meno, del
03 meno, di

B 01 più, che 02 più, che
03 più, che 04 più, che
05 tanto, quanto 06 così, come

C 01 più 02 più, di
03 tardissimo 04 velocissima

Capitolo 22

A 01 cerca 02 dormi
03 stare 04 spegnete, fate
05 facciamo 06 stai, va', avere

B 01 Dimmi 02 Dammi
03 Regalagli 04 Portalo

C 01 ascoltando 02 Essendo
03 conoscendo

동사 변화표

본문에 나오는 주요 동사들을 선별하여 동사의 변화형을 정리했습니다. 이탈리아어는 동사의 변화형을 습득하는 데 상당한 시간을 할애해야 합니다. 어느 정도 배웠다 싶으면 변화형이 헷갈릴 때가 많은데 이때 필요한 것이 동사 변화표이지요.
우리가 학습한 직설법 현재/반과거/미래, 접속법 현재와 반과거, 조건법에 대해 각 인칭에 따른 동사 변화를 테이블로 구성했습니다. 본문에 나오는 거의 모든 동사의 변화를 언제든지 쉽게 찾아 볼 수 있을 것입니다.

동사	인칭	직설법			접속법		조건법
		현재	반과거	미래	현재	반과거	현재
accendere 과거분사: acceso	io	accendo	accendevo	accenderò	accenda	accendessi	accenderei
	tu	accendi	accendevi	accenderai	accenda	accendessi	accenderesti
	lui/lei	accende	accendeva	accenderà	accenda	accendesse	accenderebbe
	noi	accendiamo	accendevamo	accenderemo	accendiamo	accendessimo	accenderemmo
	voi	accendete	accendevate	accenderete	accendiate	accendeste	accendereste
	loro	accendono	accendevano	accenderanno	accendano	accendessero	accenderebbero
andare 과거분사: andato	io	vado	andavo	andrò	vada	andassi	andrei
	tu	vai	andavi	andrai	vada	andassi	andresti
	lui/lei	va	andava	andrà	vada	andasse	andrebbe
	noi	andiamo	andavamo	andremo	andiamo	andassimo	andremmo
	voi	andate	andavate	andrete	andiate	andaste	andreste
	loro	vanno	andavano	andranno	vadano	andassero	andrebbero
aprire 과거분사: aperto	io	apro	aprivo	aprirò	apra	aprissi	aprirei
	tu	apri	aprivi	aprirai	apra	aprissi	apriresti
	lui/lei	apre	apriva	aprirà	apra	aprisse	aprirebbe
	noi	apriamo	aprivamo	apriremo	apriamo	aprissimo	apriremmo
	voi	aprite	aprivate	aprirete	apriate	apriste	aprireste
	loro	aprono	aprivano	apriranno	aprano	aprissero	aprirebbero

동사	인칭	직설법			접속법		조건법
		현재	반과거	미래	현재	반과거	현재
avere 과거분사: avuto	io	ho	avevo	avrò	abbia	avessi	avrei
	tu	hai	avevi	avrai	abbia	avessi	avresti
	lui/lei	ha	aveva	avrà	abbia	avesse	avrebbe
	noi	abbiamo	avevamo	avremo	abbiamo	avessimo	avremmo
	voi	avete	avevate	avrete	abbiate	aveste	avreste
	loro	hanno	avevano	avranno	abbiano	avessero	avrebbero
capire 과거분사: capito	io	capisco	capivo	capirò	capisca	capissi	capirei
	tu	capisci	capivi	capirai	capisca	capissi	capiresti
	lui/lei	capisce	capiva	capirà	capisca	capisse	capirebbe
	noi	capiamo	capivamo	capiremo	capiamo	capissimo	capiremmo
	voi	capite	capivate	capirete	capiate	capiste	capireste
	loro	capiscono	capivano	capiranno	capiscano	capissero	capirebbero
cercare 과거분사: cercato	io	cerco	cercavo	cercherò	cerchi	cercassi	cercherei
	tu	cerchi	cercavi	cercherai	cerchi	cercassi	cercheresti
	lui/lei	cerca	cercava	cercherà	cerchi	cercasse	cercherebbe
	noi	cerchiamo	cercavamo	cercheremo	cerchiamo	cercassimo	cercheremmo
	voi	cercate	cercavate	cercherete	cerchiate	cercaste	cerchereste
	loro	cercano	cercavano	cercheranno	cerchino	cercassero	cercherebbero
chiudere 과거분사: chiuso	io	chiudo	chiudevo	chiuderò	chiuda	chiudessi	chiuderei
	tu	chiudi	chiudevi	chiuderai	chiuda	chiudessi	chiuderesti
	lui/lei	chiude	chiudeva	chiuderà	chiuda	chiudesse	chiuderebbe
	noi	chiudiamo	chiudevamo	chiuderemo	chiudiamo	chiudessimo	chiuderemmo
	voi	chiudete	chiudevate	chiuderete	chiudiate	chiudeste	chiudereste
	loro	chiudono	chiudevano	chiuderanno	chiudano	chiudessero	chiuderebbero
cominciare 과거분사: cominciato	io	comincio	cominciavo	comincerò	cominci	cominciassi	comincerei
	tu	cominci	cominciavi	comincerai	cominci	cominciassi	cominceresti
	lui/lei	comincia	cominciava	comincerà	cominci	cominciasse	comincerebbe
	noi	cominciamo	cominciavamo	cominceremo	cominciamo	cominciassimo	cominceremmo
	voi	cominciate	cominciavate	comincerete	cominciate	cominciaste	comincereste
	loro	cominciano	cominciavano	cominceranno	comincino	cominciassero	comincerebbero

동사	인칭	직설법			접속법		조건법
		현재	반과거	미래	현재	반과거	현재
conoscere 과거분사: conosciuto	io	conosco	conoscevo	conoscerò	conosca	conoscessi	conoscerei
	tu	conosci	conoscevi	conoscerai	conosca	conoscessi	conosceresti
	lui/lei	conosce	conosceva	conoscerà	conosca	conoscesse	conoscerebbe
	noi	conosciamo	conoscevamo	conosceremo	conosciamo	conoscessimo	conosceremmo
	voi	conoscete	conoscevate	conoscerete	conosciate	conosceste	conoscereste
	loro	conoscono	conoscevano	conosceranno	conoscano	conoscessero	conoscerebbero
dare 과거분사: dato	io	do	davo	darò	dia	dassi	darei
	tu	dai	davi	darai	dia	dassi	daresti
	lui/lei	da	dava	darà	dia	dasse	darebbe
	noi	diamo	davamo	daremo	diamo	dassimo	daremmo
	voi	date	davate	darete	diate	daste	dareste
	loro	danno	davano	daranno	diano	dessero	darebbero
dire 과거분사: detto	io	dico	dicevo	dirò	dica	dicessi	direi
	tu	dici	dicevi	dirai	dica	dicessi	diresti
	lui/lei	dice	diceva	dirà	dica	dicesse	direbbe
	noi	diciamo	dicevamo	diremo	diciamo	dicessimo	diremmo
	voi	dite	dicevate	direte	diciate	diceste	direste
	loro	dicono	dicevano	diranno	dicano	dicessero	direbbero
dispiacere 과거분사: dispiaciuto	io	dispiaccio	dispiacevo	dispiacerò	dispiaccia	dispiacessi	dispiacerei
	tu	dispiaci	dispiacevi	dispiacerai	dispiaccia	dispiacessi	dispiaceresti
	lui/lei	dispiace	dispiaceva	dispiacerà	dispiaccia	dispiacesse	dispiacerebbe
	noi	dispiacciamo	dispiacevamo	dispiaceremo	dispiacciamo	dispiacessimo	dispiaceremmo
	voi	dispiacete	dispiacevate	dispiacerete	dispiacciate	dispiaceste	dispiacereste
	loro	dispiacciono	dispiacevano	dispiaceranno	dispiacciano	dispiacessero	dispiacerebbero
dovere 과거분사: dovuto	io	devo	dovevo	dovrò	debba	dovessi	dovrei
	tu	devi	dovevi	dovrai	debba	dovessi	dovresti
	lui/lei	deve	doveva	dovrà	debba	dovesse	dovrebbe
	noi	dobbiamo	dovevamo	dovremo	dobbiamo	dovessimo	dovremmo
	voi	dovete	dovevate	dovrete	dobbiate	doveste	dovreste
	loro	devono	dovevano	dovranno	debbano	dovessero	dovrebbero

동사	인칭	직설법			접속법		조건법
		현재	반과거	미래	현재	반과거	현재
essere 과거분사: stato	io	sono	ero	sarò	sia	fossi	sarei
	tu	sei	eri	sarai	sia	fossi	saresti
	lui/lei	è	era	sarà	sia	fosse	sarebbe
	noi	siamo	eravamo	saremo	siamo	fossimo	saremmo
	voi	siete	eravate	sarete	siate	foste	sareste
	loro	sono	erano	saranno	siano	fossero	sarebbero
fare 과거분사: fatto	io	faccio	facevo	farò	faccia	facessi	farei
	tu	fai	facevi	farai	faccia	facessi	faresti
	lui/lei	fa	faceva	farà	faccia	facesse	farebbe
	noi	facciamo	facevamo	faremo	facciamo	facessimo	faremmo
	voi	fate	facevate	farete	facciate	faceste	fareste
	loro	fanno	facevano	faranno	facciano	facessero	farebbero
finire 과거분사: finito	io	finisco	finivo	finirò	finisca	finissi	finirei
	tu	finisci	finivi	finirai	finisca	finissi	finiresti
	lui/lei	finisce	finiva	finirà	finisca	finisse	finirebbe
	noi	finiamo	finivamo	finiremo	finiamo	finissimo	finiremmo
	voi	finite	finivate	finirete	finiate	finiste	finireste
	loro	finiscono	finivano	finiranno	finiscano	finissero	finirebbero
lasciare 과거분사: lasciato	io	lascio	lasciavo	lascierò	lasci	lasciassi	lascierei
	tu	lasci	lasciavi	lascierai	lasci	lasciassi	lascieresti
	lui/lei	lascia	lasciava	lascierà	lasci	lasciasse	lascierebbe
	noi	lasciamo	lasciavamo	lascieremo	lasciamo	lasciassimo	lascieremmo
	voi	lasciate	lasciavate	lascierete	lasciate	lasciaste	lasciereste
	loro	lasciano	lasciavano	lascieranno	lascino	lasciassero	lascierebbero
leggere 과거분사: letto	io	leggo	leggevo	leggerò	legga	leggessi	leggerei
	tu	leggi	leggevi	leggerai	legga	leggessi	leggeresti
	lui/lei	legge	leggeva	leggerà	legga	leggesse	leggerebbe
	noi	leggiamo	leggevamo	leggeremo	leggiamo	leggessimo	leggeremmo
	voi	leggete	leggevate	leggerete	leggiate	leggeste	leggereste
	loro	leggono	leggevano	leggeranno	leggano	leggessero	leggerebbero

동사	인칭	직설법			접속법		조건법
		현재	반과거	미래	현재	반과거	현재
mettere 과거분사: messo	io	metto	mettevo	metterò	metta	mettessi	metterei
	tu	metti	mettevi	metterai	metta	mettessi	metteresti
	lui/lei	mette	metteva	metterà	metta	mettesse	metterebbe
	noi	mettiamo	mettevamo	metteremo	mettiamo	mettessimo	metteremmo
	voi	mettte	mettevate	metterete	mettiate	metteste	mettereste
	loro	mettono	mettevano	metteranno	mettano	mettessero	metterebbero
morire 과거분사: morto	io	muoio	morivo	morirò	muoia	morissi	morirei
	tu	muori	morivi	morirai	muoia	morissi	moriresti
	lui/lei	muore	moriva	morirà	muoia	morisse	morirebbe
	noi	moriamo	morivamo	moriremo	moriamo	morissimo	moriremmo
	voi	morite	morivate	morirete	moriate	moriste	morireste
	loro	muoiono	morivano	moriranno	muoiano	morissero	morirebbero
offrire 과거분사: offerto	io	offro	offrivo	offrirò	offra	offrissi	offrirei
	tu	offri	offrivi	offrirai	offra	offrissi	offriresti
	lui/lei	offre	offriva	offrirà	offra	offrisse	offrirebbe
	noi	offriamo	offrivamo	offriremo	offriamo	offrissimo	offriremmo
	voi	offrite	offrivate	offrirete	offriate	offriste	offrireste
	loro	offrono	offrivano	offriranno	offrano	offrissero	offrirebbero
perdere 과거분사: perso	io	perdo	perdevo	perderò	perda	perdessi	perderei
	tu	perdi	perdevi	perderai	perda	perdessi	perderesti
	lui/lei	perde	perdeva	perderà	perda	perdesse	perderebbe
	noi	perdiamo	perdevamo	perderemo	perdiamo	perdessimo	perderemmo
	voi	perdete	perdevate	perderete	perdiate	perdeste	perdereste
	loro	perdono	perdevano	perderanno	perdano	perdessero	perderebbero
piacere 과거분사: piaciuto	io	piaccio	piacevo	piacerò	piaccia	piacessi	piacerei
	tu	piaci	piacevi	piacerai	piaccia	piacessi	piaceresti
	lui/lei	piace	piaceva	piacerà	piaccia	piacesse	piacerebbe
	noi	piacciamo	piacevamo	piaceremo	piacciamo	piacessimo	piaceremmo
	voi	piacete	piacevate	piacerete	piacciate	piaceste	piacereste
	loro	piacciono	piacevano	piaceranno	piacciano	piacessero	piacerebbero

동사	인칭	직설법			접속법		조건법
		현재	반과거	미래	현재	반과거	현재
piangere 과거분사: pianto	io	piango	piangevo	piangerò	pianga	piangessi	piangerei
	tu	piangi	piangevi	piangerai	pianga	piangessi	piangeresti
	lui/lei	piange	piangeva	piangerà	pianga	piangesse	piangerebbe
	noi	piangiamo	piangevamo	piangeremo	piangiamo	piangessimo	piangeremmo
	voi	piangete	piangevate	piangerete	pianiate	piangeste	piangereste
	loro	piangono	piangevano	piangeranno	piangano	piangessero	piangerebbero
potere 과거분사: potuto	io	posso	potevo	potrò	possa	potessi	potrei
	tu	puoi	potevi	potrai	possa	potessi	potresti
	lui/lei	può	poteva	potrà	possa	potesse	potrebbe
	noi	possiamo	potevamo	potremo	possiamo	potessimo	potremmo
	voi	potete	potevate	potrete	possiate	poteste	potreste
	loro	possono	potevano	potranno	possano	potessero	potrebbero
preferire 과거분사: preferito	io	preferisco	preferivo	preferirò	preferisca	preferissi	preferirei
	tu	preferisci	preferivi	preferirai	preferisca	preferissi	preferiresti
	lui/lei	preferisce	preferiva	preferirà	preferisca	preferisse	preferirebbe
	noi	preferiamo	preferivamo	preferiremo	preferiamo	preferissimo	preferiremmo
	voi	preferite	preferivate	preferirete	preferiate	preferiste	preferireste
	loro	preferiscono	preferivano	preferiranno	preferiscano	preferissero	preferirebbero
prendere 과거분사: preso	io	prendo	prendevo	prenderò	prenda	prendessi	prenderei
	tu	prendi	prendevi	prenderai	prenda	prendessi	prenderesti
	lui/lei	prende	prendeva	prenderà	prenda	prendesse	prenderebbe
	noi	prendiamo	prendevamo	prenderemo	prendiamo	prendessimo	prenderemmo
	voi	prendete	prendevate	prenderete	prendiate	prendeste	prendereste
	loro	prendono	prendevano	prenderanno	prendano	prendessero	prenderebbero
riconoscere 과거분사: riconosciuto	io	riconosco	riconoscevo	riconoscerò	riconosca	riconoscessi	riconoscerei
	tu	riconosci	riconoscevi	riconoscerai	riconosca	riconoscessi	riconosceresti
	lui/lei	riconosce	riconosceva	riconoscerà	riconosca	riconoscesse	riconoscerebbe
	noi	riconosciamo	riconoscevamo	riconosceremo	riconosciamo	riconoscessimo	riconosceremmo
	voi	riconoscete	riconoscevate	riconoscerete	riconosciate	riconosceste	riconoscereste
	loro	riconoscono	riconoscevano	riconosceranno	riconoscano	riconoscessero	riconoscerebbero

동사	인칭	직설법			접속법		조건법
		현재	반과거	미래	현재	반과거	현재
ridere 과거분사: riso	io	rido	ridevo	riderò	rida	ridessi	riderei
	tu	ridi	ridevi	riderai	rida	ridessi	rideresti
	lui/lei	ride	rideva	riderà	rida	ridesse	riderebbe
	noi	ridiamo	ridevamo	rideremo	ridiamo	ridessimo	rideremmo
	voi	ridete	ridevate	riderete	ridiate	rideste	ridereste
	loro	ridono	ridevano	rideranno	ridano	ridessero	riderebbero
rimanere 과거분사: rimasto	io	rimango	rimanevo	rimarrò	rimanga	rimanessi	rimarrei
	tu	rimani	rimanevi	rimarrai	rimanga	rimanessi	rimarresti
	lui/lei	rimane	rimaneva	rimarrà	rimanga	rimanesse	rimarrebbe
	noi	rimaniamo	rimanevamo	rimarremo	rimaniamo	rimanessimo	rimarremmo
	voi	rimanete	rimanevate	rimarrete	rimaniate	rimaneste	rimarreste
	loro	rimangono	rimanevano	rimarranno	rimangano	rimanessero	rimarrebbero
rispondere 과거분사: risposto	io	rispondo	rispondevo	risponderò	risponda	rispondessi	risponderei
	tu	rispondi	rispondevi	risponderai	risponda	rispondessi	risponderesti
	lui/lei	risponde	rispondeva	risponderà	risponda	rispondesse	risponderebbe
	noi	rispondiamo	rispondevamo	risponderemo	rispondiamo	rispondessimo	risponderemmo
	voi	rispondete	rispondevate	risponderete	rispondiate	rispondeste	rispondereste
	loro	rispondono	rispondevano	risponderanno	rispondano	rispondessero	risponderebbero
riuscire 과거분사: riuscito	io	riesco	riuscivo	riuscirò	riesca	riuscissi	riuscirei
	tu	riesci	riuscivi	riuscirai	riesca	riuscissi	riusciresti
	lui/lei	riesce	riusciva	riuscirà	riesca	riuscisse	riuscirebbe
	noi	riusciamo	riuscivamo	riusciremo	riusciamo	riuscissimo	riusciremmo
	voi	riuscite	riuscivate	riuscirete	riusciate	riusciste	riuscireste
	loro	riescono	riuscivano	riusciranno	riescano	riuscissero	riuscirebbero
salire 과거분사: salito	io	salgo	salivo	salirò	salga	salissi	salirei
	tu	sali	salivi	salirai	salga	salissi	saliresti
	lui/lei	sale	saliva	salirà	salga	salisse	salirebbe
	noi	saliamo	salivamo	saliremo	saliamo	salissimo	saliremmo
	voi	salite	salivate	salirete	saliate	saliste	salireste
	loro	salgono	salivano	saliranno	salgano	salissero	salirebbero

동사	인칭	직설법			접속법		조건법
		현재	반과거	미래	현재	반과거	현재
sapere 과거분사: saputo	io	so	sapevo	saprò	sappia	sapessi	saprei
	tu	sai	sapevi	saprai	sappia	sapessi	sapresti
	lui/lei	sa	sapeva	saprà	sappia	sapesse	saprebbe
	noi	sappiamo	sapevamo	sapremo	sappiamo	sapessimo	sapremmo
	voi	sapete	sapevate	saprete	sappiate	sapeste	sapreste
	loro	sanno	sapevano	sapranno	sappiano	sapessero	saprebbero
scendere 과거분사: sceso	io	scendo	scendevo	scenderò	scenda	scendessi	scenderei
	tu	scendi	scendevi	scenderai	scenda	scendessi	scenderesti
	lui/lei	scende	scendeva	scenderà	scenda	scendesse	scenderebbe
	noi	scendiamo	scendevamo	scenderemo	scendiamo	scendessimo	scenderemmo
	voi	scendete	scendevate	scenderete	scendiate	scendeste	scendereste
	loro	scendono	scendevano	scenderanno	scendano	scendessero	scenderebbero
scrivere 과거분사: scritto	io	scrivo	scrivevo	scriverò	scriva	scrivessi	scriverei
	tu	scrivi	scrivevi	scriverai	scriva	scrivessi	scriveresti
	lui/lei	scrive	scriveva	scriverà	scriva	scrivesse	scriverebbe
	noi	scriviamo	scrivevamo	scriveremo	scriviamo	scrivessimo	scriveremmo
	voi	scrivete	scrivevate	scriverete	scriviate	scriveste	scrivereste
	loro	scrivono	scrivevano	scriveranno	scrivano	scrivessero	scriverebbero
sentire 과거분사: sentito	io	sento	sentivo	sentirò	senta	sentissi	sentirei
	tu	senti	sentivi	sentirai	senta	sentissi	sentiresti
	lui/lei	sente	sentiva	sentirà	senta	sentisse	sentirebbe
	noi	sentiamo	sentivamo	sentiremo	sentiamo	sentissimo	sentiremmo
	voi	sentite	sentivate	sentirete	sentiate	sentiste	sentireste
	loro	sentono	sentivano	sentiranno	sentano	sentissero	sentirebbero
smettere 과거분사: smesso	io	smetto	smettevo	smetterò	smetta	smettessi	smetterei
	tu	smetti	smettevi	smetterai	smetta	smettessi	smetteresti
	lui/lei	smette	smetteva	smetterà	smetta	smettesse	smetterebbe
	noi	smettiamo	smettevamo	smetteremo	smettiamo	smettessimo	smetteremmo
	voi	smettte	smettevate	smetterete	smettiate	smetteste	smettereste
	loro	smettono	smettevano	smetteranno	smettano	smettessero	smetterebbero

동사	인칭	직설법			접속법		조건법
		현재	반과거	미래	현재	반과거	현재
spegnere 과거분사: spento	io	spengo	spegnevo	spegnerò	spenga	spegnessi	spegnerei
	tu	spegni	spegnevi	spegnerai	spenga	spegnessi	spegneresti
	lui/lei	spegne	spegneva	spegnerà	spenga	spegnesse	spegnerebbe
	noi	spegniamo	spegnevamo	spegneremo	spegniamo	spegnessimo	spegneremmo
	voi	spegnete	spegnevate	spegnerete	spegniate	spegneste	spegnereste
	loro	spengono	spegnevano	spegneranno	spengano	spegnessero	spegnerebbero
spiegare 과거분사: spiegato	io	spiego	spiegavo	spiegherò	spieghi	spiegassi	spiegherei
	tu	spieghi	spiegavi	spiegherai	spieghi	spiegassi	spiegheresti
	lui/lei	spiega	spiegava	spiegherà	spieghi	spiegasse	spiegherebbe
	noi	spieghiamo	spiegavamo	spiegheremo	spieghiamo	spiegassimo	spiegheremmo
	voi	spiegate	spiegavate	spiegherete	spieghiate	spiegaste	spieghereste
	loro	spiegano	spiegavano	spiegheranno	spieghino	spiegassero	spiegherebbero
stare 과거분사: stato	io	sto	stavo	starò	stia	stessi	starei
	tu	stai	stavi	starai	stia	stessi	staresti
	lui/lei	sta	stava	starà	stia	stesse	starebbe
	noi	stiamo	stavamo	staremo	stiamo	stessimo	staremmo
	voi	state	stavate	starete	stiate	steste	stareste
	loro	stanno	stavano	staranno	stiano	stessero	starebbero
succedere 과거분사: successo	io	succedo	succedevo	succederò	succeda	succedessi	succederei
	tu	succedi	succedevi	succederai	succeda	succedessi	succederesti
	lui/lei	succede	succedeva	succederà	succeda	succedesse	succederebbe
	noi	succediamo	succedevamo	succederemo	succediamo	succedessimo	succederemmo
	voi	succedete	succedevate	succederete	succediate	succedeste	succedereste
	loro	succedono	succedevano	succederanno	succedano	succedessero	succederebbero
uscire 과거분사: uscito	io	esco	uscivo	uscirò	esca	uscissi	uscirei
	tu	esci	uscivi	uscirai	esca	uscissi	usciresti
	lui/lei	esce	usciva	uscirà	esca	uscisse	uscirebbe
	noi	usciamo	uscivamo	usciremo	usciamo	uscissimo	usciremmo
	voi	uscite	uscivate	uscirete	usciate	usciste	uscireste
	loro	escono	uscivano	usciranno	escano	uscissero	uscirebbero

동사	인칭	직설법			접속법		조건법
		현재	반과거	미래	현재	반과거	현재
vedere 과거분사: visto	io	vedo	vedevo	vedrò	veda	vedessi	vedrei
	tu	vedi	vedevi	vedrai	veda	vedessi	vedresti
	lui/lei	vede	vedeva	vedrà	veda	vedesse	vedrebbe
	noi	vediamo	vedevamo	vedremo	vediamo	vedessimo	vedremmo
	voi	vedete	vedevate	vedrete	vediate	vedeste	vedreste
	loro	vedono	vedevano	vedranno	vedano	vedessero	vedrebbero
venire 과거분사: venuto	io	vengo	venivo	verrò	venga	venissi	verrei
	tu	vieni	venivi	verrai	venga	venissi	verresti
	lui/lei	viene	veniva	verrà	venga	venisse	verrebbe
	noi	veniamo	venivamo	verremo	veniamo	venissimo	verremmo
	voi	venite	venivate	verrete	veniate	veniste	verreste
	loro	vengono	venivano	verranno	vengano	venissero	verrebbero
vivere 과거분사: vissuto	io	vivo	vivevo	vivrò	viva	vivessi	vivrei
	tu	vivi	vivevi	vivrai	viva	vivessi	vivresti
	lui/lei	vive	viveva	vivrà	viva	vivesse	vivrebbe
	noi	viviamo	vivevamo	vivremo	viviamo	vivessimo	vivremmo
	voi	vivete	vivevate	vivrete	viviate	viveste	vivreste
	loro	vivono	vivevano	vivranno	vivano	vivessero	vivrebbero
volere 과거분사: voluto	io	voglio	volevo	vorrò	voglia	volessi	vorrei
	tu	vuoi	volevi	vorrai	voglia	volessi	vorresti
	lui/lei	vuole	voleva	vorrà	voglia	volesse	vorrebbe
	noi	vogliamo	volevamo	vorremo	vogliamo	volessimo	vorremmo
	voi	volete	volevate	vorrete	vogliate	voleste	vorreste
	loro	vogliono	volevano	vorranno	vogliano	volessero	vorrebbero

MEMO

MEMO

동양북스 채널에서 더 많은 도서 더 많은 이야기를 만나보세요!

외국어 출판 45년의 신뢰
외국어 전문 출판 그룹
동양북스가 만드는 책은 다릅니다.

45년의 쉼 없는 노력과 도전으로 책 만들기에 최선을 다해온
동양북스는 오늘도 미래의 가치에 투자하고 있습니다.
대한민국의 내일을 생각하는 도전 정신과 믿음으로 최선을 다하겠습니다.